하룻밤에 읽는
B2B
캠페인

일러두기
- 한글맞춤법과 외래어 표기법을 따랐다. 다만 예외적으로 표기 형태가 고착된 고유 명사나 브랜드명, 제품명 등은 일반적으로 사용하는 명칭을 사용했다.
- 업계 전문용어의 경우 외래어 표기법에 어긋나더라도 업계에서 관례적으로 쓰는 표기법을 따른 것이 일부 있다.

하룻밤에 읽는
B2B
캠페인

정민아 지음

블루오마주

차례

추천사	AI 시대 B2B 마케팅의 새로운 패러다임	
	지용호 _AWS (아마존 웹서비스) 마케팅 총괄	6
추천사	AI와 CRM이 만나는 고객 성공의 새로운 지평	
	손부한 _세일즈포스 코리아 대표	10
프롤로그	CRM부터 AI 에이전트까지, 도구는 늘어나는데 왜 마케팅은 저절로 되지 않을까?	14

Part 1 B2B 마케팅 캠페인 준비단계 _마케팅 매니저를 위한 가이드

1장	급변하는 마케팅 매니저 역할	27
	시대가 요구하는 마케팅 매니저의 새로운 역할 RevOps	30
	마케팅 매니저, AI로 마케팅 패러다임 전환해야 할 때	36
2장	캠페인 전략 수립과 캠페인 인프라 점검	43
3장	마케팅 역량 내재화 전략	69

Part 2 B2B 마케팅 캠페인 시작 전 핵심 마케팅 지식

4장	콘텐츠 기획의 핵심 역량 : 스토리텔링	83
5장	채널 기획의 핵심 : 한국의 미디어 환경 이해하기	97

Part 3 B2B 마케팅 캠페인 실행 _마케팅 실무자를 위한 실행 가이드

6장 브랜드 캠페인 … **117**
  브랜드 캠페인 기획하기 … **119**
  브랜드 캠페인 실행하기 … **128**
  브랜드 캠페인 성과 분석 … **134**
  성공적인 브랜드 론칭을 위한 체크리스트 … **141**

7장 디맨드 제너레이션(Demand Generation) 캠페인 … **155**
  디맨드 제너레이션 캠페인의 이해 … **156**
  디맨드 제너레이션 캠페인 기획하기 … **166**
  디맨드 제너레이션 캠페인 실행하기 … **183**
  디맨드 제너레이션 캠페인 성과 분석 … **209**
  디맨드 제너레이션 캠페인 체크리스트 … **231**

8장 리드 제너레이션(Lead Generation) 캠페인 … **239**
  리드 제너레이션 캠페인의 이해 … **241**
  리드 제너레이션 기획하기 … **243**
  리드 제너레이션 실행하기 … **254**
  리드 제너레이션 캠페인 성과 분석 … **277**
  리드 제너레이션 캠페인 체크리스트 … **288**

9장 CRM 캠페인 … **297**
  CRM 캠페인 기획하기 … **298**
  CRM 캠페인 실행하기 … **303**
  CRM 캠페인 성과 분석 … **311**
  CRM 캠페인 체크리스트 … **324**

에필로그 AI 시대, 마케터가 지켜야 할 본질과 새로운 가능성 … **329**

추천사
AI 시대 B2B 마케팅의 새로운 패러다임

지용호
AWS (아마존 웹서비스) 마케팅 총괄

B2B 마케팅의 가장 큰 도전은 복잡한 의사결정 과정을 이해하고 긴 구매 사이클을 효과적으로 관리하는 것이다. 이제 이 도전에 AI라는 새로운 변수가 더해졌다.

AWS에서 수년간 한국 기업들과 함께 클라우드 전환이라는 여정을 함께하며, 기술 기업의 마케팅은 고객의 비즈니스 성공을 함께 만들어내는 전략적 파트너 역할을 해야 한다는 원칙을 고수해 왔다. 개인적으로 마케팅은 조직의 혁신을 주도하는 역할이라고 믿는다. 급변하는 세상의 흐름을 읽고 민감하게 반응하며, 조직 내부에 전략적 방향성을 제시해야 한다. 특히 AI가 마케팅 실무를 근본적으로 뒤흔드는 현재, 마케터에게는 기술적 변화를 선도하면서도 고객 중심의 본질을 잃지 않는 균형감각이 생존의 조건이 되었다.

이 책은 그런 점에서 탁월한 타이밍에 나온 가이드다. 저자는 한국 기업들이 B2B 마케팅에서 흔히 겪는 오해와 장애물을 날카롭게 해부하는 동시에, CRM부터 AI까지 급변하는 마케팅 기술 환경에서 마케터가 직면한 냉혹한 현실을 정확히 짚어낸다. 많은 마케터들이 "AI가 내 업무를 대체하는 것은 아닐까?"라는 두려움을 갖고 있지만, 이 책은 AI를 경쟁자가 아닌 강력한 협업 파트너로 받아들이는 전략적 관점을 제시한다.

아마존의 모든 사업 영역에서도 항상 강조하는 것처럼, 성공적인 B2B 마케팅은 고객 중심의 시고에서 시작한다. 저자가 강조하는 명확한 목표 설정, 체계적인 캠페인 실행, 그리고 측정 가능한 성과 관리는 우리가 글로벌 시장에서 검증해온 핵심 원칙들이다.

더불어 마케팅 매니저와 실무자 각각의 역할을 구분하여 안내하는 접근법은 조직 내에서 마케팅 기능을 효과적으로 정착시키는 실질적 방법론이다. 특히 주목할 점은 이 책이 추상적인 이론에 머물지 않고 즉시 현장에서 적용 가능한 사례와 체크리스트를 제공한다는 것이다. 마케팅은 결국 실행의 영역이기에, 이러한 실용적 접근은 결정적 가치를 갖는다.

AI 시대가 본격화되면서 마케팅의 역할과 기대는 급격히 변화하고 있다. AWS가 주력하는 AI 기술들이 캠페인 기획부터 콘텐츠 생성, 성과 분석까지 마케팅 프로세스 전반을 재편하고 있으며, 이에 대응하는 새로운 역량이 절실히 요구된다.

그러나 저자가 일관되게 강조하는 것처럼, 어떤 기술적 혁신이 몰아쳐도 마케팅의 기본기는 여전히 차별화의 핵심이다. 전략적 사고와 고객에 대한 깊은 통찰, 그리고 브랜드 스토리텔링은 여전히 사람만이 할 수 있는 고유한 영역이다. 체계적인 캠페인 기획과 운영 방법론이 뒷받침될 때, AI라는 혁신적 도구를 전략적으로 활용할 수 있다.

그 중에서 B2B 마케팅에서 간과되기 쉬운 성과 측정과 데이터 기반 의사결정의 중요성을 이 책은 구체적으로 해부한다. AI 시대에는 데이터의 양과 복잡성이 폭증하고 있어, 데이터를 정확히 해석하고 전략에 적용하는 능력이 마케터의 핵심 경쟁력이 되었다. 외국계 기업에서 오랜 기간 마케팅을 담당해온 경험을 바탕으로 단언컨대, 정확한 성과 측정과 효과적인 보고는 마케팅 부서의 가치를 입증하고 지속적인 예산을 확보하는 생명선이다. 이 책은 마케터들에게 체계적인 캠페인 접근법을 통해 성과를 극대화하고 그 가치를 확실히 증명할 수 있는 실전 방법론을 제시한다.

디지털 전환과 클라우드, AI 도입이 가속화되는 지금, 한국 기업들에게 필요한 것은 기술 자체가 아니라 그 기술을 비즈니스 가치로 전환하는 능력이다. 이 책은 그 전환의 핵심 축인 마케팅의 역할을 재정립하고, AI 시대에 맞는 실천 가능한 방법론을 제시함으로써 한국 기업들의 글로벌 경쟁력 강화에 기여할 것이다.

AI가 마케팅의 패러다임을 근본적으로 바꾸고 있는 현실에서 이 책은 변화의 핵심을 구체화하며 마케터들이 나아가야 할 방향을 명확히 제시한다. AI를 두려워하지 말고 적극적으로 활용하면서도, 고객을 진정으로 이해하고 그들의 성공을 돕는다는 마케팅의 본질은 결코 잊지 말아야 한다는 메시지에 깊이 공감한다. 급변하는 AI 시대에 기본기를 탄탄히 다지면서 혁신을 주도할 수 있는 B2B 마케터가 되고자 하는 모든 이에게 이 책을 AI 시대 마케터의 필독서로 추천한다.

추천사
AI와 CRM이 만나는 고객 성공의 새로운 지평

손부한
세일즈포스 코리아 대표

디지털 시대에 기업의 경쟁력은 고객과의 관계를 얼마나 효과적으로 관리하고 발전시키는가에 달려 있다. 그런데 이제 AI 에이전트와 자동화 기술이 CRM과 결합하면서 고객 관계 관리의 차원이 완전히 새로워지고 있다. 세일즈포스가 20년 넘게 전 세계 기업들과 함께해 온 여정에서 확인한 진실은 CRM이 단순한 데이터베이스 시스템이 아니라 고객 중심 비즈니스 철학을 실현하는 핵심 도구라는 점이다. 그리고 지금은 AI 기술이 이 철학을 더욱 정교하고 개인화된 방식으로 구현할 수 있게 해주는 시대이다.

이 책은 그런 관점에서 매우 중요한 메시지를 담고 있다. 저자가 지적한 것처럼 많은 기업들이 CRM이나 AI 도구 도입만으로 마케팅이 저절로 이루어질 것이라 기대하지만, 진정한 가치는 이러한 기술들을 통해 어떻게 고객 여정을 설계하고 관리하느냐에 있다. 특히 현재 세일즈포스 CRM에 탑재된 AI 기능들과 마케팅 클라우드의 AI 에

이전트들이 마케팅 자동화를 현실화하고 있는 상황에서, 기술과 전략을 효과적으로 연결하는 기본 원칙들을 제공한다.

세일즈포스가 항상 강조하는 '고객 성공$^{Customer\ Success}$'의 개념은 여기서 다루는 AI 기반 CRM 캠페인의 핵심과 일맥상통한다. 이는 단순히 우리 기업의 성과와 매출만을 생각하는 것이 아니라, 고객이 우리의 솔루션을 통해 실질적인 비즈니스 성공을 이룰 수 있도록 돕는 것에 초점을 맞추는 철학이다. AI가 고객의 행동 패턴을 실시간으로 분석하고 개인화된 경험을 제공할 수 있게 된 지금, 이러한 고객 성공 철학은 더욱 현실적이고 구체적인 형태로 구현될 수 있다.

세일즈맨으로 커리어를 시작한 개인적 경험으로 볼 때, 진정한 영업의 본질은 판매 그 자체가 아니라 고객의 문제를 해결하고 그들의 성공을 지원하는 것이다. 마케팅과 CRM 역시 같은 맥락에서 이해되어야 한다. 고객의 성공을 먼저 고민할 때, 우리 기업의 성공도 자연스럽게 따라온다는 것이 수많은 고객과의 만남을 통해 얻은 교훈이다. AI 시대에는 이러한 고객 중심적 사고가 기술의 도움으로 더욱 정교하게 실현될 수 있다.

특히 인상적인 것은 저자가 브랜드의 생애주기에 따른 네 가지 캠페인 유형을 체계적으로 설명하면서, CRM과 AI를 단순한 도구가 아닌 전략적 자산으로 활용하는 관점을 제시한다는 점이다. 이는 세일즈포스가 주창하는 '디지털 트랜스포메이션'의 본질과도 맞닿아 있다. 디지털 전환은 기술 도입이 아닌 비즈니스 모델과 고객 관계의 근본적 변화를 의미하며, AI는 이러한 변화를 가속화하는 강력한 엔진 역할을 한다.

영업 현장에서 수년간 고객을 직접 만나며 느낀 점은 마케팅과 영업이 분리된 기능이 아닌 하나의 통합된 흐름으로 작동할 때 가장 강력한 성과를 낸다는 것이다. 이 책은 그런 관점에서 마케팅과 영업의 시너지를 극대화할 수 있는 실용적인 접근법을 제공한다. 특히 영업팀의 인사이트와 마케팅팀의 전략이 CRM과 AI 에이전트를 통해 어떻게 유기적으로 연결되어 더 나은 고객 경험을 달성할 수 있는지에 대한 기본 원칙을 제시한다.

고객을 진정으로 이해하는 것은 모든 비즈니스 성공의 출발점이다. 저자는 CRM과 AI를 단순한 데이터 저장소나 자동화 도구가 아닌 고객 이해를 위한 전략적 플랫폼으로 활용하는 방법을 상세히 안내한다. 특히 B2B 환경에서 복잡한 구매 결정 과정과 다양한 이해관계자를 관리하는 데 있어 AI가 강화된 CRM의 역할은 더욱 중요하며, 본문에서는 그 복잡성을 효과적으로 다루는 방법을 제시한다.

한국 기업들이 글로벌 시장에서 경쟁력을 갖추기 위해서는 마케팅과 영업, 서비스가 AI 기술로 연결된 통합적 고객 경험을 제공할 수 있어야 한다. Revenue Operations^{RevOps}라는 새로운 패러다임이 바로 이러한 통합의 결과물이며, 이 가이드는 그 여정의 실질적인 나침반이 될 것이다. 무엇보다 CRM을 도입했거나 도입을 고려 중인 기업의 리더와 마케터들에게 이 책은 단순한 시스템 구축을 넘어 AI 시대에 맞는 진정한 고객 관계 관리와 비즈니스 성과를 연결하는 통찰을 제공할 것이다.

AI가 마케팅과 영업의 경계를 허물고 새로운 가능성을 열어주는 이 시대에 고객 중심의 사고방식으로 비즈니스를 혁신하고자 하는 모든 기업과 전문가들에게 추천한다. CRM과 AI가 단순한 기술적 도구가 아닌 고객의 성공을 통해 우리 기업의 성공을 이끌어내는 전략적 접근법임을 일깨워줄 것이다.

프롤로그
CRM부터 AI 에이전트까지,
도구는 늘어나는데 왜 마케팅은 저절로 되지 않을까?

2024년 5월에 『하룻밤에 읽는 B2B 마케팅』을 출간한 후 다양한 기업과 단체로부터 강연과 컨설팅 요청을 받았다. 이를 통해 B2B 마케팅 현장의 실제 모습을 더 깊이 경험할 수 있었다.

처음 책을 출판할 때의 목표는 한국 기업들이 B2B 마케팅의 중요성을 인식하도록 돕는 것이었고, 이는 상당 부분 달성되었다고 본다. 하지만 첫 책 출간 이후 많은 마케팅팀장들과 실무 마케터들로부터 새로운 요청을 받았다.

"개념은 이해했는데 이제 실전에서 어떻게 적용할 수 있을까요?", "실행 단계에서 부딪히는 현실적 문제들을 어떻게 해결할 수 있을까요?"

이러한 요청에 답하기 위해 「B2B 마케팅 스쿨」을 개설하여 실전 교육을 진행했다. 교육 참가자들은 한결같이 "이 내용을 매뉴얼처럼 소장하고 싶다"는 의견을 강력하게 어필했다. 모든 기업을 직접 방문하거나 교육할 수는 없으므로 마케팅 스쿨의 실질적인 내용들을 책으로 펴냈다.

첫 책 출간 이후 불과 1년여 만에 마케팅 기술 환경에는 큰 변화가 일어났다. AI 기술이 본격적으로 CRM과 마케팅 도구에 통합되면서 마케팅 자동화가 현실화되고 있다.

세일즈포스 CRM에는 AI 기능이 기본으로 탑재되어 있고, 마케팅 클라우드를 활용하면 AI 에이전트가 마케팅 전반에 걸쳐 마케터를 지원할 수 있게 되었다. 다수의 마케터들이 이러한 변화에 부담감을 느끼고 있다.

하지만 실제로는 반복적인 작업을 자동화하고 데이터 기반 의사결정을 도와주면서 마기터가 더욱 전략적인 업무에 집중할 수 있는 기회를 제공하고 있다.

현장에서 많은 기업들을 만나면서 B2B 마케팅 실행 과정에서 나타나는 특정 패턴들을 발견했다. 이는 2000년대 초반 웹 2.0 시대와 유사하다. 당시 개방·공유·참여라는 패러다임 변화를 논의할 때 많은 기업들이 블로그라는 도구에만 집중했듯이, 지금은 고객창출과 시장개발이라는 비즈니스 관점 변화보다 CRM과 AI 에이전트라는 도구에 관심이 집중되고 있다.

문제는 많은 기업들이 CRM 도입은 했지만 제대로 활용하지 못하고 있다는 점이다. 또한 AI와 AI 에이전트의 기능을 알면 알수록 막연한 불안감만 커지고 있다. CRM은 고객을 창출하고 시장을 개발하고자 하는 기업을 지원하는 도구이지, 도입만으로 고객이 생기는 마법의 상자가 아니다.

AI 에이전트도 마찬가지다. 실제 마케팅 캠페인을 진행하고 일하는 사람과 조직을 도와줄 수 있지만, 막연한 희망과 기대만 있는 기업에게는 도움이 제한적이다.

현업에서 일하다 보면 '고객 발굴'이라는 본질을 놓치고, 캠페인 기획/운영과 CRM 관리 사이에서 방향성을 잃고 헤매는 모습을 종종 보게 된다.

B2B 마케팅 현장의 다섯 가지 핵심 문제 5가지

첫째, 마케팅 활동과 CRM 도입의 주객전도

우리 조직이 체계적으로 마케팅을 못하는 이유가 시스템이 없기 때문이라고 생각하며, '우선 CRM을 구축해야 한다'고 접근하는 것이다. 세일즈포스의 CRM은 한국 DX$^{\text{Digital Transformation, 디지털 혁신}}$의 표준이 되었고, AI 기능까지 기본으로 탑재되어 있다. 세일즈포스 CRM을 도입하면 디지털 혁신의 첫 단추를 성공적으로 채웠다고 확신하며,

마케팅이 자연스럽게 개선될 것이라는 오해가 있다.

조직 내에 흩어져 있는 경험과 축적된 데이터가 충분할 때, 시스템을 도입해 체계화하면 상당한 효과를 거둘 수 있다. 하지만 조직도, 경험도, 데이터도 부족한 상황에서 시스템이 무엇을 어떻게 도와줄 수 있을까? 세일즈포스 CRM 도입만으로 경직된 영업 조직과 신생 마케팅 조직을 협업하게 하여 매출을 창출할 수는 없다.

2019년부터 세일즈포스의 국내 마케팅 회사 중 하나로 일하고 있는 입장에서, 세일즈포스의 위상을 시장에서 확인하는 것은 뿌듯하지만 한편으로는 우려스럽기도 하다. CRM은 우리 조직이 마케팅을 적극적으로 할 때 이를 뒷받침해 주는 도구인데, CRM을 어떻게 활용할지에 대한 고민이 부족한 조직을 자주 만나게 된다. 이 책을 통해 세일즈포스 CRM과 마케팅 클라우드를 활성화할 수 있는 마케팅 캠페인 진행 방법을 구체적으로 제시하고자 한다.

둘째, CRM 활용 목적에 대한 상호 오해

마케팅팀은 영업팀이 고객 데이터를 입력해주면 그 데이터들 기만으로 마케팅을 본격화할 수 있을 것이라고 생각한다. 영업팀은 CRM을 구축했으니 이제 마케팅팀이 영업할 수 있는 고객을 즉시 찾아주겠지라고 기대한다. CRM 도입만으로 이런 일이 일어난다면 좋겠지만, 현실은 그렇지 않다. 마케팅과 영업의 협업으로 캠페인이 성공적으로 진행되고 충분한 데이터가 축적될 때 이런 기대를 충족할 수 있다.

많은 조직이 CRM 구축의 내부 목표를 영업 조직이 보유한 고객 정보를 CRM에 입력하도록 하여 회사 자산으로 전환하는 것으로 설정한다. 하지만 외국 기업의 한국 마케팅 대행 경험에 비춰보면, 바로 데이터를 기입하는 영업 사원들은 많지 않다. 매주 주간 회의에서 예측 가능한 매출이 깜짝 실적보다 더 중요하다고 강조해도 겉으로만 동의할 뿐, 잠재 고객의 데이터를 기입하지 않고 월말에 예상치 못한 매출을 만들어내는 것이 한국의 영업 관습이다. 아니면 영업팀이 입력한 잠재고객 리스트는 1년째 변화 없이 그대로 있을 뿐 진척이 없는 경우가 많다. 영업과 마케팅이 매출 창출을 위해 서로 협업하는 문화가 정착되지 않으면 예측 가능한 매출 개발은 어렵다.

셋째, 데이터에 대한 개념 혼재

현재 고객 정보^{Customer}, 잠재고객^{Lead}, 개인 연락처 정보$^{Contact\ Data}$에 대한 개념 구분 없이 많은 데이터를 입력하는 것이 CRM 마케팅의 성과라고 생각하는 경우가 있다.

고객마다 브랜드와의 관계가 다르다. 이를 체계적으로 관리하기 위해 CRM을 사용하는 것이다. 고객의 단계를 고려해 적절한 제안을 할 때 관계는 긍정적으로 발전할 수 있다. 고객도 단계가 있고 브랜드도 탄생/성장/번영/쇠퇴의 단계가 있기 때문에 이를 잘 매칭하는 캠페인 기획이 중요하다. 이 모든 것이 효과적으로 작동하려면

질 좋은 데이터가 충분히 축적되어야 한다.

과도한 데이터 확보 KPI 설정은 마케팅팀이 퍼포먼스 마케팅으로 무분별하게 수집한 저품질 리드를 CRM에 입력하게 만들어 시스템 효용성을 떨어뜨린다. 고객 정보 공유를 거부하는 영업팀과 리드 전환 가능성이 낮은 개인정보로 KPI를 채우려는 마케팅팀이 충돌하면서 B2B 마케팅은 방향성을 잃고 있다. 이는 실제 비즈니스 현장에서 벌어지고 있는 문제다.

영업과 마케팅은 업무를 위한 업무가 아닌 고객 창출이라는 공통 목표로 협업해야 한다. 이 책은 잠재 고객을 발견하고 유의미한 리드로 전환하는 과정을 상세히 다루며, 마케팅이 시작하고 영업이 완료하는 이상적인 고객 창출 사이클을 제시한다.

넷째, 마케팅 활동의 오너십 부재

많은 경영진이 "우리 조직에는 마케팅을 수행할 인재가 없다"고 생각하지만, 이는 잘못된 인식이다. 마케팅 조직 직원들도 모든 의사결정을 대표에게만 의존하며 본연의 역할을 하지 않는 경우가 많다.

조직이 역할을 부여하고 권한을 위임해야 직원이 제대로 일할 수 있다. 뛰어난 마케터 한 명이 모든 것을 주도해야 하는 것은 아니다. 부족한 부분은 아웃소싱하거나 마케팅 클라우드의 AI 에이전트를 활용할 수 있으므로 역량에 대해 유연하게 접근하면 된다.

가장 중요한 것은 마케팅 기능을 조직 내에 내재화하는 것이다.

다섯째, 수단과 목적의 전도

마케팅 활동에서 고객창출이라는 목표를 잃고 콘텐츠와 채널이라는 수단에 매몰되는 경우가 있다. 좋은 콘텐츠는 필요하지만 완벽함을 추구하다 적절한 타이밍을 놓치거나, 의미 없는 팔로워 수에 집착하는 것은 바람직하지 않다. 마케팅 콘텐츠로 예술 작품을 만드는 것이 아니기 때문에, 그 콘텐츠가 타협 불가한 절대적 기준을 가질 필요는 없다. 브랜드 위상에 걸맞는 수준으로 맞춰야 하며, 시의성이 더 중요하다는 점을 감안해 적절한 타협이 필요하다.

채널 측면에서도 팔로워가 너무 적으면 좋지 않기 때문에 적절히 확보해야 하고, 광고를 활용해 도달율을 최적화해야 한다. 하지만 팔로워를 무작정 늘리기 위해 체리피커(체리만 골라 먹는다는 뜻으로, 이벤트나 경품에만 관심이 있고 실제 구매 의사가 없는 사람들을 지칭)로 가득한 무의미한 숫자를 확보할 필요는 없다. 우리 회사의 채널은 마케팅 도구이자 고객 및 잠재고객과의 소통 창구라는 점을 분명히 이해한다면 팔로워 숫자에 과도하게 집착할 필요는 없다.

캠페인 중심의 3단계 실전 접근법

B2B 마케팅을 현실에서 적용하는 데 걸림돌이 되는 다섯 가지 문제점을 살펴보았다. 이제 이런 걸림돌을 극복하고 본격적으로 B2B 마케팅을 진행해보자.

이 책은 『하룻밤에 읽는 B2B 마케팅』을 읽고 B2B 마케팅의 필요성을 인식한 독자를 대상으로 B2B 영역에서 마케팅 캠페인을 기획하고 실행하는 구체적인 방법을 다룬다.

마케팅은 '고객창출'이라는 명확한 목표가 있는 활동이다. 이를 더 세분화해서 구체적이고 명확한 '고객'을 찾아가는 행위가 '캠페인'이다. 한국 기업들의 모든 활동이 매출 및 고객 창출 목표에 맞춰 이뤄지기 위해서는 '캠페인' 개념이 꼭 필요하다고 생각한다. 이 책에서는 캠페인을 어떻게 기획하고, 운영하고, 평가하는지에 대한 전 과정을 다룬다.

Part 1은 마케팅 매니저를 위한 가이드로 예산 편성, KPI 설정, 역할 부여 등 캠페인의 구조를 잡는 방법을 다룬다.

Part 2는 캠페인 진행에 앞서 필수적인 콘텐츠 개발과 채널 선택에 관한 기본 지식을 제공한다(『하룻밤에 읽는 B2B마케팅』 출간 이후 가장 많이 받은 요청이 『하룻밤에 읽는 콘텐츠마케팅』 집필이었는데, 이런 세부 기술은 향후 과제로 남겨두고자 한다).

Part 3는 마케팅 실무자를 위한 실행 가이드로 브랜드의 생애주기에 따른 네 가지 핵심 캠페인(브랜드 캠페인, 디맨드 제너레이션 캠페인, 리드 제너레이션 캠페인, CRM 캠페인)의 기획과 실행 방법을 실제 사례와 함께 상세히 설명한다.

각 캠페인 장에서는 실제 사례를 통해 구체적인 접근 방법을 제시하고, 실무자들이 즉시 적용할 수 있는 체크리스트를 포함했다. 브랜드 캠페인에서는 브랜드 전략 수립 및 브랜딩 방법을, 디맨드 제너레이션 캠페인에서는 시장 확대와 신규 포지셔닝을 통한 수요 창출 방법을, 리드 제너레이션 캠페인에서는 다양한 시장 환경에 따른 잠재고객 발굴 전략을, CRM 캠페인에서는 고객 관계 강화와 업셀링·크로스셀링 전략을 배울 수 있다.

매니저와 실무자의 역할 분담

이 책에서 마케팅 매니저와 실무자 부분을 구분한 이유는 조직 내 역할이 다르고 서로 자기 역할을 제대로 수행해야 하기 때문이다. 매니저는 구조를 잘 설계하고, 실무진은 설계된 구조 안에서 최고의 성과를 내야 한다.

 기업 차원에서는 마케팅과 영업의 협업이 중요하지만, 마케팅 조직 내에서는 매니저와 실무자의 협업이 핵심이다. 경영진과 조율된 큰 그림 없이는 효과적인 실행이 불가능하다. 열심히 일한 후 "그걸 왜 했느냐"는 질문을 받지 않으려면 회사의 큰 방향성부터 파악해야 한다.

 구슬이 서 말이어도 꿰어야 보배이듯, 효과적으로 실행할 실무진이 없으면 큰 그림은 정말 그림에서 끝나고 시장과 고객에게 임팩트를 줄 수 없다. 매니저는 회사 내 상하 소통을 원활히 하고, 실무진은 회사 외부와의 연결 방법을 지속적으로 연구해야 훌륭한 마케팅 조직이 된다.

이 책을 통해 B2B 마케팅을 이해하고 캠페인을 실행해 고객을 창출하여 기업 매출에 기여하기를 바란다. 실질적인 성과만이 조직 내에서 마케팅의 필요성을 입증할 수 있다. 마케팅 조직이 회사 내에서 안정적으로 자리 잡아야 우리 기업이 지속 가능한 성장을 할 수 있다.

 AI 시대에 접어들면서 AI 에이전트와의 협업이 일반화될 것이다. 하지만 AI가 마케터를 대체하는 것이 아니라 마케터의 업무 성과를 극대화해주는 강력한 파트너가 될 것이다.

이를 위해서는 마케팅 캠페인의 전체적인 큰 틀과 체계적인 접근법을 먼저 이해하고, 그 기반 위에서 AI를 전략적으로 활용해야 한다. 한국의 마케터들이 AI에 대한 막연한 불안감 없이 AI를 업무 성과 향상의 파트너로 적극 활용하면서 회사의 미래를 책임진다는 사명감으로 마케팅 성과에 집중하기를 바란다.

Part 1

마케팅 매니저를 위한 가이드

B2B
마케팅 캠페인
준비단계

마케터로서 연차가 높아져 매니저가 되면 더 세부적인 마케팅 전문가가 되는 게 아니라, 마케팅을 잘 모르는 기업의 다양한 부서 임원들에게 마케팅의 필요성과 중요성을 설득할 수 있는 능력이 더 필요해진다는 것이 아이러니한 현실이다. 마케팅에 대한 무관심부터 무지 또는 지나친 기대, 적극적 개입 등 다양한 형태로 나타나는 임원진의 반응에 현명하게 대처하면서 회사의 당면과제를 해결할 마케팅 캠페인을 관철시키고 예산을 확보하는 것은 정말로 힘든 업무다. 하지만 마케팅 매니저가 해야 할 가장 중요한 일이다. CMO의 관점을 넘어 CRO^{Chief Revenue Officer, 최고 매출 책임자}의 관점으로 회사의 매출 창출에 기여하고, 고객 창출이 일회성 이벤트가 아니라 브랜드와 고객이 함께하는 긴 신뢰 형성의 여정임을 회사 내에 교육하고 설득할 수 있어야 한다.

1장
급변하는 마케팅 매니저 역할

처음 외국 기업과 일했을 때, 생소한 두 가지 개념이 있었다. 하나는 분기라는 개념이고, 다른 하나는 캠페인이라는 개념이다. "이번 분기는 우리가 5개 캠페인을 진행해야 하기 때문에 아주 바쁜 분기가 될 거예요." 미국 본사 마케팅 매니저와 미팅할 때 항상 이런 말을 듣는다.

해외 상장 회사에서 일할 때, '분기'라는 개념은 매우 중요하다. 반드시 분기 내 목표를 달성해야 하고, 분기 내 예산을 소진해야 하며, 분기 내 분명한 성과를 입증해야 한다. 3개월이라는 한 분기 안에서 우리는 반드시 목표를 세우고, 실행하고, 성과를 입증하는 프로세스 훈련을 받게 된다.

이러한 훈련은 굉장히 실용적이기 때문에 모든 기업이 반드시 해야 하는 활동으로 QBR$^{Quarterly\ Business\ Review}$을 적극 권장한다. 이 QBR 개념은 부서에 관계없이 모두 적용할 수 있다. 이번 분기 목표는 무엇이며, 어떤 성과를 낼 것인가. 이를 전사적으로 진행하기 위한 좋은 방식이 OKR이다. 이 내용은 『하룻밤에 읽는 B2B 마케팅』에서 설명했기 때문에 여기서는 생략하겠다.

이 책의 제목이기도 한 '캠페인' 개념을 먼저 정리하고자 한다.

사전(표준국어대사전)적 의미로는 "사회·정치적 목적 따위를 위하여 조직적이고도 지속적으로 행하는 운동"으로 되어 있다. 일상에서 가장 많이 접하는 것이 선거 캠페인이다보니, 회사에서 '캠페인'이라는 표현을 접했을 때 생소했던 기억이 있다. 회사에서, 특히 마케팅팀에서 사용하는 캠페인의 개념은 특정 비즈니스 목표를 지원하기 위해 마케팅 부서가 준비하는 일련의 활동들의 의미한다. 이런 개념보다 더 중요한 것은 캠페인의 구성요소이다. 명확한 목표와 구체적인 활동, 측정 가능한 결과물이 캠페인의 핵심이다.

한국의 로봇 회사가 미국 시장에 진출한다고 가정해 보자. 이번 분기에는 회사의 목표를 지원하기 위해 마케팅 부서가 미국 로봇 시장 조사를 진행하여 시장 인사이트를 도출하고 미국 시장 진출을 위한 마케팅 계획을 수립한다고 할 때, "이번 분기에는 미국 시장 조사 캠페인을 진행한다"라고 표현한다. 이때 목표는 '미국 시장 진출을 위한 마케팅 계획 수립'이 있고, 구체적인 활동은 '시장조사'이며, 입증할 수 있는 결과물은 '마케팅 계획서 제출'이다. 이런 식으로 분기라는 정해진 기간 안에 여러 캠페인을 진행하는 형태로 마케팅 업무가 이루어진다.

마케팅 캠페인을 설정하는 데 매니저의 역할은 너무나 중요하다. 매니저가 목표를 구체화해 주거나, 최소한 방향성은 잡아주어야 실질적인 업무가 진행될 수 있다. 사실 현실에서 마케팅 매니저의 더 큰 역할은 한번 정한 캠페인의 목표와 방향이 훼손되지 않게 지켜내는 일이다.

마케팅팀 내에서 충분한 검토를 거쳐 임원진 최종 승인을 받아야 할 때, 캠페인의 실효성을 잘 설명하고 설득하는 일을 해야 하기 때문에 마케팅 매니저는 항상 어깨가 무거울 수밖에 없다. 어떤 임원은 마케팅에 대해 너무 잘 알고 있어 세세한 숫자까지 질문하는 반면, 어떤 임원은 마케팅이 왜 필요하냐는 식으로 반응하며, "마케팅이 하는 말이 무슨 뜻인지 못 알아듣겠다"고 한다. 또 어떤 임원은 "본인이 더 참신한 아이디어가 있다"면서 새로운 아이디어를 내놓으며 검토해 달라고 한다. 어떤 분은 마케팅이 가장 중요하다고 치켜올리고는 예산에 맞지 않는 큰 기대를 걸며 비현실적인 성과를 요구한다. 무관심부터 무지, 지나친 기대 등을 다 아우르는 난상토론 속에 마케팅 캠페인의 예산을 확보하고 활동을 승인 받는 것은 정말 어려운 일인데, 이런 일을 잘 해 내야 유능한 마케팅 매니저가 될 수 있다. 마케터의 아이러니한 현실이 있다. 연차가 쌓여 매니저가 되면, 마케팅 전문성을 더 깊이 파는 것이 아니라 오히려 마케팅을 모르는 사람들에게 그 가치를 설득하고 입증하는 커뮤니케이션 능력이 더 중요해진다.

한편, 영업과 마케팅이 이미 세분화되고 각자의 역할이 잘 정립된 조직에서도 큰 변화가 일고 있다. 돈을 벌어오는 영업과 돈을 벌기 위해 돈을 쓰는 마케팅 사이의 갈등이 심해지면서, 두 부서를 통합하는 새로운 형태의 조직이 등장하고 있는 것이다.

한국은 지금이 마케팅을 세팅하는 단계이기 때문에 처음부터 이 새로운 개념을 받아들여 혁신적인 마케팅 모습을 갖출 기회가 있다. 이에 최신 마케팅 조직 트렌드를 먼저 소개하고자 한다.

시대가 요구하는 마케팅 매니저의 새로운 역할 RevOps

마케팅과 영업의 역할이 명확하게 구분되어 있던 조직에서는 "마케팅은 리드를 만들어 주고, 영업은 그것을 받아서 판매한다"는 분명한 경계가 있었다. 하지만 이제 그 경계가 사라지고 있다. 세계적 기업들은 이미 이 경계를 허물고 하나의 흐름으로 통합하는 Revenue Operations^{RevOps} 체계로 전환하고 있다. RevOps는 적절한 한국어 표현이 없어 '매출 창출'로 표현하는 것이 가장 적합하다. 결국 마케팅팀과 영업팀의 경계를 허물고 통합된 '매출 창출팀'이 새롭게 등장한 것이다.

이런 변화의 핵심은 마케팅 임원의 역할이 근본적으로 바뀌었다는 것이다. 책 『CMO to CRO』에서 강조하듯이, 마케팅 임원은 이제 단순한 마케팅 전문가를 넘어 매출을 최우선으로 두고 모든 팀의 목표를 원활한 고객 경험으로 만드는 역할을 해야 한다. 즉, 브랜드 인지도나 리드 생성에만 집중하는 것이 아니라 실제 매출 창

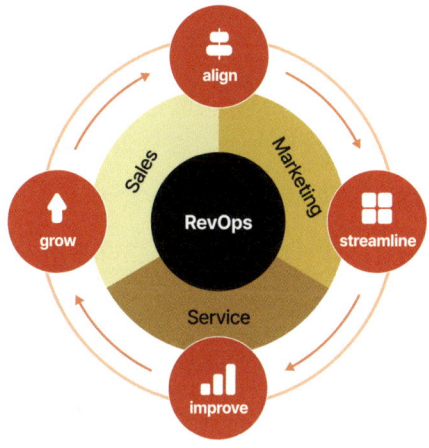

매출창출을 위해 협업하는 RevOps 구조

출에 직접적인 책임을 지는 CRO$^{\text{Chief Revenue Officer, 최고매출책임자}}$로 진화해야 한다는 것이다.

세계적 기업들의 RevOps 사례와 성과

실제로 드롭박스^{Dropbox}는 2018년 RevOps 체계를 도입하면서 영업 효율성이 40% 증가했다고 한다. 마케팅에서 시작된 리드기 영업으로 넘어가는 과정에서 30%의 가망 고객들이 누락되던 문제를 찾아내고 해결한 결과다.

    대표적인 마케팅 클라우드 회사인 허브스팟^{HubSpot}은 아예 RevOps를 회사의 핵심 철학으로 삼아 Sales Enablement, Marketing Operations, Customer Success 3개 조직을 통합한 단일 팀

으로 운영하며 연평균 40% 이상의 매출 성장을 지속하고 있다.

링크드인^{LinkedIn}은 2021년 RevOps를 가장 빠르게 성장하는 직무 1위로 선정한 바 있다. 전년 대비 채용 공고가 170% 증가했던 RevOps 전문가들은 평균적으로 기존 영업이나 마케팅팀보다 50% 높은 성과를 달성하고 있다. 해외에서는 주로 B2B 앱 회사들이 제일 빠르게 채택하고 효과를 보고 있다. 그러나 한국의 B2B 기업은 마케팅의 중요성을 충분히 인정하지 않는 것이 현실이다. 따라서 마케팅 부서가 스스로 '매출 창출팀'으로 거듭나 그 가치를 증명해야 한다.

『하룻밤에 읽는 B2B 마케팅』의 결론에서도 마케터는 영업이 되고 영업은 마케터가 되어야 한다고 했는데, 그게 바로 RevOps다. 마케팅 매니저의 목표는 회사의 매출 창출이어야 하고, 팀을 '매출 창출팀'으로 훈련시켜야 한다.

CMO가 CRO 역할을 담당해야 하는 이유

"마케팅이 데려온 리드가 제대로 된 게 하나도 없어요.", "영업팀은 리드를 받았는지도 모르고 있어요."

이런 대화가 한국 기업의 현실이다. 전통적 구조에서는 각 부서가 자신의 KPI만 쫓다 보니 고객 경험이 단절된다. 마케팅은 숫자만 채우려 하고, 영업은 자신의 DB만 신뢰한다.

오늘날의 구매 여정은 90% 이상이 영업팀과 만나기 전에 이루

* 출처: Steve Patrizi의 블로그 'The New Marketing & Sales Funnel' 포스팅 중

어진다. 고객은 이미 웹사이트를 둘러보고, 사례 연구를 읽고, 가격을 비교한 후에야 영업에게 연락한다. 이 전체 과정을 이해하고 관리하는 것이 바로 마케팅의 영역이다. 따라서 전체 매출^{Revenue} 책임을 져야 하는 최고 매출 책임자^{CRO}의 출발점은 고객의 여정을 가장 잘 이해하는 마케팅이어야 한다.

마케팅도 없는데 RevOps?

"한국은 CMO도 제대로 없는데 CRO요? 너무 앞서가는 거 아닌가요?" 이런 의문이 타당하다. 하지만 디지털 전환의 속도는 우리에게 선택의 여지를 주지 않는다. 유선 전화 인프라가 깔려 있지 않던 후발 국가들이 무선 전화로 더 빨리 넘어갔다. 유무선 통합 등을 고민할 필요 없이 처음부터 바로 무선만 도입하면 되기 때문에 더 용이했고, 모바일 혁명이 더 빠르게 일어났다. 그래서 중국이 신용카드 시기를 거치지 않고 바로 모바일 결제로 빠르게 넘어가는 것처럼 우리도 전통적 마케팅을 건너뛰고 바로 RevOps로 이행할 수 있다.

한국 기업 중 상당수가 전담 마케팅 조직을 갖추고 있지 않다. 마케팅 기능이 있더라도 단순 홍보나 이벤트 관리에 그치는 경우가 많다. 그런데 RevOps라니? 하지만 이것이 오히려 기회일 수 있다. 레거시 시스템과 기득권에 얽매이지 않은 상태에서 바로 RevOps 체계를 구축할 수 있다.

마케팅 매니저가 RevOps 전환을 주도하는 전략

변화의 시작은 언제나 작은 것부터다. 갑자기 전체 RevOps 구축을 추진하기보다는 영업과 마케팅 간 주요 데이터를 공유하는 것부터 시작해야 한다. 그리고 그 시작점은 바로 '캠페인'이다.

큰 마케팅 전략을 영업팀에 이해시키려 하지 말자. 대신 당장 수익을 낼 수 있는 작은 마케팅 캠페인을 실행하고, 그 성과를 공유하는 것이 훨씬 효과적이다. 예를 들어 기존 고객을 대상으로 한 업셀링 이메일 캠페인이나 영업팀이 갖고 있는 잠재 고객 리스트를 활용한 타깃 광고 캠페인으로 시작할 수 있다.

성과를 먼저 보여주는 것이 조직 변화의 지름길이다. RevOps

의 개념과 이론을 장황하게 설명하면 "또 신기술 유행 따라가나" 싶어 거부감만 키울 뿐이다. 대신 작은 캠페인의 성과를 구체적으로 보여주자. "이번 리타깃팅 캠페인으로 전환율이 5%에서 12%로 상승했고, 김 부장님의 고객도 여기에서 2건의 계약이 성사되었습니다"라는 구체적 성과가 훨씬 설득력이 있다.

영업팀의 친구가 되는 방법은 그들의 성공을 돕는 캠페인을 기획하는 것이다. 시스템 도입이나 프로세스 변경을 요구하기 전에, 영업팀이 이미 진행 중인 거래를 가속화할 수 있는 캠페인을 먼저 제안하자. 견적서 단계에서 멈춰있는 고객들을 위한 FAQ 웨비나나 경쟁사 비교 백서 캠페인 같은 콘텐츠는 영업팀에게 즉각적인 도움이 된다.

무엇보다 중요한 것은 CEO의 언어로 소통하는 것이다. 'RevOps' 같은 영어 약자나 추상적인 마케팅 전략보다는 "이번 분기에 마감 예정인 딜 중 40%에 마케팅 캠페인 콘텐츠가 활용되었습니다"라는 명확한 성과로 보고하자. 결국 모든 조직 변화는 최고경영진의 지지 없이는 불가능하기 때문이다.

이 책에서 제시하는 4단계 캠페인 프레임워크는 바로 이런 작은 성공들을 만들어내는 시스템이다. 거대한 RevOps 개념 대신 실행 가능한 캠페인으로 변화를 시작하는 것이 한국 기업에 가장 적합한 접근법이다.

Revenue Operations 관련해서 더 알고 싶으면 다음 책들을 추천한다. 스테펀 디오리오[Stephen G. Diorio]와 크리스 허멜[Chris Hummel]이 쓴 책 『Revenue Operations』과 션 레인[Sean Lane]과 로라 어딘트[Laura Adint]가 쓴 책 『The Revenue Operations Manual』을 추천하고, 좀 쉽게 읽을 수 있는 책으로는 마이크 겔러[Mike Geller], 로리 키난[Rolly Keenan], 브랜디 스타[Brandi Starr]가 쓴 『CMO To CRO』를 추천한다.

마케팅 매니저, AI로 마케팅 패러다임 전환해야 할 때

AI 혁명 이후의 변화: SEO에서 AEO로의 패러다임 전환

RevOps라는 새로운 조직 모델의 등장과 함께, B2B 마케팅 환경에 또 다른 격변이 일어나고 있다. 바로 인공지능[AI]의 등장이다. AI는 마케팅의 모든 영역을 재편하고 있으며, 특히 디지털 마케팅에서는 전례 없는 변화를 가져오고 있다.

이제 더 이상 SEO[Search Engine Optimization]에 대해 이야기하지 않는다. 모든 마케터들의 관심은 AEO[Answer Engine Optimization]로 옮겨가고 있다. 최근 웹사이트 구축이나 마케팅 콘텐츠 개발 프로젝트에 참여하다 보면, 모든 논의의 중심에는 항상 AI가 있다. 특히 ChatGPT와 같은 대규모 언어 모델의 등장은 사용자들이 정보를 습득하는 방식 자체를 근본적으로 바꾸고 있다.

기존의 SEO는 검색엔진 결과 페이지에서 웹사이트의 순위를 향상시키는 데 초점을 맞췄다. 특정 키워드에 대한 순위를 올리고, 트래픽을 유도하는 것이 주요 목표였다. 이를 위해 키워드 리서치, 페이지 최적화, 링크 빌딩 등의 전략을 구사했고, 블로그 포스트나 제품 페이지와 같은 장문의 콘텐츠를 집중적으로 제작했다.

하지만 AEO는 완전히 다른 접근 방식을 요구한다. AEO의 핵심은 사용자의 질문에 직접적이고 간결한 답변을 제공하는 것이다. 특히 구글에서 검색했을 때 AI 요약분에 나오게 되는 피처드 스니펫$^{featured\ snippets}$이나 음성 검색 결과에 표시되는 것이 목표다.

이를 위해서는 구조화된 데이터 활용, 음성 검색을 위한 콘텐츠 최적화, 스키마 마크업(검색 엔진에서 웹 사이트의 콘텐츠를 이해하고 분석하는 데 도움이 되는 마크업 언어) 사용 등이 중요해진다. FAQ 형식의 콘텐츠나 바로 답변할 수 있는 짧은 정보 스니펫(웹 페이지에서 발췌된 정보)이 새로운 콘텐츠 전략의 중심이 되고 있다.

실제로 최근에 웹사이트 구축 프로젝트를 진행하고 매월 방문자를 분석해 보면 놀라운 변화가 있다. AEO를 고려해 웹사이트를 설계할 때부터 단편적인 소개가 아니라 AI가 이해할 수 있는 스토리 제공에 중점을 둔다. 억지로 공부시켜야 하는 SEO와 달리 스스로 공부하는 AI의 학습 원천이 되기 위해서는 단편적인 정보의 나열만으로는 부족하다. 훨씬 더 근본적으로 이런 솔루션이 왜 필

[희성촉매 웹사이트]
다양한 생성형 AI의 추천을 받고 있는 AEO 최적화 웹사이트 예시

요한지부터 스토리를 풀어 내고, 전문성이 높은 사이트임을 입증하기 위해 최대한 많은 지식을 소개한다. AEO의 기준이 전문성과 권위라고 알려져 있기 때문에 B2B 기업들은 전문성에 집중하는 것이 AEO에 가장 효과적이다. 여기서 말하는 권위는 높은 웹트래픽 및 업계에서의 신뢰도여서 단시간에 따라잡기 어렵다. 그래서 전문성에 집중하는 것이 현재로서는 가장 효율적이다. 이제 생성형 AI들도 점점 더 링크와 소스를 제공하는 방향으로 발전하고 있어 AEO에 대한 궁금증은 빠르게 풀릴 것으로 보인다.

전문성에 집중해 개발한 웹사이트들의 월별 방문자를 분석해 보면, 그들이 들어온 경로^{referral}가 대부분 생성형 AI라는 놀라운 결

과를 보게 된다. 매월 생성형 AI 를 통해 들어오는 방문자가 많아지고 있으며, 처음에는 웹사이트 첫 화면으로 랜딩이 많았지만 점점 더 구체적인 제품 페이지로의 랜딩이 늘고 있다. 그만큼 B2B 이용자들도 전문적이고 구체적인 내용까지 생성형 AI에 의존하고 있다는 뜻이다.

B2B 마케팅에서의 AEO 전략

이같은 변화는 B2B 마케팅 전략에도 직접적인 영향을 미치고 있다. 과거에는 "B2B SaaS 솔루션 비교"라는 키워드로 상세한 비교 리뷰를 작성했다면, 이제는 "어떤 B2B SaaS 솔루션이 중소기업에 가장 적합한가?"와 같은 구체적인 질문에 직접 답변하는 콘텐츠를 제작해야 한다. 그래서 실제 웹사이트를 구축하는 프로젝트를 할 때, 과거에는 형식적으로 넣었던 FAQ 코너에 요즘은 가장 힘을 싣고 있다. AI 가 이용자들에게 그대로 제공해도 손색 없을 객관성과 전문성이 담보된 질문과 답변으로 준비하고 있다.

더 나아가 오픈AI ChatGPT나 구글 Gemini와 같은 내화형 AI가 주요 정보 검색 채널이 되면서 기업들은 이런 AI 플랫폼에서 자사가 어떻게 언급되는지, 어떤 정보가 제공되는지를 모니터링하고 관리해야 한다. 이는 기존의 브랜드 모니터링과는 완전히 다른 차원의 과제다. 키워드 광고처럼 표준화 할 수 있는 것이 아니기 때문에 더욱 면밀한 검토를 통해 웹사이트에 콘텐츠로 반영될 수 있게 해야 한다. 키워드 광고보다 콘텐츠 마케팅의 중요성이 더 높아지고 있다.

AI 기반 개인화와 예측 마케팅

AI의 영향은 콘텐츠 전략을 넘어 마케팅의 모든 측면으로 확장되고 있다. AI를 활용한 개인화는 이제 필수가 되었다. 기존의 세그멘테이션 기반 마케팅에서 벗어나 개별 고객의 행동 패턴과 선호도를 실시간으로 분석하여 맞춤형 콘텐츠와 경험을 제공하는 것이 가능해졌다.

예측 분석도 마케팅의 새로운 핵심 역량이 되고 있다. AI 알고리즘은 리드 스코어링, 이탈 예측, 업셀링 기회 식별 등에서 인간의 직관을 뛰어넘는 정확도를 보여주고 있다. 이는 RevOps$^{\text{Revenue Operations, 레브옵스, 매출 창출}}$의 예측 가능한 매출 파이프라인 구축이라는 목표와 완벽하게 부합한다는 점에서 마케팅 매니저들이 주목해야 한다.

AI 시대의 마케팅 조직 역량

이같은 AI 혁명 속에서 마케팅 조직의 역량 요구사항도 변화하고 있다. 전통적인 마케팅 스킬 외에도 AI 도구에 대한 이해와 활용 능력이 필수가 되었다. 프롬프트 엔지니어링, AI 콘텐츠 큐레이션, 알고리즘 이해 등 새로운 스킬셋이 요구된다.

또한 AI가 생성한 콘텐츠의 진정성과 품질을 관리하는 능력도 중요해졌다. AI는 강력한 도구지만, 인간의 전략적 사고와 창의성을 대체할 수는 없다. 따라서 AI를 효과적으로 활용하면서도 인간만이 제공할 수 있는 독특한 가치를 만들어내는 것이 새로운 과제가 되고 있다.

RevOps와 AI는 서로를 강화하는 관계이다. RevOps가 추구하는 데이터 기반 의사결정과 예측 가능한 성장은 AI를 통해 더욱 정교해질 수 있다. 동시에 AI가 제공하는 개인화와 자동화 능력은 RevOps의 효율성을 극대화한다. 이 두 가지 트렌드를 통합적으로 이해하고 활용하는 것이 미래 B2B 마케팅의 핵심 경쟁력이 될 것이다. 나아가 마케팅 매니저가 팀을 구성하고 팀의 역량을 키워나가는 방향성이 되어야 한다.

성공적인 B2B 마케팅 캠페인의 시작점은 회사의 성장 전략을 정확히 파악하는 것이다. 시장 진입, 시장 개발, 시장 침투, 시장 다각화라는 네 가지 성장 방향은 각각 완전히 다른 캠페인 접근법을 요구한다.

마케팅 매니저는 캠페인을 기획할 때 성과를 어떻게 측정할지도 함께 고려해야 한다. 디지털 마케팅의 다양한 지표와 전통적 마케팅의 전략적 가치 사이의 간극을 이해하고 균형을 잡는 것이 중요하다. 더 나아가 조직 내 다양한 이해관계자들이 공통의 언어를 찾고 함께 발전시킬 수 있는 지표를 만들며, 소통과 합의를 이끌어내는 것이 마케팅 매니저의 핵심 역할이다.

이 장에서는 막연한 성장 목표를 구체적이고 측정 가능한 캠페인 전략으로 변환하는 실무적 접근법과 함께 디지털과 전통 마케팅의 성과를 하나의 언어로 표현할 수 있는 통합 프레임워크를 제시한다.

2장
캠페인 전략 수립과 캠페인 인프라 점검

사실 마케팅 매니저 레벨에서는 캠페인 전략보다는 연간/분기별 마케팅 전략 수립이 주된 업무이다. 실질적인 캠페인 전략을 수립하는 것은 실무진의 역할이겠지만, 그래도 마케팅 매니저의 큰 가이드라인이 있어야 한다. 마케팅 매니저도 큰 가이드라인을 세우기 위해서는 회사의 목표를 봐야 한다.

비즈니스 영역별 목표를 확인해 해당 브랜드의 성장 목표를 설정해야 한다. 시장 상황에 따라 회사가 결정한 주력 분야가 항상 달라지기 때문에 이에 맞춰 마케팅 플랜이 준비되어야 한다. 회사가 신규 시장 진출을 위해 브랜드를 론칭해야 한다면, 마케팅은 브랜드 기획부터 론칭, 인지도 향상 프로그램까지 준비해야 한다. 반대로 회사가 특정 브랜드를 없애고 싶어 할 때도 현재 사용하고 있는 고객들의 반발 없이 자연스럽게 페이드아웃 할 수 있는 마케팅 전략이 필요하다.

비즈니스 목표와 마케팅 목표 연계

"올해 10% 성장이 목표입니다. 마케팅은 10% 성장을 위해 무엇을 할 수 있나요?" CEO들과 만날 때 자주 듣는 질문이다. 이 질문 속에는 몇 가지 위험한 전제가 숨어있다. 첫째, 마케팅이 성장의 수단이라는 인식은 있지만, 어떤 성장을 어떻게 만들어내야 하는지 구체적인 로드맵이 없다. 둘째, 10%라는 목표는 전년도 실적 대비 증가율일 뿐 시장 상황이나 경쟁사 동향을 고려한 현실적 목표인지 검증되지 않았다. 마케팅 매니저로서 가장 먼저 해야 할 일은 이같은 막연한 비즈니스 목표를 실행 가능한 마케팅 전략으로 전환하는 것이다.

회사의 성장 전략과
캠페인 방향 일치시키기

기업의 성장 단계를 마케팅 입장에서 보면 크게 네 가지 방향으로 구분할 수 있다. 시장 진입$^{Market\ Entry}$, 시장 개발$^{Market\ Development}$, 시장 침투$^{Market\ Penetration}$, 시장 다각화$^{Market\ Diversification}$다. 각각의 전략은 서로 다른 마케팅 캠페인 접근법을 요구한다.

    시장 진입은 새로운 제품을 새로운 시장에 처음 선보이는 경우다. 이때는 시장 교육과 브랜드 인지도 구축이 핵심이 된다. 고객들이 자신에게 문제가 있다는 것조차 인지하지 못할 수 있기 때문에, 문제 정의 캠페인(고객이 자신의 문제를 인식하게 만드는 캠페인)과 사고 리더십$^{Thought\ Leadership}$(업계를 선도하는 전문성 콘텐츠)이 주된 전략이 된다.

    시장 개발은 기존 제품을 새로운 시장에 도입하는 전략이다. 국내에서 성공한 B2B 솔루션을 해외 시장에 선보이거나 대기업 고객에게 판매하던 제품을 중소기업으로 확장하는 경우다. 이때는 로컬라이제이션Localization(현지 맞춤화)과 타깃 세그먼트(목표 고객군)에 특화된 캠페인이 필요하다. 새로운 시장의 언어와 문화, 고객 니즈에 맞춘 맞춤화가 성공의 열쇠다.

시장 침투는 기존 제품으로 기존 시장에서 더 큰 점유율을 확보하는 전략이다. 경쟁이 가장 치열한 상황이므로 차별화와 고객 유치가 핵심 캠페인 목표가 된다. 경쟁사 비교 캠페인, 가격 공세, 기능 우위 강조, 고객사례를 활용한 리드젠 캠페인이 효과적이다.

다각화는 완전히 새로운 사업 영역에 진출하는 가장 도전적인 전략이다. 이때는 회사의 기존 브랜드 신뢰도를 활용하면서도 새로운 사업의 독자성을 확립해야 하는 균형 잡기가 필요하다. 브랜드 확장 캠페인, 전문성 입증 캠페인, 그리고 기존 고객을 대상으로 크로스셀링 할 수 있는 ABM 캠페인(주요 고객사 중심 마케팅)이 필요하다.

마케팅 목표 설정의 다양한 프레임워크

목표 설정은 전략 실행의 출발점이다. 막연한 '매출 증대'나 '성장'이라는 표현에서 벗어나 구체적이고 측정 가능한 목표로 전환해야 한다. 다양한 목표 설정 프레임워크 중 세 가지 주요 방법론을 살펴보자. 매년 회사의 C레벨이 좋아하는 프레임워크가 다르기 때문에 그에 맞춰 개발하는 것이 중요하다. 하지만 목표를 설정하는 방식에는

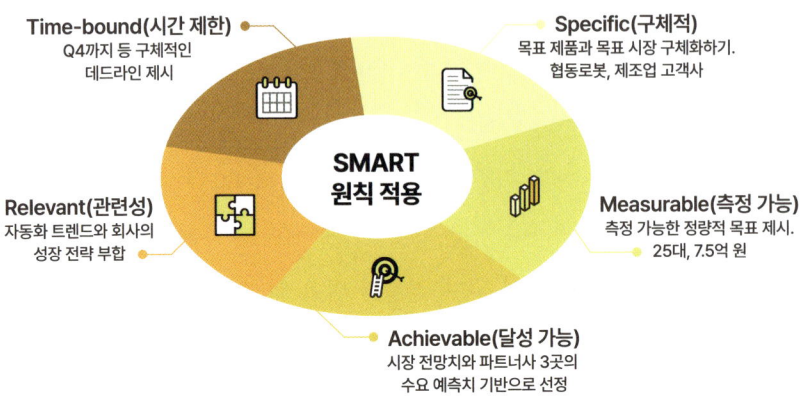

방법론이 조금씩 다르긴 해도 큰 맥락은 동일하기 때문에 목표 및 전략 수립을 여러번 경험하게 되면 어떤 방법론에도 다 맞춰 작업할 수 있다.

SMART 방식

SMART 원칙은 피터 드러커[Peter Drucker]의 목표 관리[MBO] 개념을 바탕으로 조지 도란[George T. Doran, 경영 컨설턴트]이 소개했다. 이 방법이 40년 이상 널리 사용되는 이유는 간단함과 실용성 때문이다. 특히 RevOps(매출 창출) 환경에서 영업과 마케팅이 공유해야 할 명확한 목표 설정에 최적이기 때문에 최근 다시 각광받고 있다.

분기별로 체크하면 더 좋은 간단명료한 OKR

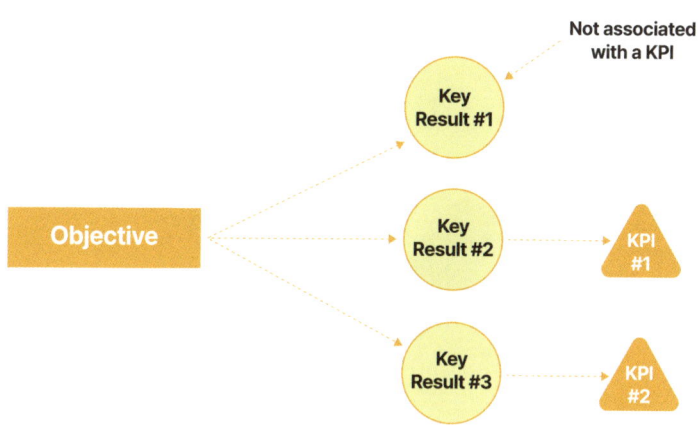

SMART 원칙 적용

- 구체적^{Specific} : 목표 제품과 목표 시장 구체화. 협동로봇, 제조업 고객사
- 측정 가능^{Measurable} : 측정 가능한 정량적 목표 제시. 25대, 7.5억 원
- 달성 가능^{Achievable} : 시장 전망치와 파트너사 3곳의 수요 예측지 기반으로 선정
- 관련성^{Relevant} : 자동화 트렌드와 회사의 성장 전략 부합
- 시간 제한^{Time-bound} : Q4까지 등 구체적인 데드라인 제시

OKR ^{Objectives and Key Results} 방식

1970년대 인텔^{Intel}의 앤디 그로브^{Andy Grove}가 개발하고, 구글과 같은 실

* B2B 마케팅 캠페인 준비단계

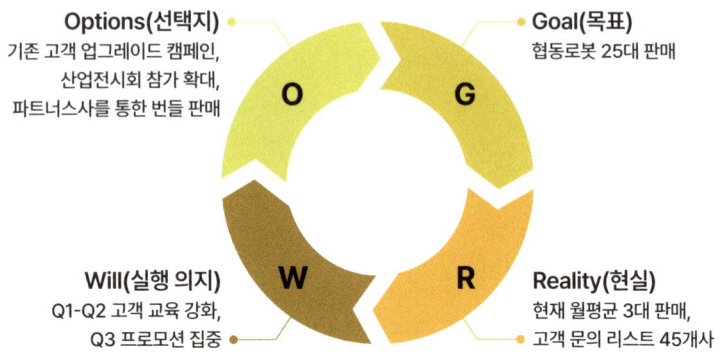

출처 https://omtglobal.com/powerful-coaching-questions-to-use-with-the-grow-model

리콘밸리 기업들이 널리 채택한 방식이다. OKR은 야심찬 목표^{Objectives}와 그 달성도를 측정할 핵심 결과$^{Key\ Results}$로 구성된다. SMART보다 더 도전적인 목표를 설정하되, 부분적 성공도 가치 있게 평가하는 특징이 있다.

실제로 로봇 회사의 사례를 적용해 보자.

- 목표^{Objective} : "협동로봇 시장의 선두 업체로 도약"
- 핵심 결과 1: 25대 판매 (0점: 15대 미만, 1.0점: 40대 이상)
- 핵심 결과 2: 제조업 3개 업종 진출 (0점: 1개 업종, 1.0점: 5개 업종)
- 핵심 결과 3: 고객 만족도 4.5/5.0 달성

GROW 모델

1980년대 존 위트모어$^{John\ Whitmore}$가 개발한 GROW 모델은 Goal-Reality-Options-Will의 순환 과정을 통해 목표를 정교화한다. 현실 분석을 강조하는 이 방식은 특히 한국 기업의 보수적인 의사결정 문화에 적합하다.

- 목표^{Goal}: 협동로봇 25대 판매
- 현실^{Reality}: 현재 월평균 3대 판매, 고객 문의 리스트 45개사
- 선택지^{Options}: 기존 고객 업그레이드 캠페인, 산업전시회 참가 확대, 파트너사를 통한 번들 판매
- 실행 의지^{Will}: Q1~Q2 고객 교육 강화, Q3 프로모션 집중

각 방법론의 적용 가이드

SMART 원칙은 일상적인 캠페인과 프로젝트에 적합하다. 특히 처음으로 RevOps(매출 창출)를 도입하는 팀에게 명확한 가이드라인을 제공한다. OKR 방식은 혁신이 필요한 전략적 이니셔티브나 장기 프로젝트에 효과적이다. GROW 모델은 팀 간 의견 차이가 있거나 현실적 제약이 많은 상황에서 공감대를 형성하는 데 도움이 된다.

    이 세 가지 방법론을 조합하여 사용하는 것도 효과적이다. 이를테면 연간 전략 목표는 OKR 방식으로 설정하고, 분기별 실행 목표는 SMART 원칙으로 세부화하며, 팀 간 조율이 필요한 부분은 GROW 모델로 토론하는 방식으로 사용될 수 있다.

이는 방법론의 몇 가지 예일 뿐이고, 실제 마케팅 플랜에는 광범위한 시장조사를 비롯해 구체적인 활동과 상세한 타임라인, 예산 등 더 많은 내용들이 들어가야 한다. 이 책은 플래닝 가이드북이 아니기에 여기서는 짧게만 언급하겠다. 다만 마케팅 매니저의 목표 설정이 이후 캠페인 성공을 좌우하기 때문에 목표 설정에 대해 조금 더 논의하려고 한다.

다양한 측정 프레임워크:
선택이 아닌 통합의 지혜

마케팅 성과 측정에는 정해진 정답이 없다. 마케팅의 예산, KPI, 성과 측정은 이론상으로는 명확해 보이지만, 현실에 적용하면 수많은 불확실성과 마주하게 된다. 전통적 마케팅은 명확한 근거 수치를 활용하기 어려웠던 반면, 디지털 마케팅은 각기 다른 너무 많은 측정방법이 있어 어렵게 느껴진다.

디지털 마케팅의 측정 함정 :
숲을 보지 못하는 나무들

오프라인 마케팅 활동에 비해 디지털 마케팅은 매우 세밀한 데이터 추적이 가능하다. Cost Per Acquisition^{CPA}, Click-Through Rate^{CTR}, Conversion Rate^{전환율} 등 다양한 지표들은 개별 행동의 효과를 실시간으로 보여준다. CPA는 신규 고객 한 명을 확보하는 데드는 비용을 측정하고, CTR은 광고나 링크를 클릭한 사용자의 비율을 보여주며, Conversion Rate는 목표 행동을 완료한 방문자의 비율을 추적한다.

하지만 이러한 세부 지표들이 캠페인 전체의 성과를 보여주는 것은 아니다. 마케터들이 자주 범하는 실수는 클릭률, 노출수, 소셜 공유 등 즉각적인 지표에만 집중하는 것이다. 하지만 브랜드 인지도나 고객 관계 구축과 같은 장기 이니셔티브는 성과가 나타나는 데 몇 개월, 심지어 몇 년이 걸릴 수 있다. 이것이 바로 캠페인의 전체적인 목표와 기간에 맞춰 성공 지표를 정렬하는 것이 중요한 이유다.

디지털 영역에서는 다음과 같은 정밀한 지표들이 실시간으로 추적된다.

분류	측정 항목
성과 기반 지표 (Performance-Based Metrics)	Click-Through Rate (Ctr), Cost Per Click (Cpc), Conversion Rate
기여도 기반 지표 (Attribution Metrics)	First Touch, Last Touch, Multi-Touch Attribution
관여도 기반 지표 (Engagement Metrics)	Time On Site, Bounce Rate, Page Views
소셜미디어 관련 지표 (Social Metrics)	Engagement Rate(Er), Share Of Voice, Follower Growth

데이터 전문가들은 각 채널별로 다른 지표를 선호하는데, 구체적으

로 검색 광고는 CTR, 소셜 미디어는 ER, 이메일 마케팅은 오픈율과 클릭률, 구독 해지율 등에 주목한다. 이러한 지표들을 어떻게 종합하여 마케팅의 전체 가치를 평가할 것인가? 바로 여기서 통합 프레임워크의 필요성이 대두된다. 디지털 마케팅에서 Multi-Touch Attribution[MTA, 멀티터치 기여분석]라는 개념이 나왔다는 것 자체가 모든 활동들의 기여도에 대한 논쟁이 존재했다는 것을 의미한다.

Multi-Touch Attribution의 등장과 기여도 분배의 딜레마

고객이 구매 결정에 이르기까지 평균 6~10개의 접점을 거쳐 의사 결정을 내리는 것이지, 마지막 액션 단계에서 모두 결정되는 것은 아니기 때문이다. 그래서 디지털에서 나오는 측정값도 해석이 복잡해지기는 마찬가지인 것이다. Multi-Touch Attribution[MTA] 모델이 주목받는 이유도, 온라인과 오프라인 접점들 간의 상호 작용이 있으며, 여러 활동들이 세일즈 퍼널에서 함께 작용했기 때문이다.

그러나 이 과정에서도 "어느 접점이 얼마나 기여했는가"라는 근본적인 질문은 여전히 답하기 어렵다. 오늘날의 옴니채널 캠페인은 특정 채널에 국한되지 않고 온라인과 오프라인의 다양한 접점을 포함한다. 마케팅 ROI 측정을 특정 채널에만 집중하면 전체 마케팅 영향의 퍼널 중 일부만 보게 된다.

통합 프레임워크들의 특징과 현실 적용

복잡하기는 하지만 마케팅 매니저들이 참고할 프레임워크가 있고, 각 상황에 맞는 지표가 있기 때문에 이를 참조해 팀의 KPI를 정하는 것이 좋다. 폴 패리스[Paul Farris]의 마케팅 대시보드 접근법은 "Marketing Metrics"에서 제안한 것으로, 네 가지 차원으로 마케팅 성과를 바라본다.

분류	측정 항목
브랜드 구축 지표 (Brand Building Metrics)	브랜드 인지도, 브랜드 이미지, Top-of-Mind Awareness
고객 기반 지표 (Customer-Based Metrics)	고객 만족도, Net Promoter Score (NPS), Customer Satisfaction Index
영업 반응 지표 (Sales Response Metrics)	응답률, 전환율, 리드 생성 비용
재무 지표 (Financial Metrics)	Marketing ROI, Customer Lifetime Value (CLV), Revenue per Customer

경험석으로 CLV가 가장 중요한 지표라고 생각한다. 단순 공식인 "CLV = Average Purchase Value × Purchase Frequency × Customer Lifespan"을 넘어 다음과 같은 확장 공식을 통해 좀 더 정확한 계산이 가능하다.

CLV = (Monthly Revenue per Customer) × (Customer Lifespan in months) × (Gross Margin %).

실질적인 매출창출을 알아야 하고, 단기적인 측정이 아니라 장

데이브 맥클루어(Dave McClure)의 AARRR 모델, 일명 해적지표(Pirate Metrics)

기적인 관점에서 봐야 하기 때문에 현실에서 적용은 어렵지만, 1년에 한번은 꼭 하는 것이 좋다.

실제로 1년에 마케팅 캠페인을 7개 정도 진행하는 고객사와 일할 때, 각 캠페인에서는 어쩔 수 없이 CPL만 계산한다. 캠페인 기간 동안 산정할 수 있는 것은 이것뿐이기 때문이다. 하지만 7개의 캠페인이 끝난 뒤에는 1년간의 데이터를 통합해서 CLV 계산을 한다. 이렇게 하면 연중 가장 효과 있었던 캠페인의 순위가 바뀌고, 가장 효율적인 채널도 순위가 바뀐다.

연간 계산이 반드시 필요하지만 마케팅 실무자 입장에서는 시도하기 어렵다. 이 지표는 마케팅 매니저 레벨에서 필요성을 인식하고 영업과 재무를 아우르면서 연간 데이터를 분석할 때 도출할 수

기업 전체 관점에서 보는 BSC

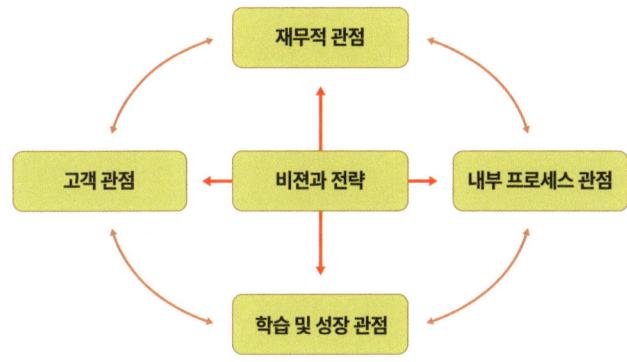

있기 때문에 마케팅 매니저들이 핵심 지표로 인식하고 적극 추진해야 한다.

각 캠페인에서는 CPL 중심으로 접근하더라도 연간으로는 반드시 CLV를 계산하는 것이 큰 그림에서 도움이 될 때가 많기 때문에 적극 추천한다.

가장 일반적인 통합 프레임워크로는 데이브 맥클루어$^{\text{Dave McClure}}$의 AARRR 모델$^{\text{Pirate Metrics}}$이 있다. 일명 해적지표라고 부른다. 해적들이 보물을 찾듯 AARRR 모델은 고객의 여정을 분석하고 전환 지표를 통해 비즈니스 성장을 위한 보물을 찾도록 도와주기 때문에 이런 별명을 얻었다.

실제 마케팅 업무에서는 '해적지표'라는 말을 더 많이 사용하기 때문에 이 용어를 숙지해두는 것이 유용하다. 이 모델의 강점은 순차적 고객 여정을 반영한다는 점이며, 디지털 캠페인에서는 각 단계별로 다음과 같은 정밀한 지표를 추적한다.

단계	지표
Acquisition (획득)	트래픽 소스, 채널별 비용 효율성: Traffic Source Mix, Paid vs Organic
Activation (활성화)	Demo Requests, Free Trial Conversions
Retention (유지)	재구매율(Churn Rate), 활성 사용자 비율 (Daily/Monthly Active Users)
Referral (추천)	Net Promoter Score, 바이럴 계수
Revenue (수익)	ROAS, 고객당 수익, 업셀링/크로스셀링 비율

그 외에도 BSC$^{\text{Balanced Scorecard, 균형성과표}}$를 사용하는 경우도 있지만, 실제 사례는 경험하지 못했다. 조직이 크고, 마케팅 매니저보다 더 높은 CMO 레벨이 있다면 한번 시도해 보기에 적합한 지표이다.

성과 관점	평가 영역
재무	Revenue, Gross Profit, Marketing ROI, Cost Per Acquisition
고객	고객 만족도, 시장 점유율, Brand Health Score
내부 프로세스	캠페인 실행 속도, 리드 처리 시간, 콘텐츠 제작 효율성
학습/성장	마케팅 역량 개발, 팀 생산성, 기술 활용도

디지털과 전통 마케팅의 성과 통합 과제

디지털 마케팅의 세밀한 추적 능력과 전통적 마케팅의 모호성 사이의 간극을 메우는 것이 현재 마케팅 측정의 가장 큰 과제다. 예를 들어, 산업전시회 참가의 ROI를 어떻게 계산할 것인가? 전시회에서 명함을 받았지만 6개월 후에 계약이 성사된 경우, 이를 어떻게 귀속시킬 것인가?

이런 상황에서는 통합 대시보드가 필수적이다.
- 온라인과 오프라인 터치포인트를 연결하여 표시
- 장기 지표와 단기 지표를 균형 있게 제시
- 예측^{Leading} 지표와 결과^{Lagging} 지표를 함께 추적
- 정량적 데이터와 정성적 피드백을 통합

결국 마케팅 성과 측정의 핵심은 이러한 다양한 프레임워크들을 적절히 조합하고, 조직의 공감대를 형성하며, 지속적으로 개선해나가는 과정에 있다. 디지털의 정밀한 측정과 전통 마케팅의 전략적 가치를 하나의 언어로 표현할 때 비로소 진정한 RevOps(매출창출)의 실현이 가능하다.

합의 없이는 측정도 없다

디지털 마케팅은 Cost Per Lead^{CPL}, Unique Monthly Visitors^{UMV},

Customer Retention Rate 등 다양한 정량적 지표를 제공하지만, 이것만으로는 마케팅의 전체 가치를 포착할 수 없다. 오히려 단순화된 측정 방식은 전체적인 마케팅 ROI를 정확히 평가하는 데 오히려 방해가 되기도 한다.

결국 마케팅 성과 측정은 기술적 문제가 아닌 조직 내 커뮤니케이션과 합의의 문제다. 이것이 바로 매니저의 역할이다. 매니저가 이 부분을 명확히 조직 내에서 합의를 이끌어내야만 이에 맞춰 일하는 실무진의 성과와 성장에 결정적 역할을 하게 된다.

다양한 이해관계자들이 공통의 언어를 찾고, 서로의 관점을 이해하며, 함께 발전시킬 수 있는 측정 체계를 만드는 것이 진정한 RevOps$^{매출 창출}$의 시작이다.

전략과 KPI는 예산과 함께 논의되어야 하는데, 예산은 각 회사마다 다르기 때문에 이 책에서는 제외한다. 하지만 마케팅 매니저의 가장 중요한 역할은 예산을 확보하고, 예산을 전략과 KPI에 맞게 할당하는 것이다.

캠페인 인프라 점검

"우리 회사에 세일즈포스를 도입한 지 1년 됐는데, 아직도 영업팀은 엑셀로 고객을 관리해요."

이런 한탄은 자주 들리는 이야기다. CRM 시스템을 도입했지만 제대로 활용되지 않는 이유는 대부분 데이터 관리 체계가 없기 때문이다. 시스템은 그릇일 뿐, 담을 내용물이 정리되어 있지 않으면 아무 소용이 없다. RevOps^(매출창출)의 기본은 바로 이런 데이터 관리 체계를 확립하는 것에서 시작된다.

또한, 기업의 '데이터 관리 체계'라는 큰 그림을 마케팅 매니저 레벨에서 설계해줘야 한다. 이렇게 하면 캠페인을 통해 데이터를 모아오고 체계화할 마케팅 실무진의 일이 쉬워진다. 매니저가 짜 놓은 프레임에 마케팅 실무자들이 데이터만 입력하면 앞으로 나아갈 수 있게 되어 있는 구조가 되어야 캠페인 기획과 실행, 효과측정이 빨라지고 거침없이 일을 진행할 수 있다.

그런데 현실은 마케팅 실무진이 캠페인을 통해 데이터를 모았는데, 어디에 입력해야 할지, 누구에게 줘야 할지, 다음 단계로 어떤 활동을 해야 할지 우왕좌왕하는 경우가 많다.

이미 CRM이 있다면 분류체계를 어떻게 할지, 자동화를 어떻게 설정할지 등을 미리 설계해야 한다. 인사이드 세일즈(내부 영업팀)를 통한 검증 단계를 마케팅 내부에서 할지 여부도 결정할 필요가 있다.

실제로 마케팅 캠페인을 시작하기 전에 미리 설계해 두어야 할 것이 많다. 이러한 업무는 마케팅 매니저 레벨에서 결정하고, 회사 내에서 동의와 지지를 이끌어내야 하는 부분이다. 따라서 여기서 큰 방법론을 다루고, 세세한 데이터 이야기는 각 캠페인에서 실무용으로 다시 설명한다.

고객 데이터의 진화:
단순 기록을 넘어서

디지털 기술의 발전으로 기업은 이제 단순한 거래 기록이나 통계 수치를 넘어, 고객의 행동, 선호도, 행동 패턴 등 다양한 형태의 데이터를 수집할 수 있게 되었다.

이는 마치 고객을 단순한 '구매자'에서 '개인화된 여정을 가진 파트너'로 바라보는 관점의 전환을 의미한다. 고객을 이같은 관점에서 볼 때 가장 가치 있는 시스템이 바로 세일즈포스 솔루션이고, 여정을 발전시켜 나가는 데 도움을 준다.

고객 데이터는 방문 기록, 구매 이력 및 주기, 소셜 미디어 활동, 이메일 내역, 피드백 등 다양한 형태를 포괄한다. 이러한 데이터를 종합적으로 분석하고 활용함으로써 기업은 단순한 맞춤화를 넘어 진정한 개인화 고객 경험을 제공할 수 있으며, 이것이 마케팅의 궁극적인 목표가 되어야 한다.

고객 데이터의 다양한 유형과 활용법

B2B 마케팅에서 활용할 수 있는 고객 데이터는 다양한 형태로 분류된다. 데이터 유형별 구분은 마케팅 전략 수립에 필수적이다. 마케팅 부서는 현재 수집한 데이터가 어떤 단계에 위치하는지 명확히 파악해야 한다. CRM 캠페인에서의 스코어링과 세그먼트화 방법론은 별도 장에서 상세히 다루며, 여기서는 데이터 형태별 분류에 집중한다.

- **개인 데이터**^{Personal Data} : 회사명, 이름, 직책, 이메일, 전화번호 등 개인 식별 정보. B2B에서는 기업 정보로 재분류가 필요한데, 동일한 회사 이름을 직원들이 매우 다양하게 표현한다. 예를 들어 ABC라는 회사를 abc, 에이비씨, (주)abc, abc(주), (주)ABC, ABC(주), 주식회사 abc, analysis based content 등으로 입력한다. 실제로는 모두 같은 회사이지만 입력 방식이 제각각이어서, 데이터 클리닝 시 명확한 표준화 가이드라인 수립이 필수다.

- **참여 데이터**^{Engagement Data} : 이메일 열람률, 웨비나 참석, 콘텐츠 다운로드, 영업 미팅 참여 등 브랜드와의 상호작용 데이터. 이 단계부터 데이터가 전략적 가치를 지닌다. 마케팅에서 말하는 '중요한 데이터'란 우리의 마케팅 활동에 실제로 반응하는 유의미한 데이터를 의미한다. 능동적으로 반응을 보인 이 데이터야말로 진정 가치 있는 데이터이며, 고객이 우리와 함께 마케팅 여정을 시작할 준비가 되어 있음을 나타낸다.

- **행동 데이터**^{Behavioral Data} : 웹사이트 내 경로, 체류 시간, 관심 제품 카테고리, 양식 완성률 등 디지털 행동 패턴. 참여 데이터가 우리의 마케팅 활동에 대한 반응이라면, 행동 데이터는 잠재고객의 순수한 관심사와 관심도를 측정하는 초기 지표다.

관심 신호를 포착하는 순간, 즉시 타깃 마케팅을 실행하여 이들을 참여 데이터 생성 고객으로 전환시켜야 한다. 이것이 바로 디지털 마케팅의 핵심이다. 실제로 CRM 관련 자료를 조사하기 위해 세일즈포스 웹사이트에서 몇 가지 자료를 다운로드했더니, 세일즈포스 영업 사원이 바로 다음날 연락을 해왔다. 행동 데이터는 고객의 첫 관심 표현이므로 이때 초기 대응을 자동화해 두는 것이 중요하다. 영업팀의 직접 팔로업이나 자동 뉴스레터 발송을 통한 너처링(리드 육성) 등을 활용하여 고객을 다음 단계로 이끌어야 한다.

- **거래 데이터**^{Transactional Data} : 구매 이력, 주문 규모, 결제 방식, 주문 빈도 등 실제 거래 관련 정보. 기존 고객들도 다른 상품과 서비스의 유력한 잠재고객이다. ERP에서 추출하여 CRM과 통합할 거래 데이터 확인이 필요하다. 신규 고객 개발보다는 기존 고객 대상 업셀링, 크로스셀링이 훨씬 효율적이고 성공률이 높다.

이러한 데이터를 실제로 활용하는 여섯 가지 방법은 B2B 캠페인의 성공 기반이 된다.

활용 목적	설명
고객 이해도 향상	데이터 분석을 통해 구매 의사결정자의 행동 패턴을 파악하고, 각 비즈니스 세그먼트별 니즈를 정확히 이해한다.
캠페인 전략 설계	데이터 기반으로 타깃팅된 캠페인을 설계한다. 예를 들어 특정 산업군에서 자주 고민하는 과제를 해결하는 솔루션을 강조하는 것이다.
제품 및 서비스 개발 최적화	고객 피드백을 분석하여 제품을 개선하고, 새로운 기능 우선순위를 정한다.
고객 충성도 향상	개인화된 커뮤니케이션과 맞춤형 솔루션 제공으로 장기적 관계를 구축한다.
데이터 기반 의사결정	주관적 판단이 아닌 데이터에 근거한 신속하고 정확한 의사결정을 내린다.
운영 효율성 향상	영업-마케팅팀 간 데이터 공유로 중복 작업을 제거하고 고객 대응 속도를 개선한다.

**데이터의 생명 주기 관리 :
수집부터 가치화까지**

데이터가 조직 내에서 가치를 창출하기까지에는 긴 여성이 필요하다. 개인 정보 하나 확보했다고 바로 비즈니스 딜이 마무리되는 마법 같은 일은 일어나지 않는다.

자동화 수준 결정과 구현 프로세스

데이터를 어떻게 다룰 것인가라는 아주 큰 그림을 마케팅 매니저가 해결해주었다면, 이제 그 다음으로는 마케팅 자동화 수준을 결정해

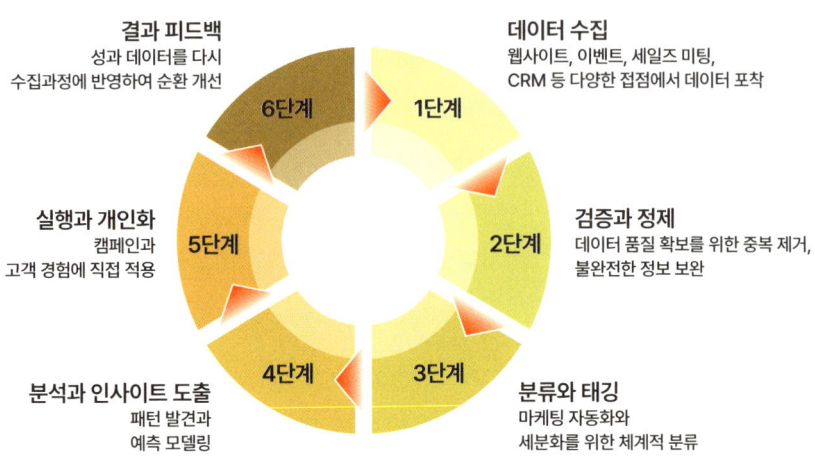

주는 것이 마케팅 실무자들의 업무 효율성을 높이는 데 큰 도움이 된다.

"처음부터 완벽한 자동화를 구현하려다 아무것도 못했어요." 라는 이야기가 있다. 자동화는 점진적으로 구현하는 것이 현실적이다. 아래 3단계까지의 프로세스 중에서 우리 회사는 어디까지 와 있는지, 현실적으로 어디까지 할 수 있는지를 결정하고 구현하는 것이 중요하다. 이를 마케팅 매니저가 결정해주면 마케팅 실무진들은 이제 자동화를 통해 생산성을 높이고 효율을 극대화하면 된다.

1단계 기본 자동화	2단계 워크플로우 자동화	3단계 고도화된 자동화
• 리드 캡처 후 자동 이메일 발송 • 기본적인 리드 스코어링 규칙 • 간단한 리포팅 자동화	• 리드 너처링 시퀀스 • 세일즈 아웃리치 프로세스 • 고객 온보딩 자동화	• AI 기반 리드 스코어링 • 예측 분석과 추천 엔진 • 완전 자동화된 고객 여정 관리

자동화를 구현할 때 주의해야 할 점도 많다. 수작업으로 10번 이상 반복하는 작업이 자동화의 대상이기 때문에 빈도에 대해 먼저 생각해야 한다. 다음으로는 자동화를 했을 때의 문제점을 생각해 봐야 한다. 예외 상황이 발생했을 때는 어떻게 자동화에서 제외시킬 것인가를 미리 시뮬레이션해 보고 대책을 마련해 두어야 한다. 완전 자동화가 아닌 적절한 컨트롤 포인트(승인 단계)를 유지하면서 마케터의 개입 지점을 명확히 해야 한다. AI 기반 자동화와 AI 에이전트를 아무리 다양하게 활용해도 독립 처리 업무, 인간 확인 필요 업무, 인간 개입 필요 업무를 명확히 구분하여 협업해야 한다. 마케팅 자동화가 고도화되어도 중요한 의사결정과 판단은 여전히 마케터의 고유 영역이다.

서문에서 언급했듯이 시스템은 우리의 마케팅 활동을 지원하는 도구일 뿐이다. 시스템을 도입한다고 마케팅이 저절로 되지는 않는다. 오히려 데이터 기반의 명확한 프로세스가 있을 때 시스템은 진정한 가치를 발휘한다. 데이터와 시스템이 가치를 다 할 수 있도록 프로세스와 사내 합의를 이끌어 내는 것이 마케팅 매니저의 중요한 역할이다.

개인정보보호와 데이터 거버넌스

마케팅 매니저의 또 다른 중요한 역할은 데이터에 대한 명확한 거버넌스를 확립하는 것이다. 마케팅 부서의 실수로 회사가 개인정보보호 등의 문제에 직면할 수 있기 때문에, 이런 점을 처음부터 명확하게 설정해두는 것이 정말 중요하다. 오늘날의 비즈니스는 대부분 글로벌 환경에서 운영되기 때문에 한국 내 개인정보보호 컴플라이언스(규제 준수)에만 국한해서는 안 된다. 초기부터 GDPR(EU 일반 개인정보 보호 규정), 개인정보보호법 등 다양한 규제를 포괄적으로 준수할 수 있는 체계를 구축하는 것이 중요하다.

　마케팅 매니저로 새로운 조직에 합류할 때도 이러한 점을 명확하게 점검해 볼 필요가 있다. 실제로 현장에서 경험해보면 동의를 받지도 않았고 수신거부를 처리할 장치도 없는 이메일을 불특정 다수에 발송하는 기업들의 활동을 흔히 발견할 수 있다. 이는 마케팅 전문가가 회사에 없을 때 발생할 수 있는 대표적인 사례다. 이런 문제를 발견했다면 빠르게 개선해야 한다.

데이터 거버넌스에는 준수해야 할 기본 원칙들이 있으며, 이것이 지켜지고 있는지 정기적인 점검이 필요하다. 특히 B2B 마케팅에서는 기업 데이터와 개인 데이터가 혼재되어 활용되고 있기 때문에 각각의 수집 및 사용 규칙을 명확히 정의해야 한다.

- 수집 최소화: 캠페인에 꼭 필요한 정보만 수집
- 동의 관리: 마케팅 활동별 명확한 동의 획득과 철회 프로세스
- 접근 권한: 역할별 데이터 접근 권한 체계화
- 보안 체계: 데이터 암호화, 백업, 위험 관리

효과적인 인프라가 갖춰졌다면, 이제 마케팅 역량을 조직 내에 내재화하는 전략을 살펴보자.

마케팅 매니저들에게는 조직을 한 단계 더 성숙한 RevOps 체계로 이끌 수 있는 특별한 기회가 있다. 많은 조직들이 아직 마케팅의 진정한 잠재력을 발휘하지 못하고 있다는 사실은 역설적으로 우리가 만들어낼 수 있는 변화의 여지가 그만큼 크다는 의미이기도 하다.

RevOps 전환의 성공 열쇠는 마케팅과 영업, 고객 지원팀이 협업하여 통합된 매출 창출 체계를 구축하는 것이다. 이를 위해서는 현재의 마케팅 역량과 목표하는 RevOps 체계 사이의 격차를 명확히 파악하고 체계적인 역량 개발 로드맵을 구축해야 한다. 완벽함보다는 지속적인 개선을 추구하며 학습하고 성장하려는 자세가 조직 전체의 변화를 이끌어낸다.

이 장에서는 마케팅 성숙도 진단부터 현실적 갭 분석, 그리고 지속가능한 성장을 위한 단계별 역량 개발 전략까지, 조직의 마케팅 역량을 한 단계 더 발전시키고 RevOps 전환을 성공적으로 이끌어내기 위한 실무적 접근법을 제시한다.

3장
마케팅 역량 내재화 전략

"우리 회사에 마케팅 부서가 있기는 한데, 마케팅을 할 수 있는 사람은 없어요."

이것이 많은 CEO들이 하는 고백이다. 마케팅 조직이 있어도 실제 역량은 부족한 경우가 태반이다. 그 이유는 지금까지 마케팅 업무를 수행해온 것이 아니라 회사 및 영업부의 업무를 지원해왔기 때문이다. 마케팅 역량이 무엇인지, 어떻게 발휘하는지를 경험할 기회조차도 없었던 것이 현실이다. 진정한 RevOps 전환을 위해서는 현실을 냉정하게 진단하고 필요한 역량과의 격차를 정확히 파악하는 것이 출발점이다.

**마케팅 성숙도 진단:
우리는 어디에 있는가**

대부분의 조직이 거치는 마케팅 성숙도의 진화 단계를 이해하는 것이 중요하다. 초기 단계에서는 마케팅이라는 개념 자체가 없거나 단순 홍보나 이벤트 수준에 머물러 있다. 이 단계에서는 마케팅이 비용 부서로만 인식되며, 투자 대비 효과를 측정할 생각조차 하지 않는다.

다음 수동적 지원 단계로 진입하면 영업의 요청에 따라 브로슈어나 자료를 만드는 수준이 된다. 여전히 마케팅은 수동적인 지원 기능에 그치며, 전략적 가치를 창출하지 못한다. 이 단계에서는 "그냥 영업이 필요하다고 했으니까"가 대부분 활동의 이유가 된다.

체계화 단계에 이르면 기본적인 캠페인 실행이 가능하지만 전략과의 연결이 약하다. 캠페인을 실행하기는 하지만 그것이 비즈니스 목표와 어떻게 연결되는지는 명확하지 않다. 이 단계에서는 활동 자체가 목적이 되기 쉽다. 이런 경우를 현실에서 많이 볼 수 있는데, 마케팅 매니저가 없고 실무 마케팅 담당자들은 회사 내 다른 부서 임원의 지시를 받아 일을 하게 된다. 실질적으로는 2단계와 3단계가 큰 차이가 없다.

통합 단계에서는 마케팅 매니저가 배치되어 영업팀 및 회사 임원들과 소통이 원활하게 이루어진다. 마케팅과 영업이 공통 목표를 향해 협업하기 시작한다. 파이프라인(잠재고객 관리 과정)과 전환율을 공유하고, 캠페인이 실제 매출에 어떻게 기여하는지 추적하려 노력한다. 이 단계부터 RevOps의 진정한 가치가 드러나기 시작한다.

최적화 단계에서는 데이터 기반의 예측적 마케팅과 개인화가 가능한 수준에 도달한다. 고객 행동을 예측하고, 적시에 적절한 메시지를 전달하며, 지속적인 개선과 혁신이 이루어진다. 이것이 바로 우리가 지향해야 할 목표다.

한국의 많은 B2B 기업들은 아직 초기 단계나 수동적 지원 단계에 머물러 있다. 이는 조직이 "마케팅은 비용"이라는 인식을 가지고

여러 프로젝트를 동시에 진행할 때 필요한 RACI 매트릭스

The RACI Matrix
Example & How to create one

TASK/ACTIVITIES	PROJECT MANAGER	TEAM LEAD	DEVELOPER	TESTER	STAKEHOLDER
TASK 1	A	R	C	I	A
TASK 2	A	R	C	R	A
TASK 3	C	R	C	A	A
TASK 4	A	A	I	I	C
TASK 5	A	R	I	R	C

역할과 책임 정의: RACI 매트릭스의 활용

R(Responsible): 실행 책임자	
캠페인 실행	마케팅 실무자
리드 넘김 프로세스	마케팅 매니저
고객 전환	영업 담당자

A(Accountable): 최종 책임자	
캠페인 ROI	마케팅 매니저
영업 파이프라인	영업 리더
고객 만족도	고객 성공팀 리더

C(Consulted): 자문 역할	
시장 동향	비즈니스팀
경쟁사 분석	전략팀
기술 구현	IT팀

I(Informed): 정보 수신자	
캠페인 성과	경영진
리드 현황	전 영업팀
고객 피드백	제품개발팀

* B2B 마케팅 캠페인 준비단계

있을 때 나타나는 현상이다. "마케팅이 매출 창출을 위한 효과적인 투자"라는 관점이 경영진과 조직내에 형성될 때 비로소 전환이 이루어질 수 있다. 사모펀드들이 대주주로 있는 회사들은 추가적인 매출을 만들기 위해 마케팅팀을 셋업하고, 적극적인 활동을 권장하며, 매출로 효과를 입증하라고 요구한다. 외부가 아니라 내부에서 마케팅을 통한 매출 창출이 지속가능한 사업의 핵심이며, 특정 고객에 대한 종속에서 벗어나 더 큰 시장을 겨냥할 수 있는 방법론이라는 점을 인식했으면 한다.

**현재 역량 vs 필요 역량:
현실적 갭 분석**

현재의 마케팅 역량과 RevOps(매출 창출) 체계 구축에 필요한 역량 사이의 격차를 정확히 파악하는 것이 중요하다. 전략 기획 영역에서는 회사가 결정한 방향을 단순히 실행하는 수준에서 데이터 기반의 시장 분석과 전략 수립 능력으로 진화해야 한다.

 데이터 분석 부분에서는 엑셀로 기본 통계만 확인하는 것에서 벗어나 CRM과 마케팅 자동화 도구의 데이터를 통합 분석하고 실행 가능한 인사이트를 도출할 수 있어야 한다. 캠페인 실행 측면에서는 일회성 이벤트나 광고 집행을 넘어 다채널 통합 캠페인의 설계와 실행이 가능해야 한다.

 고객 여정 관리에 있어서는 현재의 "리드가 영업에게 넘어가면 마케팅의 관여 종료"에서 벗어나 고객의 전체 라이프사이클을 관리하고 가치를 극대화하는 역할을 수행해야 한다. 기술 활용도 역시 이메일과 기본 CRM 입력만 가능한 수준에서 마케팅 자동화 도구의 전문적 활용이 가능한 수준으로 발전해야 한다.

**단계별 역량 개발 로드맵:
속도보다 방향**

역량 개발은 성급함보다는 방향성이 중요하다. 초기에는 기초 역량을 다지는 시간이 필요하다. 마케팅 용어와 개념을 정확히 이해하고, 기본적인 캠페인 실행 프로세스를 익히며, 데이터 분석의 기초인 엑셀이나 구글 시트 활용법을 마스터해야 한다.

다음은 실무 역량을 강화하는 단계다. 디지털 마케팅 채널의 실무를 익히고, CRM 데이터 분석과 리포팅을 할 수 있어야 하며, 기본적인 캠셰인 기획 능력을 갖추어야 한다. 이 시기에는 실제 캠페인을 직접 운영하며 시행착오를 통해 배우는 것이 중요하다.

마지막으로는 전문 역량을 구축하는 기간이다. 마케팅 자동화의 설계와 운영을 할 수 있어야 하고, ROI$^{\text{Return On Investment, 투자대비수익률}}$ 분석과 성과 측정 방법론을 습득해야 하며, 다른 팀과 협업할 때 팀을 주도할 수 있는 능력을 갖추어야 한다.

중요한 것은 완벽함이 아니라 지속적인 개선이다. 한국 기업 특성상 역량 부족을 인정하기 어려운 경우가 많다. 그러나 정직한 현실 인식 없이는 진정한 발전이 불가능하다. 모르는 것을 모른다고 인정하고 배우려는 자세가 무엇보다 중요하다.

마케팅 매니저로서 팀의 역량을 평가하고 새로운 기준을 제시해야 할 때 캠페인 중심으로 조직을 설계하는 것을 권장한다. 캠페인에 대한 오너십을 팀원들이 가지게 되면 데이터 기반 마케팅에 대한 전문성이 자연스럽게 향상된다.

**역할과 책임 정의:
RACI 매트릭스의 활용**

팀이 어느 정도 규모가 된다면, 명확한 역할 정의가 필요하다. RACI$^{\text{Responsible-Accountable-Consulted-Informed, 레이시}}$ 매트릭스를 활용하면 혼란을 줄일 수 있다.

R$^{\text{Responsible, 실행 책임자}}$는 직접 업무를 수행하는 담당자다. 캠페인 실행은 마케팅 실무자가, 리드 넘김 프로세스$^{\text{Lead Handoff Process, 잠재고객 전달 과정}}$는 마케팅 매니저가, 고객 전환은 영업 담당자가 책임진다.

A$^{\text{Accountable, 최종 책임자}}$는 업무 결과에 대한 궁극적 책임을 지는 사람이다. 캠페인 ROI$^{\text{Return On Investment, 투자대비수익률}}$는 마케팅 매니저가, 영업 파이프라인(잠재고객 관리 과정)은 영업 리더가, 고객 만족도는 고객 성공팀 리더가 최종 책임을 진다. 이들은 성과에 대한 최종 설명 의무를 가진다.

C$^{\text{Consulted, 자문 역할}}$는 의사결정 과정에서 조언을 제공하는 사람들이

다. 시장 동향은 비즈니스 팀이, 경쟁사 분석은 전략팀이, 기술 구현은 IT팀이 조언한다. 이들의 의견은 반드시 반영되어야 하지만, 최종 결정은 책임자가 내린다.

I$^{\text{Informed, 정보 수신자}}$는 결과를 보고받는 사람들이다. 캠페인 성과는 경영진이, 리드 현황은 영업팀 전체가, 고객 피드백은 제품개발팀이 보고받는다. 이들에게는 결과가 적절히 전달되어야 하지만 과정에 개입하지는 않는다.

한편 한국 기업의 특성상 많은 경영진이 아이디어를 제시하며 관여하는 경우가 많은데, 이를 적절히 조율하는 것도 마케팅 매니저의 역할이다.

내부 역량 vs 아웃소싱:
전략적 의사결정

B2B 마케팅에서 무엇을 내부화하고 무엇을 외부화할지는 매우 전략적인 선택이다. 내부화가 필수인 영역이 분명히 있다. 전략 수립과 의사결정은 반드시 내부에서 이루어져야 한다. 데이터 분석과 고객 인사이트 도출도 외부의 도움을 받을 수 있지만 최종적으로는 내부 역량이어야 한다. 부서간 협업 커뮤니케이션과 캠페인 성과 측정 및 개선도 마찬가지다.

반대로 외부화가 효과적인 영역도 있다. 전문적인 크리에이티브 제작은 전문 에이전시가 더 효율적일 수 있고, SEO$^{\text{Search Engine Optimization,}}$

검색엔진최적화나 PPC$^{\text{Pay-Per-Click, 클릭당지불광고}}$ 같은 특수 기술의 실행도 외부 전문가가 더 효과적일 수 있다. 시즌성이 강한 프로젝트나 단기 캠페인 실행도 외부 리소스를 활용하는 것이 합리적이다.

핵심은 '할 수 있다/없다'가 아니라 '전략적으로 해야 한다/말아야 한다'의 판단이다. 특히 한국 기업들은 비용 절감을 위해 모든 것을 내부화하려 하는 과정에서 오히려 품질과 속도를 해치는 경우가 많다. 전략적 아웃소싱은 비용이 아니라 투자다. 또한, 내부 인원을 적절한 수준으로 관리하는 것도 중요하다. 외부 전문회사와의 계약 관계는 쉽게 변경이 가능하지만, 인력 문제는 그렇지 않다는 점을 고려해야 한다.

내부화가 필수인 영역	외부화가 효과적인 영역
• 전략 수립과 의사결정 • 데이터 분석과 고객 인사이트 • 크로스팀 커뮤니케이션 • 캠페인 성과 측정과 개선	• 전략적 자문 및 컨설팅 • 전문적인 크리에이티브 제작 • 특수 기술(SEO, PPC 등) 실행 • 시즌성이 강한 프로젝트 • 단기 캠페인 실행

파트너 관리와 성과 평가:
외부의 내부화

외부 파트너는 단순한 공급자가 아니라 마케팅팀의 연장선이다. 파트너 선정에서는 먼저 우리 산업과 비즈니스에 대한 이해도를 파악해야 한다. RevOps 마인드셋의 존재 여부도 중요하며, 데이터 기반 의사결정 능력과 장기적 파트너십 의지도 평가해야 한다.

성과 평가는 단순 결과물이 아닌 비즈니스 임팩트를 기준으로 측정해야 한다. 내부 팀과의 협업 수준과 지식 이전 및 역량 향상 기여도도 중요한 평가 요소다. 혁신적 아이디어 제안 능력은 파트너의 진정한 가치를 보여주는 지표다.

성과 평가 체계는 단순한 점수화가 아니라 파트너의 성장과 우리의 성장이 함께 이루어지는 선순환 구조를 만드는 것이 목표다. 파트너가 우리의 비즈니스를 성공시키는 것이 곧 그들의 성공이 되는 윈윈$^{Win-Win}$구조를 만들어야 한다.

캠페인 혁신을 위한 조직 문화:
실험과 학습의 문화

혁신적인 캠페인은 혁신적인 조직 문화에서 나온다. 가장 중요한 것은 생각에만 머물지 말고 행동을 취하는 것이다. 마케팅에서 수립하는 기획들은 대부분이 가설이다. 이 가설들이 맞는지 검증하는 것이 마케팅 캠페인이다.

100% 성공하는 마케팅 캠페인이라는 것이 있을까? 우리가 생각하는 곳에 실제로 고객이 100% 있을까? 마케팅은 100%를 목표로 하지도 않을 뿐 아니라, 잠재고객에게 다가가기 위한 가설을 만들고 검증해나가는 과정이다. 마케팅 활동에도 돈이 들기 때문에 우리가 가설을 충분히 검토한 뒤에 검증에 들어가기 위해 기획을 하

고, 여러 차례 점검을 거치는 것이다. 과학실험처럼 마케팅도 계속 가설을 세우고, 맞는지 검증하면서 고객을 찾아가는 과정이다. 영업도 만나는 잠재고객 100%에게 제품을 팔 수 없듯, 마케팅도 고객이 있을 것으로 예상되는 곳에 접근하지만 실제로는 고객이 없을 수도 있다.

지속적으로 실험하고 학습하는 문화를 통해 데이터가 쌓이고 적중률이 향상된다. 또한 다양한 실험을 통해 인지도가 자연스럽게 상승하면, 초반에 쉽게 리드로 확보되지 않았던 잠재 시장에서도 점차 더 쉽게 리드로 전환되는 경우도 많다. 모든 리드젠 캠페인이 리드 확보를 못했다고 실패한 것이 아니라 노출과 리치를 통해서 인지도에는 기여하고 있으며, 6~8차례의 자연스러운 노출이 결국은 확실한 구매 여정으로 연결될 가능성을 높인다.

'빠른 가설, 빠른 검증'의 원칙을 조직 전체가 받아들여야 한다. A/B 테스트를 일상화하고, 가설 검증의 절차를 통해 배운 점을 공유하고 개선할 수 있는 문화를 만들어야 한다. 데이터 주도 의사결정 문화도 필수다. 이제는 "내 생각에는…"이 아니라 "데이터에 따르면…"으로 이야기해야 한다. 결과에 대한 객관적 평가가 이루어져야 하며, 지속적인 지표 모니터링이 습관화되어야 한다.

앞서 언급했듯이 완벽한 마케터를 채용하는 것보다 마케팅 역량을 조직에 내재화하는 것이 중요하다. 시스템과 문화가 사람을 키우고,

그렇게 성장한 사람들이 더 나은 시스템과 문화를 만드는 선순환을 만들어야 한다. 이것이 진정한 지속가능한 RevOps의 모습이다.

효과적인 조직 역량이 구축되었다면, 이제 캠페인 실행을 위한 핵심 마케팅 지식을 살펴볼 차례다. 아무리 좋은 조직도 적절한 도구 없이는 효과를 발휘할 수 없다. 다음 장에서는 성공적인 캠페인을 위해 반드시 알아야 할 핵심 지식들을 다룬다.

Part 2

B2B 마케팅 캠페인 시작 전 핵심 마케팅 지식

콘텐츠 마케팅과 채널 마케팅은 각각 책 한 권을 쓸 수 있는 방대한 영역이다. 이 책에서는 B2B 기업의 마케팅 캠페인 기획에 필요한 최소한의 콘텐츠와 채널 지식만을 다룬다.

콘텐츠 마케팅은 불변의 법칙이 있는 반면, 채널의 경우 혜성처럼 나타났다가 신기루처럼 사라지는 채널도 많아 현재 시점에서 의미 있는 채널을 소개하는 것이다.

시간이 지난 후 다시 보면 이미 사라졌거나 시대에 뒤떨어진 채널이 될 가능성도 높다. 채널 소개 부분은 그런 역동적 환경을 감안하고 참고해주기를 바란다.

4장
콘텐츠 기획의 핵심 역량 : 스토리텔링

B2B 스토리텔링의 원칙

영어에 이런 표현이 있다. "Fact don't change the minds" 팩트가 사람들의 마음을 바꾸지 못한다는 것이다. 아무리 정확한 팩트를 알려줘도 사람들은 대체로 한번 생긴 고정관념에서 벗어나지 못한다. B2B 마케팅에서 숫자는 정말 중요하지만 데이터가 사람들에게 영향을 주는 것은 별개의 문제다. 데이터는 객관적이고 설득력이 있지만 그것만으로는 고객의 마음을 움직일 수 없다. 진정한 B2B 스토리텔링도 B2C처럼 고객의 마음을 움직일 수 있을 때 가능하며 그래서 스토리텔링이 필요하다. 심지어 AI도 스토리텔링이 잘된 웹사이트의 글을 더 좋아하는 것으로 보인다.

논리적 설득과 감성적 공감의 조화

B2B 의사결정자들은 감성보다 논리를 추구한다고 흔히 생각하지만 실제로는 그렇지 않다.

논리적 설득은 기본 바탕이다. ROI$^{\text{Return On Investment}}$, 비용 절감, 생산성 향상 등의 정량적 지표는 반드시 포함되어야 한다. 하지만 이것들은 이야기의 뼈대일 뿐 살과 피는 감성적 요소들이다. "이 솔루

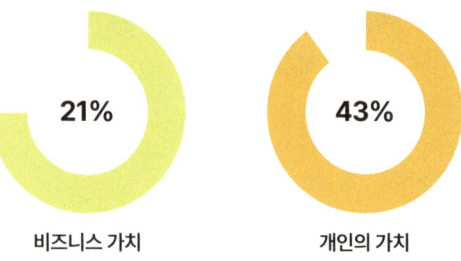

션이 당신의 팀을 야근에서 해방시켜 줍니다"라는 메시지가 단순한 "50% 시간 단축"보다 훨씬 강력하다.

더 중요한 것은 요즘 B2B 구매자들은 이 제품이 제공하는 실질적인 기능과 비용 절감보다도 이 브랜드가 제공하는 정서적 가치 및 개인적 경력에 도움이 되는 것을 더 우선시한다는 점이다. 스타트업에 면접 온 지원자들에게 "회사에 궁금한 것이 있으면 물어보세요"라고 할때 상당수가 "이 회사는 슬랙^{slack}을 사용하나요?"라고 묻는다고 한다. 슬랙을 사용해 광속의 협업을 하고 싶어 물어본 질문일까? 면접자는 슬랙 사용 N년차라는 자신만의 브랜드를 만들고 싶은 의도가 있는 것으로 보인다. B2B도 브랜드 경쟁 시대다. 우리의 솔루션과 제품을 고객들이 "N년차 사용자"라고 자랑스러워할 수 있도록 브랜드 파워를 키워야 한다. 그래서 스토리텔링이 필요하고, 콘텐츠 마케팅이 필요한 것이다.

고객 여정에 따른 스토리 설계

고객 여정의 각 단계마다 적합한 스토리 형태가 있다. 인지 단계에서는 문제를 정의하고 공감을 이끌어내는 이야기가 필요하다. "우리도 처음에는 비슷한 문제를 겪었습니다"로 시작하는 스토리는 고객의 현재 상황에 대한 이해를 보여준다. 고려 단계에서는 가능성을 제시하는 이야기가 중요하다. "이제 이런 방식이 가능합니다"라며 새로운 솔루션을 소개하고 그것이 현실적으로 어떻게 작동하는지를 구체적으로 보여줘야 한다. 결정 단계에서는 성공의 구체적인 경로를 보여주는 이야기가 필요하다. "다른 고객들은 이렇게 성공했습니다"라는 사례 중심의 스토리가 효과적이다. 특히 우리와 유사한 규모와 업종의 고객 이야기는 강력한 설득력을 가진다.

하몬 서클:
B2B 마케팅을 위한 스토리 아키텍처

앞에서도 언급했듯이 채널은 매일 트렌드가 바뀌지만, 스토리텔링은 나름 불변의 법칙이 있다.

"왜 모든 성공적인 이야기는 비슷한 구조를 가질까?" TV 시리즈 커뮤니티^{Community}와 릭 앤 모티$^{Rick\ and\ Morty}$의 제작자로 유명한 댄 하

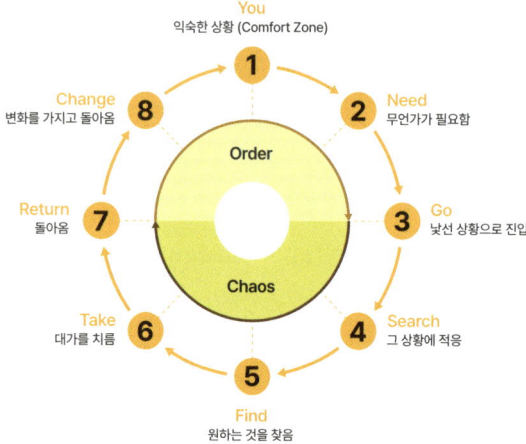

몬$^{Dan\ Harmon}$ 등이 성공하는 스토리텔링의 구조를 연구하고 공식화하여 우리가 쉽게 벤치마킹할 수 있도록 제공하고 있다. 하몬 서클$^{Story\ Circle}$이라고 불리는 이 스토리텔링 기법은 조셉 캠벨의 영웅의 여정(전 세계 신화에 공통으로 나타나는 영웅의 모험 서사 구조)을 8단계로 단순화한 스토리텔링 프레임워크^{Framework}다. 모든 매력적인 이야기가 따르는 보편적 패턴을 보여준다.

하몬 서클의 스토리텔링은 최근 인플루언서 사이에서도 크게 유행하고 있으며 잘 나가는 유튜버들의 이야기 전개 방식을 보면 하몬 서클을 많이 채택했다는 것을 알 수 있다. 현재 콘텐츠 산업과 B2C에서 주로 사용되고 있지만 조만간 B2B 마케팅에서도 활용하

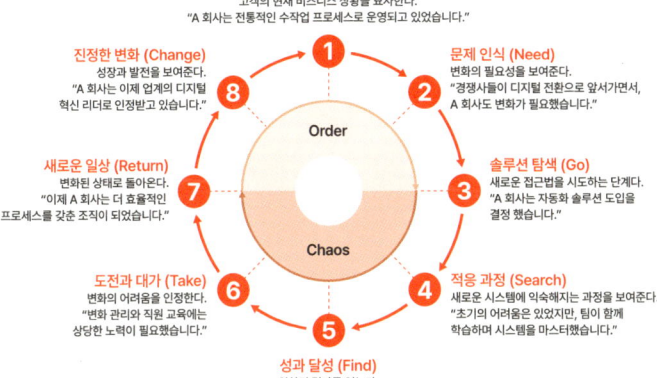

는 사례가 나올 것으로 예상된다.

하몬 서클은 B2B 콘텐츠에 깊이와 설득력을 더한다. 고객의 변화 여정을 보편적인 스토리 구조에 담아내면서 그들의 경험에 진정성과 공감을 더할 수 있다. 이는 단순한 기능 설명이나 혜택 나열을 넘어서 고객이 진정으로 원하는 변화의 이야기를 전달하는 강력한 툴^{Tool}이 될 수 있다.

B2B 마케팅에서의 하몬 서클 적용 예시

이 프레임워크를 B2B 마케팅 콘텐츠에 적용하면 매우 효과적인 고객 스토리를 만들 수 있다.

고객 중심의 콘텐츠 전략

강의할 때 가장 힘주어 말하는 부분이다. "B2B 마케팅의 최고 콘텐츠는 고객이다." B2B에서는 첫 고객을 확보할 때까지가 어렵지만, 고객만 확보하고 나면 B2B는 만들 수 있는 콘텐츠가 무한하다. B2B 최고의 콘텐츠는 제품이 아닌 고객이기 때문이다. 이는 RevOps의 철학과도 맥을 같이한다. 우리의 성공은 고객의 성공에서 나온다는 것이다.

고객 성공 사례는 가장 강력한 B2B 콘텐츠 자산이지만, 지금까지의 스토리텔링은 너무 한정적이다. 주로 다음과 같은 목차로 이뤄진다. 회사소개, 도입배경, 도입과정, 도입효과, 향후계획 순이다. 이런 내용을 짧게는 워드 1장으로, 길게는 워드 4장 분량으로 만들 수 있다.

여기서 한 걸음 더 나아가 보자. 고객 동의를 받기가 매우 어려운 현실이므로 동의를 받은 고객이 있다면 제대로 된 멋진 스토리를 한번 만들어보자. 단순한 'Before & After' 비교를 넘어 하몬 서클과 같은 스토리 프레임워크를 활용하면 더욱 매력적인 내러티브를 만들 수 있다.

- 구체적인 도전과제 : 단순한 '효율성 향상'이 아닌 '주 52시간 근무하던 팀이 프로젝트 데드라인을 맞추지 못하는 위기'
- 의사결정 과정 : 다양한 솔루션을 검토하고 최종 선택을

내리기까지의 과정
- 정량적·정성적 결과 : 숫자와 함께 팀의 사기 향상, 고객 만족도 증가 등의 인간적 요소
- 예상치 못한 혜택 : 본래 목적 외에 발견한 추가적인 가치

잠재고객들이 가장 친숙한 채널이 유튜브이고, 인플루언서들의 콘텐츠에 익숙하기 때문에 B2B에서도 고객사례뿐 아니라 콘텐츠를 만들 때 새로운 스토리텔링 방식을 과감하게 도입해 팩트 전달을 넘어 감성적 공감대를 형성해 나가야 한다.

Thought Leadership 콘텐츠

진정한 사고 리더십 콘텐츠는 단순히 전문 지식을 뽐내는 것이 아니다. 업계의 미래를 예측하고, 새로운 관점을 제시하며, 고객이 직면한 복잡한 문제에 대한 혁신적인 접근법을 제안하는 것이다.

효과적인 사고 리더십 콘텐츠의 특징은 다음과 같다.
- 데이터와 인사이트의 조합 : 독점적인 리서치나 업계 벤치마크 데이터를 기반으로 한 고유한 분석
- 대담한 예측 : 안전한 진단보다는 업계의 미래에 대한 구체적인 전망
- 실행 가능한 권장사항 : 개념적 논의를 넘어 구체적인 행동 방안 제시

KT AICT블로그에서 다운로드 받을 수 있는 AX 시리즈 보고서 예시

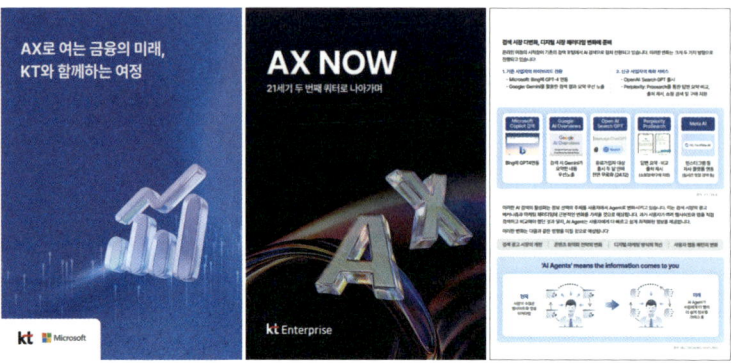

이러한 콘텐츠를 제작하기 위해서는 기업이 보고서를 발표할 역량이 있어야 한다. 보고서는 세일즈포스, AWS 등 업계 1위를 하는 외국 기업들만 만들 수 있다고 생각하는 경향이 있는데, 그렇지 않다. 보고서는 플랫폼 회사가 제일 유리하다. 자체 데이터를 확보할 수 있기 때문이다. 하지만 자체 데이터 없이도 얼마든지 보고서를 만들 수 있다. 외부 조사 기관을 활용해 설문조사를 진행하고 그 설문조사에서 뽑아낸 인사이트에 우리 회사의 솔루션을 살짝 소개하면 보고서를 충분히 만들 수 있다.

이런 보고서를 정기적으로 발표할 수 있어야 업계의 미래를 예측하고 고객에게 행동변화를 촉구하는 사고 리더십$^{thought\ leadership}$ 콘텐츠를 만들 수 있다. 최근 KT가 발표한 클라우드 보고서 리포트를

캠페인 전체 사이클의 예시

보면, 조사기관과 함께 설문조사를 진행한 내용으로 보고서를 발간하고, 이를 통해 리드젠 캠페인을 효과적으로 진행하고 있다. 보고서를 만들 수 있는 역량이 기업의 콘텐츠 마케팅의 핵심 역량이 되고 있기 때문에 적극 활용하기를 바란다.

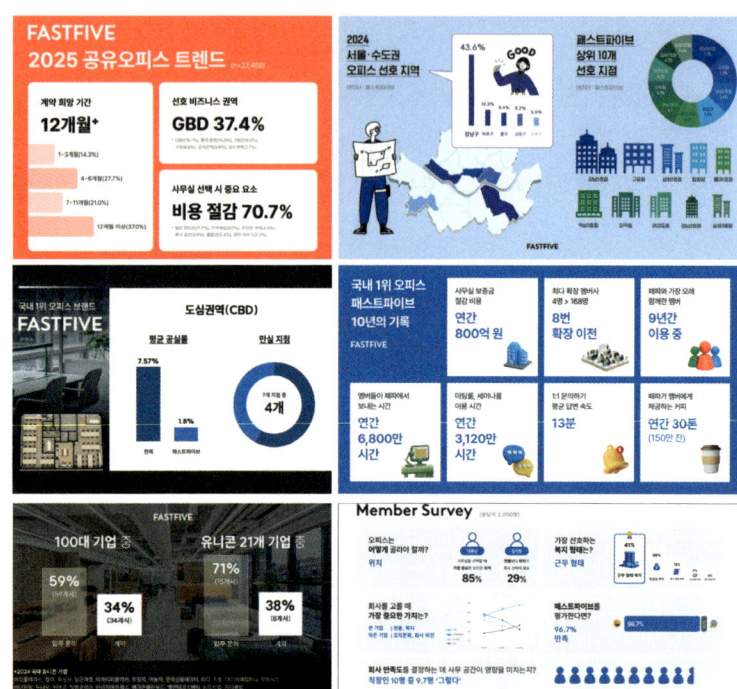

데이터를 이야기로 전환하는 기술

마지막으로는 데이터 기반 콘텐츠를 이야기하려고 한다. 어떤 회사가 진짜 플랫폼 회사인지 아닌지를 알아보려면 그 회사가 만드는 마케팅 자료를 보면 알 수 있다. 모든 회사가 플랫폼 회사가 되고 싶어 하지만 쉽지 않다. 플랫폼 회사가 되어야만 가공할 수 있는 데이터를 손에 쥘 수 있다.

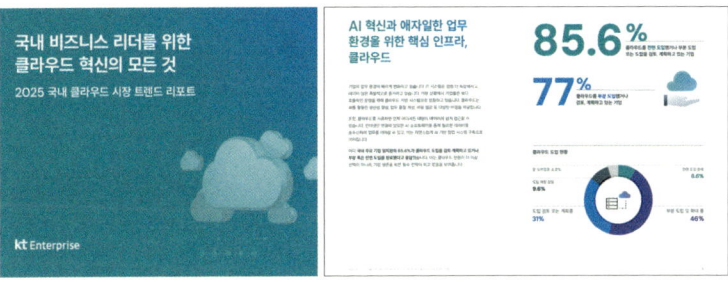

KT AICT블로그에서 다운로드 받을 수 있는
2025 국내 클라우드 시장 트렌드 리포트의 데이터 시각화 자료들

　　최근에 패스트파이브가 발표한 보도자료를 보면, 패스트파이브가 플랫폼 회사 반열에 올랐다는 것을 알 수 있다. 공유 오피스와 관련해 사람들이 선호하는 지역, 계약기간, 근무형태 등 다양한 데이터를 공개하고 있다. 이런 데이터들은 대한민국 오피스 환경의 변화, 일하는 문화의 흐름 등을 알 수 있는 인사이트를 제공한다. 동시에 패스트파이브가 서비스 기업을 넘어 플랫폼 회사가 되었다는 것을 알 수 있다.

　　데이터를 이야기로 전환하면 강력한 무기가 된다. "우리 고객들의 생산성이 평균 35% 증가했습니다"보다는 "A 회사의 마케팅팀이 주 40시간에서 14시간으로 보고서 작성 시간을 단축하며 전략 수립에 더 많은 시간을 투자할 수 있게 되었습니다"가 훨씬 생생하다. 여기에 데이터 비주얼라이제이션도 스토리텔링의 중요한 부분이다. 단순한 그래프가 아니라 데이터가 보여주는 변화의 과정과 그것이 의미하는 바를 드라마틱하게 표현해야 한다. 'Before & After'의 대비, 시간의 흐름에 따른 변화 등을 시각적으로 강조하면 데이터도 강력한 이야기가 된다.

중요한 것은 고객의 여정을 이해하고, 그들의 변화와 성장을 위한 파트너로서 우리의 역할을 명확히 전달하는 것이다. 데이터와 감성, 논리와 공감을 조화시키는 스토리텔링 역량은 B2B 마케터에게 필수적인 자산이다.

!

B2B 마케팅에서 숫자는 정말 중요하지만 데이터가 사람들에게 영향을 주는 것은 별개의 문제다. 데이터는 객관적이고 설득력이 있지만 그것만으로는 고객의 마음을 움직일 수 없다. 진정한 B2B 스토리텔링도 B2C처럼 고객의 마음을 움직일 수 있을 때 가능하며 그래서 스토리텔링이 필요하다. 심지어 AI도 스토리텔링이 잘된 웹사이트의 글을 더 좋아하는 것으로 보인다.

"B2B 마케팅의 최고 콘텐츠는 고객이다."

B2B에서는 첫 고객을 확보할 때까지가 어렵지만, 고객만 확보하고 나면 B2B는 만들 수 있는 콘텐츠가 무한하다. B2B 최고의 콘텐츠는 제품이 아닌 고객이기 때문이다. 이는 RevOps의 철학과도 맥을 같이한다. 우리의 성공은 고객의 성공에서 나온다는 것이다.

B2B 마케팅에서 올바른 채널 선택은 캠페인의 성패를 좌우하는 핵심 요소이다. 하지만 한국의 복잡하고 다층적인 미디어 환경에서 최적의 채널을 찾아내는 일은 마케팅 매니저들에게 가장 도전적인 과제 중 하나이기도 하다. B2C처럼 단순히 트래픽이 많은 대형 플랫폼에만 의존할 수 없고, 타깃이 명확한 B2B의 특성상 각 산업별 미디어 환경과 오디언스 프로파일을 정교하게 분석해야 하기 때문이다.

성공적인 채널 전략의 핵심은 절대적으로 효과적인 단일 채널을 찾는 것이 아니라 기업의 상황과 솔루션의 특성, 시장의 니즈에 맞는 채널 조합을 통해 시너지를 창출하는 것이다. 마케팅 매니저는 플랫폼과 퍼블리셔의 차이를 이해하고, 각 채널의 고유한 특성을 파악하여 고객 여정에 최적화된 옴니채널 전략을 수립해야 한다.

이 장에서는 한국 미디어 환경의 핵심 구성요소부터 플랫폼별 특성 분석, 버티컬 미디어의 전략적 활용법, 그리고 멀티 플랫폼 시대에 채널 간 시너지를 극대화하는 실무적 접근법까지, 복잡한 채널 환경을 체계적으로 이해하고 활용할 수 있는 전략적 프레임워크를 제시한다.

5장
채널 기획의 핵심 : 한국의 미디어 환경 이해하기

채널에 관한 이야기는 너무 복잡해질 수 있어 다루는 것이 조심스럽다. 올바른 채널 선택은 마케팅 캠페인의 성패를 좌우하기 때문에 꼭 알아야 하지만, 내용이 좀 방대하며 트렌드에 민감해 단정적으로 말하기가 어렵다. 이 장에서는 마케터로서 한국의 채널 특징을 전반적으로만 짚어보겠다. 특히 B2B 마케팅에서는 타깃이 명확하기 때문에 산업별 미디어 환경을 정교하게 파악하는 것이 필수적이라 더 복잡하다. B2C처럼 제일 트래픽 많은 채널에만 의존할 수 없기에 각 채널의 전문성과 오디언스 프로파일을 따져 보아야 한다.

한국 미디어 생태계의 핵심 구성요소 이해하기
한국의 미디어 지형은 크게 플랫폼과 퍼블리셔로 구분할 수 있다. 플랫폼은 콘텐츠 발견의 시작점이 되는 기술 허브로, 소셜 네트워크, 메시징 서비스, 검색 엔진, 그리고 개인화된 뉴스 큐레이터를 포함한다. 하지만 콘텐츠를 처음부터 만드는 곳은 퍼블리셔이다. 퍼블리셔는 전통 미디어, 디지털 네이티브 미디어, 플랫폼 친화적 인플루언서, 그리고 브랜드가 제작하는 콘텐츠와 디지털 경험을 포괄한다.

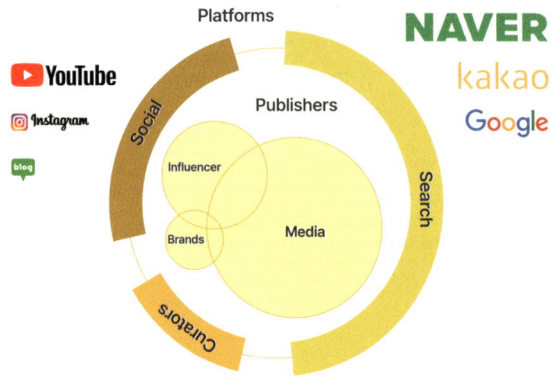

플랫폼 지형:
네이버, 카카오, 그리고 글로벌 플레이어들

한국의 디지털 생태계에서 네이버와 카카오의 영향력은 독보적이다. 네이버는 포털 시장을 장악하고 있으며, 카카오는 메시징과 소셜 네트워크 분야에서 강세를 보인다. 하지만 최근에는 인스타그램^{Instagram}, 링크드인^{LinkedIn}, 유튜브^{YouTube}와 같은 글로벌 플랫폼들이 B2B 마케팅 영역에서 빠르게 성장하고 있다. 여기서 어떤 매체의 플랫폼과 퍼블리셔의 위상을 논의하는 것은 부적절하며, 캠페인을 진행하고자 하는 시점에서 순위를 체크하는 방법만 공유하려고 한다.

　플랫폼의 트래픽 및 이용 패턴에 대한 보고서는 나스미디어, 메조미디어, 인크로스 등에서 월 단위로 업데이트해 주기 때문에 보고서를 받아보면서 살펴보는 것이 중요하다. 아래는 메조미디어가 제

메조미디어 2024 디지털 미디어 마일스톤

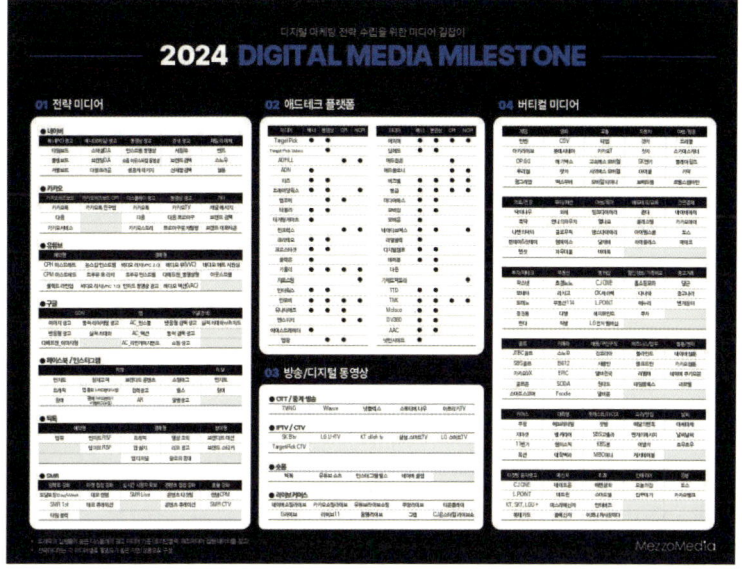

공해 주는 미디어 오버뷰이다. 특히, B2B 기업은 4번의 버티컬 미디어에 주목해 우리가 속한 산업에서 가장 영향력있는 앱와 웹을 파악해야 한다.

B2B에서는 링크드인과 리멤버에 주목해야 한다. 링크드인은 해외에서는 가장 확실한 B2B채널이기 때문에 특히 글로벌 비즈니스를 염두에 둔다면 꼭 링크드인을 활용해야 한다. 한국에서도 점점 더 많은 개발자, 마케터, 창업자들이 링크드인에 모이고 있다. 지금 선점해야 적은 비용으로 큰 효과를 거둘 수 있다.

퍼블리셔 생태계 :
전통에서 디지털까지

한국에는 262개의 일간지와 1,416개의 주간지가 있으며, 100개 이상의 전문 잡지가 활발히 활동하고 있다. 또한, 네이버 포털에 노출되는 283개의 미디어를 비롯해 전국적으로 26,000개 이상의 미디어가 존재한다. 이런 통계도 통계청에서 다 확인할 수 있다. 계속 새로운 매체가 생기고 있는 추세이다. 매체가 점점 줄고 있는 싱가폴과 호주의 마케터들이 정말로 부러워한다.

B2B 의사결정자들은 전통 미디어를 통해 산업 동향과 전문 정보를 얻는 경우가 많다. 시밀러웹^{Similarweb}을 통해 매월 한국에서 가장 높은 페이지뷰를 기록한 미디어들의 순위를 모두 확인할 수 있기 때문에 정기적으로 확인하는 것이 필요하다. 최근 국내외 정세 불안으로 매일 새로운 뉴스가 쏟아지다 보니 뉴스 사이트들의 웹 트래픽이 급증하고 있다. 하지만 정국이 안정되면 뉴스 사이트로 몰리던 트래픽이 다른 곳으로 분산될 것이다. 생각보다 변화가 많기 때문에 꾸준히 모니터링할 필요가 있다.

뉴스레터 형태의 구독 기반 미디어는 시장 세분화와 전문성을 기반으로 빠르게 성장하고 있다. 기업 미디어부터 독립 미디어까지 다양한 형태로 확장되고 있다. B2B 의사결정자들에게 높은 가치를 제공하는 채널이다. 실질적으로 캠페인을 진행했을 때 정확한 DB를 기반으로 하기 때문에 반응도도 굉장히 높고 타깃만 잘 맞으면

2025년 4월 주요 매체 Total Visits 수치

매체명	URL	Total visit	매체명	URL	Total visit
동아일보	www.donga.com	72,090,000	노컷뉴스	www.nocutnews.co.kr	6,214,000
조선일보	www.chosun.com	49,080,000	오마이뉴스	www.ohmynews.com	5,664,000
한국경제	www.hankyung.com	30,220,000	헬스조선	www.health.chosun.com	5,656,000
매일경제	www.mk.co.kr	25,580,000	한국경제TV	www.wowtv.co.kr	5,201,000
한겨레	www.hani.co.kr	22,800,000	문화일보	www.munhwa.com	4,940,000
중앙일보	www.joongang.co.kr	22,400,000	지디넷코리아	www.zdnet.co.kr	4,756,000
연합뉴스	www.yna.co.kr	21,270,000	마이데일리	www.mydaily.co.kr	4,754,000
위키트리	www.wikitree.co.kr	17,340,000	국민일보	www.kmib.co.kr	4,412,000
경향신문	www.khan.co.kr	16,830,000	코메디닷컴	www.kormedi.com	4,398,000
뉴스1	www.news1.kr	16,240,000	연합뉴스TV	www.yonhapnewstv.co.kr	4,391,000
뉴시스	www.newsis.com	14,860,000	이투데이	www.etoday.co.kr	3,849,000
머니투데이	www.mt.co.kr	13,990,000	머니S	www.moneys.co.kr	3,780,000
SBS	www.sbs.co.kr	13,930,000	데일리안	www.dailian.co.kr	3,267,000
MBC	www.imbc.com	13,880,000	MBN	www.mbn.co.kr	3,071,000
KBS	www.kbs.co.kr	9,790,000	인사이트	www.insight.co.kr	2,964,000
이데일리	www.edaily.co.kr	9,572,000	전자신문	www.etnews.com	2,956,000
YTN	www.ytn.co.kr	8,378,000	아이뉴스24	www.inews24.com	2,652,000
파이낸셜뉴스	www.fnnews.com	8,365,000	디지털타임스	www.dt.co.kr	2,462,000
세계일보	www.segye.com	8,360,000	헤럴드경제	www.bizheraldcorp.com	2,421,000
서울신문	www.seoul.co.kr	8,249,000	국제신문	www.kookje.co.kr	2,346,000
JTBC	www.jtbc.co.kr	7,704,000	경기일보	www.kyeonggi.com	2,346,000
아시아 경제	www.asiae.co.kr	7,691,000	뉴스핌	www.newspim.com	2,200,000
서울경제	www.sedaily.com	6,786,000	부산일보	www.busan.com	2,116,000
한국일보	www.hankookilbo.com	6,682,000	매일신문	www.jmaeil.com	2,050,000
조선비즈	www.bizchosun.com	6,513,000	스카이데일리	www.skyedaily.com	2,000,000

높은 호응을 이끌어 낼 수 있어서 CPL$^{\text{Cost Per Lead, 고객 확보 비용}}$ 관점에서도 효율이 좋을 때도 있다.

유튜브는 한국에서 가장 강력한 비디오 플랫폼으로, B2B 분야에서도 제품 시연, 고객 사례 연구, 업계 전문가 인터뷰 등을 통해 효과적인 마케팅 채널로 활용되고 있다. 특히 숏폼 콘텐츠는 MBC, YTN, JTBC 등 주요 방송사들도 적극 활용하고 있다. 유튜브를 생각할 때 꼭 인플루언서와의 협업만 생각할 필요가 없다. 매체들도 유튜브 채널을 확보하고 있기 때문에 제품의 특성에 따라 매체와 함께 할 수 있는 부분도 적극적으로 찾아보면 좋다.

업계 전문 매체:
버티컬 미디어의 중요성

특정 산업에 특화된 버티컬 미디어$^{Vertical\ Media}$들은 B2B 마케팅에서 핵심적인 역할을 한다. 메조미디어$^{Mezzo\ Media}$가 발표하는 버티컬 미디어 분류와 인크로스^{Incross}의 산업별 앱 매체력 순위는 채널 선택 시 참고하기 좋은 자료다. 각 산업별로 가장 영향력 있는 매체들을 파악하고, 이들과의 관계를 구축해야 한다. 정량적 지표와 정성적 피드백을 균형 있게 활용하여 데이터 기반의 의사결정을 내리는 것이 필요하다.

옴니채널 시대, 채널 시너지 극대화 전략

옴니채널^{Omnichannel} 접근에서는 각 채널의 특성을 이해하고 이들 간의 시너지를 창출하는 것이 중요하다. 절대적으로 효과 있는 채널이 있으면 좋겠지만, 기업의 상황, 솔루션의 종류, 시장의 특성에 따라 모두 다른 것이 B2B의 특징이다. 따라서 여러 채널을 통합적으로 활용해 시너지를 창출하고, 멀티 채널의 기여도를 확인하는 것이 효과적이다.

또한 원소스 멀티유저$^{One\ Source\ Multi\ User}$ 관점에서 하나의 콘텐츠를 다양한 형태로 변환하여 여러 채널에서 활용해야 한다. 특히 가장 효과적인 고객사례는 모든 플랫폼에서 다양한 형태의 콘텐츠로 제작하여 확산해야 한다.

멀티 플랫폼 시대, 플랫폼 간 시너지 극대화 전략

각 플랫폼은 고유한 콘텐츠 형식과 사용자 행동 패턴을 가지고 있기 때문에, 고객 여정에 맞춰 활용하는 것이 좋다. 하나의 플랫폼이 답이 아니고 여정에 좀 더 적합한 플랫폼이 있을 뿐이다.

인스타그램은 비주얼 중심의 브랜드 스토리텔링에 적합한 플랫폼이다. 유튜브는 시각적 설명이 필요한 제품 시연과 교육 콘텐츠를 효과적으로 전달할 수 있는 채널이다. 네이버 블로그는 검색 최적화된 장문 콘텐츠와 시각적 요소를 함께 활용할 수 있는 공간이다. 링크드인은 전문적인 인사이트와 산업 분석 중심의 콘텐츠를 공유하기에 적합한 플랫폼이다. 뉴스레터는 심층 분석과 독점 업계 정보를 제공하는 데 효과적인 채널이다.

B2B 영역으로 확장된 인플루언서 마케팅

세대를 불문하고 많은 사람들이 다양한 주제에 걸쳐서 인플루언서의 생각과 추천에 귀 기울이고 있다. 인플루언서의 정보가 브랜드가 직접 전달하는 메시지보다 더 진정성 있다고 믿기 때문이다. B2B 분야에서도 업계 전문가들의 영향력이 점차 커지고 있다.

특히 기술 리뷰나 산업 분석가들이 구매 의사결정에 중요한 역할을 한다. 최근에는 링크드인에서 업계 전문가로서 인사이트를 공유하면서 인플루언서가 되고자 하는 분들이 늘어나고 있어 협업도 적극적으로 검토해 볼 만하다.

Part 3

마케팅 실무자를 위한 실행 가이드

B2B
마케팅 캠페인
실행

이 파트가 이 책의 하이라이트이다. 이 책은 B2B마케터가 꼭 알아야 하는 네 가지 캠페인을 설명하고 구체적인 실행방법을 제시했다. 마케터가 알아야 할 캠페인의 종류는 크게 네 가지로 나눌 수 있다.

첫째, 회사가 신규 브랜드 론칭 및 신제품 출시를 할 때 어떻게 새로운 브랜드를 타깃 고객에게 제대로 알려 '어디에 쓰는 물건'인지 알게 해야 하는 브랜드 캠페인.
둘째, 우리 회사의 상품을 '왜' 사용해야 하는지 시장을 교육하고, 필요성을 깨닫게 하는 디맨드 젠 캠페인.
셋째, 우리 회사의 상품을 '지금 바로' 사용해 볼 것을 유도하는 리드 젠 캠페인.
넷째, 이미 우리 회사 제품을 사용해 본 고객들이 해당 제품을 넘어 우리 기업의 '다른' 제품에도 관심을 보이며 '우리 기업'과 계속 긍정적인 관계를 이어갈 수 있도록 하는 고객 관계 강화 캠페인.
실제 사례와 함께 그대로 따라하기만 하면 되는 매우 구체적인 방법들과 체크리스트를 담았다.
지금 바로 실행해 보기를 바란다.

마케터를 위한
캠페인 실행 가이드

B2B 기업의 마케팅 실무자가 되었다고 가정해 보자. 실무자로서 핵심 역량은 회사와 팀에서 방향을 정했을 때 이것을 실제로 집행할 수 있는 실행력이다. B2B 기업의 마케터라면 최소한 네 가지 종류의 캠페인에 대한 대략적인 진행 흐름을 파악하고 있어야 실무를 기획하고 집행할 수 있다.

네 가지 캠페인은 기업 혹은 기업 내 브랜드의 탄생과 소멸의 전 과정에 대입해 보면 된다. 우리 회사에서 R&D를 마치고 신제품을 론칭한다고 생각해 보자. 신제품이 태어났으니 불러 줄 이름도 필요하다. 이름도 그냥 지을 수 없다. 이 제품이 목표하는 시장을 알아야 하고, 시장의 트렌드를 알아야 하고, 경쟁사의 다른 제품들의 상황도 알아야 한다. 이런 일련의 과정을 통해 '제품'을 '브랜드'로 탄생시키는 것이 마케팅의 역할이다.

제품과 브랜드의 차이를 살펴보자. 최근에 알리익스프레스$^{\text{Ali-Express}}$에서 중국 공장에서 만든 '제품'인 침대커버를 아주 저렴하게 구매했다. 크기와 색상이 있을 뿐 이름도 설명도 딱히 없다. 실제로 SKU$^{\text{Stock Keeping Unit, 제품 관리 최소 단위}}$만 있다. SKU는 일반적으로 재고 관리할 때 사용하는 단위이지만, 재고가 결국 판매로 이어지기 때문에 판매의 가장 기본 단위로 봐도 된다. 회사에서 일하다 보면 "SKU 단위로 입력해 주세요"라는 표현을 자주 듣게 된다. 공장에서 막 만든 이 제품을 구매할 때 소비자로서 크기, 색상, 가격을 꼼꼼히 고민하고 구매했다. 하지만 배송이 완료되고 내 눈과 손으로 직접 제품을 확인할 때까지 불안감이 상당했다. 사용가능한 제품이 올까, 배송은 될까, 크기와 색상은 주문한 것과 동일할까? 그렇게 불안해 한 여러 날이 지나 잊고 있으면 좀 늦지만 '반드시' 온다. 비닐에 둘둘 말려 온 제품을 열어서 확인해 보니, 크기도 색상도 주문한 그대로이고 걱정했던 냄새도 전혀 없었다. 결과적으로는 대만족했다.

침대커버를 바꾸고 나니 침구세트도 바꾸고 싶었다. 침대 커버 제품 구매 후 결과적으로 대만족을 했지만 그 중간 과정의 불안함을 없애고 싶었다. 게다가 몸에 직접 닿는 부분이니 그래도 '브랜드'가 있는 제품을 구매해야겠다고 생각했다.

여기서 '브랜드'는 모든 사람이 알고 있어서 브랜드라고 말하는 것이 아니다. 값이 비싸기 때문에 브랜드라고 하는 것도 아니다. 소비자로서 '브랜드'라고 말할 때는 '이름을 가진 제품'이 최소한 제조자와 판매자를 인지할 수 있어 책임 소재를 분명히 할 수 있어야 하며, 판매자가 이 제품에 대해 명료하고 이해하기 쉽게 설명해 주기 때문이다. SKU가 아니라 제품명으로 판매자와 소비자가 소통할 수 있다. 제품을 만드는 것까지는 개발과 생산팀의 역할이지만, 만들어진 이 제품에 이름을 주고 존재감을 부여해 '브랜드'가 되게 하는 것은 '마케팅'의 역할이다. 제품이 '브랜드'로 진화해야 소비자의 불안을 줄일 수 있다.

마케팅의 역할은 이게 끝이 아니다. 존재한다는 것만으로 브랜드가 되지 않는다. 김춘수의 시 「꽃」에서 표현한 것처럼 불러주고, 다가가야 꽃이 되는 것이지 존재만으로는 하나의 몸짓에 불과하다. 브랜드를 탄생시켰으면 남들이 불러주도록 성장시켜야 하며, 빛깔과 향기를 알아줄 목표 고객에게 다가가 서로에게 이익이 될 수 있도록, 꽃을 피울 수 있도록 해 주는 것이 마케터의 역할이다.

브랜드가 꽃이 되기 위해서는 다양한 IMC$^{\text{Integrated Marketing Communi-cation,}}$ $^{\text{통합 마케팅 커뮤니케이션}}$ 활동을 해야 한다. PR, 광고, 인플루언서 협업, 팝업스토어 등 다양한 활동을 통해 인지도와 선호도를 높여 수요를 창출하는 디맨드 제너레이션$^{\text{Demand Generation, 수요 창출}}$ 역할을 해야 한다.

그 다음 단계는 실제 구매 의사가 있는 고객층에게 더 깊이 있게 다가가는 활동이다. 요즘 이러한 활동들은 대부분 디지털 채널에서 이루어지고 있으며, 이를 통해 잠재고객들의 구매 의향을 명확하게 파악하는 리드 제너레이션$^{\text{Lead Generation, 잠재고객 발굴}}$ 단계로 이어진다.

한번 팔면 끝일까? B2C 영역에서는 퍼포먼스 광고에 집중해 한번에 많이 팔고 사라지는 브랜드들이 많다. 개인적으로는 몇 번의 반복된 나쁜 구매 경험이 있어 퍼포먼스 광고를 하는 제품군 자체를 구매하지 않는다. 이렇게 단발적인 판매에만 집중하는 마케팅은 B2B에서 살아남을 수가 없다. '90% 세일', '오늘 하루만 세일' 등의 솔깃한 문구 하나에 B2B 고객들은 움직이지 않는다.

    B2B는 제대로 된 첫 고객 발굴까지가 정말 어렵고, 첫 고객을 발굴하면 그때부터는 빠르게 사이클이 돌아간다. 소중하게 얻은 고객과의 관계를 잘 발전시켜 레퍼런스 세일즈를 창출하고, 해당 고객과도 업셀링, 크로스셀링을 할 수 있도록 CRM 기반 고객 마케팅을 실행해야 한다. 고객이 아니라 우리 브랜드의 팬^{fan}이 되고, 팬들 사이에서 팬덤 현상이 일어날 수 있는 단계까지 가는 것이 마케팅의 목표가 되어야 한다. 한번 구매한 고객이 우리 제품과 서비스를 통해 진정한 성공을 거둘 수 있도록 지원하는 고객성공$^{\text{Customer Success}}$ 개념까지 마케팅이 담당해야 진정한 RevOps 시대 마케터가 될 수 있다.

마케팅 실무자를 위한 이번 장부터는 위에서 설명한 네 가지 브랜드

브랜드 관점에서 본 마케팅의 역할

의 탄생과 성장의 여정에 맞춰 브랜드 캠페인, 디맨드 제너레이션 캠페인, 리드 제너레이션 캠페인, CRM 캠페인까지 총 네 가지 영역에서 실무자들이 마케팅을 진행할 때 꼭 알아야 할 것들을 짚어보고자 한다.

현대 마케팅의 통합적 접근:
필립 코틀러의 마케팅 1.0에서 6.0까지

실제 현장 마케팅을 이야기할 때도 어느 정도 이론적 배경을 알고 학술적으로 설명해 주는 것이 도움이 될 수 있다. 이 책에서는 철저하게 실무적인 현실 마케팅을 이야기하겠지만, 너무 구체적인 예시에 들어가기 전에 이론적인 부분을 하나만 짚고 넘어가겠다. 필립 코틀러$^{Philip\ Kotler}$는 현대 마케팅의 아버지라고 불리는 사람이다. 신입 사원 시절부터 지금까지 거의 30년째 이 사람의 이름을 들어왔다. 산업 분야에서는 4차 산업혁명을 이야기하는데, 필립 코틀러는 『마케팅 6.0』을 출간하면서 마케팅의 여섯 가지 관점 변화를 설명하고 있다. 네 가지 종류의 캠페인에 여섯 가지 요소들이 잘 들어가야 성공적인 캠페인이 될 수 있기 때문에 이를 먼저 살펴보겠다.

코틀러의 『마케팅 1.0』은 제품 중심적 접근으로, 산업혁명 이후 대량 생산 시대에서 제품의 기능적 우수성에 초점을 맞췄다. 판매 극대화를 목표로 하는 이 단계에서는 소비자를 단순한 구매자로 간주하며 일방적인 커뮤니케이션 방식을 취했다. 이어진 『마케팅 2.0』은 정보화 시대에 등장한 소비자 중심 마케팅으로, 소비자의 욕구와 선호도를 이해하고 그에 맞춘 차별화와 포지셔닝을 강조했다. 고객 만족과 유지를 목표로 STP(세분화, 타깃팅, 포지셔닝) 전략이 중요시되었다.

2010년에 발표된 『마케팅 3.0』은 가치 중심 마케팅으로, 소비자를 다차원적이고 가치 지향적인 인간으로 인식하여 정신적 가치를 포함한 총체적 만족을 추구했다. 기업의 사회적 책임과 윤리적 가치가 강조되며, 더 나은 세상을 만드는 데 기여하는 마케팅을 지향했다. 디지털 시대의 도래와 함께 2017년 등장한 『마케팅 4.0』은 전통적 마케팅과 디지털 마케팅의 융합을 가져왔다. 소셜 미디어와 모바일 기술의 활용이 극대화되고, 고객 경로의 5A 모델(Aware (인지), Appeal (호감), Ask (문의), Act (행동), Advocate (옹호))이 제시되었으며, 고객을 브랜드 옹호자로 전환하는 것을 목표로 삼았다.

2021년의 『마케팅 5.0』은 인간을 위한 기술 마케팅으로 AI, IoT, 빅데이터와 같은 첨단 기술을 인간 중심적으로 활용하는 접근법이다. 데이터 기반 예측 마케팅과 맥락적 마케팅이 강화되었으며, 기술을 통한 인간 가치 증진을 추구한다.

가장 최근인 2023년에 발표된 『마케팅 6.0』은 '몰입형 미래'를 지향한다. 메타마케팅이라는 개념으로 물리적-디지털 경험의 융합, 확장현실과 메타버스 환경, 다중감각·공간적·메타버스 마케팅의 세 층위로 구성된다. 물리적 공간과 디지털 공간의 진정한 융합을 통해 상호작용 가능한 몰입적인 고객 경험을 제공하는 것을 목표로 한다.

 이러한 코틀러의 마케팅 이론은 현실의 마케팅 흐름에 따라 유동적으로 채택되고 적용된다. 코로나 기간에는 목적 중심 마케팅

Purpose Marketing 및 브랜드 전략이 대세로 자리잡으며, 『마케팅 3.0』이 현실에서는 유행이었다. 그런데 최근에는 경기 침체와 함께 효율성이 가장 중요한 관심사가 되면서 『마케팅 4.0』의 융합이 관심을 끌고 있으며, B2C에서는 『마케팅 6.0』의 몰입형 브랜드 경험을 시도하고 있다.

이 책에서 논의하는 네 가지 주요 캠페인은 브랜드 캠페인, 디맨드 제너레이션 Demand Generation 캠페인, 리드 제너레이션 Lead Generation 캠페인, CRM Customer Relationship Management 캠페인이다. 이 모든 캠페인은 코틀러 Kotler 의 마케팅 1.0부터 6.0까지의 요소들을 통합적으로 고려해야 성공적인 결과를 얻을 수 있다.

브랜드 캠페인은 제품의 기능적 가치(1.0)뿐만 아니라 브랜드의 감성적, 정신적 가치(2.0, 3.0)를 전달하며, 디지털 플랫폼을 통한 참여(4.0)와 데이터 기반 타깃팅(5.0), 그리고 몰입형 브랜드 경험(6.0)을 창출해야 한다.

한편, 디맨드 제너레이션 캠페인은 다양한 채널에서 일관된 메시지를 전달하는 것을 넘어 가치 중심의 커뮤니케이션(3.0)과 옴니채널 접근(4.0), 맥락 기반 메시지 전달(5.0), 물리적-디지털 통합 경험(6.0)

까지 포괄해야 한다.

리드젠 캠페인은 단순한 고객 확보를 넘어 가치 공유(3.0), 소셜 미디어 활용(4.0), 데이터 기반 예측(5.0), 몰입형 참여 유도(6.0)를 통한 질 높은 잠재 고객 발굴이 중요하다.

마지막으로 CRM 캠페인은 고객과의 관계 구축(2.0)을 기반으로, 가치 중심 상호작용(3.0), 디지털 터치포인트 활용(4.0), 개인화된 경험 제공(5.0), 메타버스와 확장현실을 통한 몰입형 고객 관계(6.0)로 발전해야 한다.

결론적으로 성공적인 마케팅 캠페인은 코틀러의 마케팅 이론에서 볼 수 있듯이 제품 중심에서 몰입형 경험까지의 모든 요소가 유기적으로 통합되어야 한다. 이는 단순히 특정 마케팅 기법을 적용하는 것이 아니라 시대의 변화와 소비자의 니즈에 맞춰 끊임없이 진화하는 총체적 접근법을 요구한다. 마케팅 실무자가 이러한 통합적 시각을 가질 때, 브랜드 캠페인, 디맨드 제너레이션 캠페인, 리드 제너레이션 캠페인, CRM 캠페인은 각각의 목표를 달성하면서도 시너지를 창출할 수 있을 것이다.

마케터에게 가장 보람 있으면서도 도전적인 과제가 브랜드 론칭이다. 브랜드는 단순히 예쁜 이름과 로고로 결정되는 것이 아니라 회사 전체가 제품을 만들고 판매하며 고객과의 약속을 이행하는 전 과정에서 형성되는 가치이다. 우리 회사만의 독특함과 경쟁사 대비 뚜렷한 차별점을 동시에 구축해야 하는 전략적 활동이다.

회사에서 기존 자동차 부품에 두 가지 기능을 추가해 아파트용 제품으로 시장을 확장한다고 결정했을 때, 마케팅팀 앞에는 완전히 새로운 세계가 펼쳐진다. 기존처럼 정해진 고객에게 발주 중심으로 판매하던 방식에서 벗어나 경쟁사가 존재하는 시장에서 브랜드 인지도를 구축하고 고객을 설득해야 하는 상황에 직면하게 된다.

이 장에서는 신규 브랜드 론칭의 전체 프로세스부터 시장 조사 방법론, CVP 도출 과정, 그리고 전략적 브랜드 캠페인 실행까지, 실무자들이 체계적이고 효과적인 브랜드 캠페인을 기획하고 실행할 수 있는 실무적 가이드를 제시한다.

6장
브랜드 캠페인

일반적으로 '브랜드는 고객과의 약속이다'라고 표현한다. 개념적으로는 브랜드의 방향성을 나타내는 브랜드 전략이 있고, 브랜드 전략을 구체화해 정체성을 나타내는 브랜딩이라는 행위가 있다. 눈에 보이는 이름과 로고 등의 브랜딩은 브랜드라는 큰 빙산의 일각에 지나지 않는 것이다. 브랜드가 하는 행위와 약속 이행의 정도로 브랜드의 가치가 결정되는 것이지 예쁜 이름과 로고로 가치가 결정되지 않는다.

즉, 마케팅팀에서 진행하는 브랜드 캠페인은 브랜딩을 구체화하고 브랜드 작업을 하는 기초적인 역할일 뿐이다. 실제로 브랜드는 회사 전체가 제품을 만들고, 고객에게 판매하고, 유지보수를 해주는 전 과정에서 형성되는 가치이다. 따라서 브랜드의 가치는 회사 전체의 것이지 마케팅 부서만의 성과나 책임이 아니다.

이 장에서는 회사가 신규 제품을 론칭하면서 신규 브랜드를 시장에 소개한다는 가정 하에 마케팅팀이 브랜딩을 포함한 브랜드 전략을 수립하고 이를 알리는 캠페인을 진행하는 것에 집중한다.

회사가 지금까지 자동차 업계에만 판매하던 부품에 두 가지 기능을 추가해 아파트용 제품으로 판매하려고 한다고 가정해 보자. 이런 케이스는 비즈니스에서 실제로 자주 있는 일이다. 회사 입장에서는 아주 저렴한 개발비로 신제품을 출시할 수 있고, 신규 시장에 진입할 수 있다. 자동차 분야에 납품할 때는 고객이 딱 정해져 있었고, 고객의 요구에 잘 맞춰 주기만 하면 되었기에 딱히 마케팅 활동에 대한 니즈가 높지 않았다. 그런데 새롭게 건설 시장에 진입하게 되었고 처음 만나는 경쟁사가 있다. 기존처럼 발주가 들어오면 SKU 단위로 매출이 일어나던 상황과 달라지면서 마케팅 조직을 본격 가동하게 되었다.

Step_1
브랜드 캠페인 기획하기

시장조사와 경쟁사 분석을 통해
CVP^{Customer Value Proposition, 고객 가치 제안} 도출하기

제일 먼저 해야 할 것은 시장 상황을 파악하고, 우리 제품의 경쟁력에 맞는 포지셔닝 전략을 수립하는 것이다. 데스크톱 리서치^{Desktop Research} 및 시장 분석 자료들을 찾아서 마케팅 전략의 체계를 우선 크게 설계한 후, 첫 단계로 해당 제품의 브랜드 전략을 수립해야 한다.

신규 브랜드 론칭에 대한 첫 회의에 들어가 보니, 해당 제품을 담당하게 될 영업부서 임원은 꼭 코엑스^{COEX}에서 하는 건축 박람회 같은 전시회에 참가하면 좋겠다고 의견을 내고, 다른 임원은 버스 광고를 했으면 좋겠다고 하고, 비교적 젊은 직원은 아파트와 관련이 있으니 「오늘의 집」에 광고를 하면 좋겠다며 각자의 생각을 자유롭게 개진했다.

바로 이런 상황에서 마케터의 역할이 중요하다. 전술적인 이야기는 다음에 하기로 하고 이 제품의 포지션을 어떻게 잡을지, 주요 시장을 어디로 볼지, 핵심 타깃 고객층을 어디로 볼지부터 정해야 한다고 상황을 정리해 주어야 한다.

제품 포지셔닝 전략을 결정한 후 핵심 메시지를 도출하고, 그 다음 이 메시지를 어떤 채널을 통해 전파할지 결정하는 것이 올바

필립 코틀러의 브랜딩을 위한 6단계 과정

Philip Kotler's 6-Step Branding Conceptual Model

| Brand Purpose | Brand Positioning | Brand Differentiation | Brand Identity | Brand Trust | Brand Beneficence |

른 순서다. 이러한 체계적 접근을 통해 앞으로 해야 할 업무를 명확히 정할 수 있게 하는 것이 마케팅의 역할이다.

브랜드 캠페인의 시작은 철저한 시장 조사에서 비롯된다. 1차적으로 마케팅이 R&D와 협업해 취합한 제품 관련 정보, 마케팅이 데스크탑 리서치로 알아낸 시장 흐름 등을 종합해 이번 신제품이 나아가야 할 방향은 '서울 강남/서초/송파 일대의 재개발 아파트'와 같은 프리미엄 시장을 공략하는 것으로 결론을 도출했다. 이러한 회사의 결정을 마케팅 실무자는 어떻게 지원할 수 있을까?

첫째, 브랜드 포지셔닝 전략을 도출해야 한다. 잭 트라우트$^{Jack\ Trout}$의 포지셔닝 이론에 따르면 브랜드는 고객의 마음속에서 특정한 위치를 확보해야 한다. 필립 코틀러가 『Branding: From Purpose to Beneficence』에서 강조했듯이 효과적인 포지셔닝은 단순한 아이덴티티 구축을 넘어 브랜드의 목적^{Purpose}에서 시작된다. '이 제품이 고

포지셔닝 전략 수립 체크리스트

단계	주요 활동	산출물	이론적 근거
분석	시장 세분화	타깃 프로필	STP 전략
차별화	경쟁 우위 탐색	USP 정의	트라우트의 포지셔닝
가치 제안	혜택 매핑	가치 명제	가치사슬 분석
브랜드 약속	브랜드 피라미드	핵심 메시지	켈러의 브랜드 자산 모델

객을 위해 어떤 역할을 수행할 것인가?'라는 질문에 명확하게 답할 수 있어야 한다.

자동차 부품에서 아파트 설비로 확장하는 과정에서 핵심 질문은 '프리미엄 아파트 시장에서 우리 제품이 어떤 차별적 가치를 제공할 수 있는가?'이다. 자동차 산업의 경우 검증된 내구성과 신뢰성을 강조할 수 있다. "자동차의 극한 환경에서 검증된 기술로 아파트의 안전을 책임진다"와 같은 포지셔닝은 경쟁사와 차별화된 가치를 제시할 수 있다.

특히 현재 경기가 침체되고 있는 상황에서는 실용적 가치와 효율성을 강조하는 것이 중요하다. 하지만 프리미엄 시장을 타깃으로 한다면, 단순히 기능적 우위만을 강조하는 『마케팅 1.0』 접근법으로는 부족하다. 코틀러의 마케팅 이론 발전과정에서 알 수 있듯이 고급 주택 시장의 소비자들은 제품의 기능적 가치(마케팅 1.0)와 감성적 만족(마케팅 2.0), 브랜드의 사회적 가치(마케팅 3.0)까지 복합적으로 고려한다.

따라서 우리 제품의 포지셔닝은 세 가지 차원을 통합적으로 고려해야 한다.

- 기능적 차별화: 자동차 부품 기술에서 파생된 고유한 기술적 우위를 명확히 정의한다. 예컨대, '타 제품 대비 20% 향상된 에너지 효율성' 또는 '2배 더 긴 수명'과 같은 구체적인 수치화된 장점을 제시한다.
- 감성적 연결: 프리미엄 주택 소유자들의 라이프스타일과 열망에 부합하는 감성적 이점을 제시한다. '독일 명품 자동차의 기술을 당신의 집에' 또는 '세심한 엔지니어링이 만드는 조용하고 편안한 주거 공간'과 같은 메시지가 될 수 있다.
- 사회적 가치: 에너지 효율성, 지속가능성, 또는 안전과 같은 사회적 가치를 포지셔닝에 통합한다. '친환경 기술로 탄소 발자국을 줄이는 스마트 주거 솔루션'과 같은 접근은 프리미엄 고객층의 사회적 책임 의식에 호소할 수 있다.

이러한 포지셔닝을 통해 볼보^{Volvo}가 '안전한 차'라는 카테고리를 확립한 것처럼, 우리 기업은 '자동차 기술에서 영감을 받은 프리미엄 주거 솔루션'이라는 고유한 카테고리를 개척할 수 있다. 포지셔닝이 명확하게 수립되면, 이를 바탕으로 브랜드의 시각적 아이덴티티, 톤앤매너$^{Tone\ \&\ Manner}$, 핵심 메시지를 일관성 있게 개발할 수 있다.

그 다음에는 포지셔닝 전략을 명확하고 간결하게 전달할 수 있어야 한다. 프리미엄 시장에 맞는 키 메시지$^{Key\ Message}$ 개발이 필요하다. 이 키 메시지를 다른 말로 CVP$^{Core\ Value\ Proposition,\ 핵심\ 가치\ 제안}$라고 한다. CVP가 잘 확립되면 이제 다양한 응용이 가능해진다. 기술적 우수성과 프리미엄 가치를 동시에 전달하는 메시지를 다양하게 개발할 수 있다.

이 중 어떤 메시지를 재개발 아파트 시공사 및 조합원들에게 전달할지 결정한 후, 제품 브로슈어와 제품 소개 동영상 등을 제작하며, 웹사이트에 제품 소개 페이지를 추가해야 한다.

개발된 CVP는 FGI 통해 검증해야

우리가 개발한 키메시지가 시장에서 받아들여질 지를 알아보기 위해 포커스 그룹 인터뷰$^{FGI,\ Focus\ Group\ Interview}$의 진행을 강력 추천한다. FGI를 하기 전에 사전에 진행할 질문지를 개발해 그룹 인터뷰 전에 작성하게 하고, 그룹 인터뷰를 진행한다. 그 이후에 1:1 팔로업 콜을 해서 다시 한번 의견을 받는 3단계 의견 수집절차를 추천한다. FGI에서 소수의 강한 의견이 묻히는 경우가 있고, 제품에 대해 다 좋다고 평가했지만 마지막에 가격을 알고 난 이후에 그 전의 모든 의견을 무효화하는 경우도 많다. 하루 이틀이 지난 후에 1:1 팔로업 콜을 진행해 가장 인상에 남는 단어들을 물어보면 소비자들이 진짜 중요하게 생각하는 것이 무엇인지 알 수 있다. FGI를 B2C에서만 한다고 생각하면 안 된다. B2B에서는 타깃 그룹을 찾기가 아주 어렵지만, 진행하게 되면 많은 피드백을 받을 수 있고 내부 담당자들이 전혀 생각하지 못했던 신선한 생각을 접하게 되는 경우가 많다.

브랜드 네이밍과 아이덴티티 초기 설계

데이비드 아커$^{David\ Aaker}$의 브랜드 자산 모델에 따르면, 강력한 브랜드는 네 가지 차원의 자산을 보유한다. 브랜드 인지도$^{Brand\ Awareness}$, 브랜드 연상$^{Brand\ Association}$, 지각된 품질$^{Perceived\ Quality}$, 브랜드 충성도$^{Brand\ Loyalty}$이다. 이 네 가지 브랜드 자산 요소를 구축하기 위해서는 먼저 브랜드 네이밍과 아이덴티티 설계가 철저하게 이루어져야 한다. 아커는 브랜드 아이덴티티를 '기업이 창출하거나 유지해야 하는 특정 브랜드만의 독특한 연상 이미지의 집합'이라고 정의했으며, 지속성, 일관성, 현실성을 그 핵심 요소로 꼽았다. 우리의 신제품 브랜드 아이덴티티 구축에도 이 세 가지 원칙이 적용되어야 한다. 프리미엄 아파트 설비 시장을 타깃으로 하는 제품인 만큼, 네이밍은 고급스러움과 기술적 우수성을 동시에 담아내야 한다.

브랜드 네이밍은 여러 단계로 진행될 수 있다. 첫째, 제품의 핵심 가치(안전성, 내구성, 첨단 기술 등)와 연관된 단어들을 모두 나열하는 키워드 브레인스토밍$^{Keyword\ Brainstorming}$ 과정이 필요하다. 둘째, 다양한 네이밍 기법을 활용하여 후보명을 도출해야 한다. 이에는 제품의 기능을 직접적으로 표현하는 직설적 네이밍, 두 단어를 결합하는 합성어 네이밍, 긴 단어나 문구를 간결하게 축약하는 축약형 네이밍, 주요 단어의 첫 글자만 따서 조합하는 두문자어^{Acronym} 네이밍, 제품에 인간적 특성을 부여하는 의인화 네이밍, 다중 의미를 전달할 수 있는 중의적 네이밍 등이 포함된다.

자동차 부품 기술을 활용한 프리미엄 아파트 설비라는 포지셔닝에 맞게 '테크노하우스^{TechnoHouse}', '오토홈^{AutoHome}', '모션리빙^{MotionLiving}' 등의 네이밍을 고려해볼 수 있다. 이러한 이름들은 자동차 기술$^{Techno, Auto, Motion}$과 주거 공간$^{House, Home, Living}$을 결합함으로써 제품의 핵심 가치를 효과적으로 전달한다.

셋째, 후보 브랜드명의 상표권 충돌 여부, 다국어 발음 및 의미 검토, 부정적 연상 가능성 등을 확인하는 법적/언어적 검토가 필수적이다. 넷째, FGI 등을 통해 선별된 후보명에 대한 소비자 반응을 조사하는 타깃 고객 테스트를 거친다. 마지막으로, 최종 브랜드명을 선정하고 상표 등록 등 법적 보호 조치를 취하는 단계를 거쳐야 한다.

네이밍이 결정되면 브랜드의 시각적, 언어적, 감성적 아이덴티티를 체계적으로 구축해야 한다. 브랜드 아이덴티티 시스템은 여러 요소들로 구성된다. 첫째, 브랜드 핵심 요소$^{Brand\ Essence}$에는 제품이 추구하는 궁극적 목표와 미래상인 브랜드 미션과 비전, 제품이 지향하는 핵심 가치인 브랜드 가치, 브랜드가 가진 인간적 특성(예: 신뢰할 수 있는, 혁신적인, 세련된)인 브랜드 개성이 포함된다.

둘째, 시각적 아이덴티티$^{Visual\ Identity}$는 브랜드의 상징이 되는 시각적 요소(워드마크, 심볼 등)인 로고, 브랜드를 대표하는 색상 체계인 컬러 팔레트, 브랜드 커뮤니케이션에 사용될 서체 시스템인 타이포그래피, 그리고 보조 그래픽, 아이콘, 패턴 등의 그래픽 요소로 구성된다.

셋째, 언어적 아이덴티티$^{Verbal\ Identity}$에는 브랜드의 가치를 함축적으로 표현하는 문구인 태그라인/슬로건, 브랜드 커뮤니케이션의 어조와 스타일인 톤앤매너, 타깃 고객에게 전달해야 할 주요 메시지인 핵심 메시지가 포함된다.

넷째, 감각적 아이덴티티$^{Sensory\ Identity}$는 브랜드 사운드, 징글 등 청각적 요소인 소리, 제품의 표면 질감, 무게감 등 촉각적 요소인 촉감, 그리고 전시장, 쇼룸 등 브랜드 경험 공간의 설계인 공간으로 구성된다.

프리미엄 아파트 설비 시장을 타깃으로 하는 우리 제품의 경우, 고급스러움과 기술적 우수성을 동시에 표현할 수 있는 시각적 아이덴티티가 중요하다. 예를 들어 금속성 색상과 깔끔한 산세리프 서체를 활용한 미니멀한 디자인은 첨단 기술과 세련된 이미지를 효과적으로 전달할 수 있다. 또한 자동차 산업에서 영감을 받은 디자인 요소(유선형 라인, 엔지니어링 도면 스타일의 그래픽 등)를 적절히 활용하여 우리 제품의 독특한 포지셔닝을 강화할 수 있다.

브랜드 작업 결과물로 캠페인용 콘텐츠 만들기

브랜드 아이덴티티 시스템이 구축되면 이를 제품 브로슈어, 웹사이트, 전시 부스, 제품 패키지 등 모든 고객 접점에 일관되게 적용하여 브랜드 인지도를 높이고 강력한 브랜드 자산을 구축해 나가야 한다.

    이러한 요소들은 브랜드 아이덴티티 가이드라인에 체계적으로 정리되어 모든 마케팅 커뮤니케이션에 일관되게 적용되어야 한다. 가이드라인을 전사 교육하는 것도 아주 중요하다. 회사만 신규 브랜드를 사용할 뿐 직원들은 코드명이나 프로젝트명으로 부르기도 하고, 새로운 로고를 가이드라인과 다르게 사용하기도 한다. 단순히 시각적 통일성을 넘어 고객이 브랜드를 경험하는 모든 접점에서 일관된 브랜드 경험을 제공하는 것이 중요하기 때문에 전사적인 교육은 필수적이다.

    브랜딩 작업에 대해 간단하게 글로 정리했지만, 사실 굉장히 전문적인 영역이어서 현실에서는 보통 이 부분을 전문업체에 외주로 맡긴다. 그것이 가장 효율적이기 때문이다. 브랜드 컨설팅을 한번 하면 100장 이상의 보고서가 나온다. 간단한 하나의 로고와 문구처럼 보이지만, 그 결론에 이르기 위해 전문가들도 100장 이상의 보고서를 작성한다. 현업 마케팅에서는 외주와의 협업에서 가이드를 잘 하고 결정된 브랜딩 요소들을 전사적으로 잘 활용할 수 있도록 하는 것이 중요하다.

또한, 브랜드 컨설팅을 받은 내용을 웹사이트, 브로슈어, 영상 등에 잘 적용해 캠페인을 진행하기 위한 기반 콘텐츠를 확보하는 것에 집중해야 한다. 현실에서는 항상 촉박하게 브랜드 론칭 날짜가 잡힌다. 그래서 로고를 만들고, 웹사이트를 제작하고, 브로슈어를 만드는 모든 일들을 시간에 쫓기면서 해야 할 때가 많다. 게다가 다른 부분에서는 의견을 내지 않던 사람들도 로고, 네이밍, 캐치 프레이즈 등에서는 수많은 생각을 쏟아낸다. 로고와 네이밍은 100명이면 100개의 의견이 나오기 때문에, 최종 결정이 아주 힘들다. 그래서 외부 전문가를 통한 내부 설득이 더욱 효율적이다.

Step_ 2
브랜드 캠페인 실행하기

브랜드가 탄생했다면 지금부터는 체계적으로 시장에 알려야 한다. 특히 프리미엄 아파트 설비 시장이라는 새로운 영역에 진출하는 우리 기업의 경우, 기존 자동차 부품 업계에서 쌓아온 기술력과 신뢰성을 새로운 타깃 고객층에게 효과적으로 전달하는 것이 무엇보다 중요하다. 외부적으로 브랜드를 알리는 캠페인을 실행하기 위해서는 콘텐츠가 다 준비되었는지 점검하고, 어떤 채널들을 활용할지 전략적으로 결정해야 한다. 브랜드 캠페인의 채널은 크게 세 가지로 나누어 접근할 수 있다.

Owned Media전략:
기업이 소유한 미디어

첫 번째는 가장 기본이 되는 자사의 Owned Media이다. 우리 회사가 직접 통제하고 관리할 수 있는 이 채널들은 브랜드 메시지를 일관되게 전달하는 핵심 플랫폼이 된다. 우선 프리미엄 아파트 설비 제품을 위한 전용 웹페이지가 완성되었는지 확인해야 한다. 이 페이지는 단순한 제품 소개를 넘어 자동차 부품 기술이 어떻게 프리미엄 주거 공간에 혁신을 가져오는지에 대한 스토리텔링이 포함되어야 한다.

　또한 기업의 링크드인, 유튜브, 인스타그램과 같은 소셜미디어 채널에서는 캠페인 기간 동안의 콘텐츠 캘린더를 상세히 작성하여 체계적인 메시지 전달이 이루어지도록 해야 한다. 유튜브에는 제품의 기술력을 심층적으로 보여주는 영상을, 인스타그램에는 실제 적용된 프리미엄 아파트의 세련된 모습을 강조하는 비주얼 콘텐츠를 제작할 수 있다. 특히 B2B 마케팅에서 중요한 링크드인의 경우, 건설사 임원진과 아파트 시공 담당자들을 타깃으로 하는 전문적인 인사이트 콘텐츠를 정기적으로 발행하는 전략이 효과적일 수 있다.

자사 미디어에서는 '테크노홈^{TechnoHome}'과 같은 신규 브랜드의 아이덴티티가 일관되게 표현되어야 하며, 자동차 부품 기술의 정밀성과 안전성이 어떻게 주거 공간의 쾌적함과 효율성으로 이어지는지 명확하게 전달해야 한다. 또한 이 과정에서 개발된 백서, 사례 연구, 기술 가이드 등의 심층 콘텐츠는 건설사 및 시공사와의 직접적인 영업 과정에서도 유용한 자료로 활용될 수 있다.

Earned Media 전략:
고객이나 언론이 자발적으로 생성하는 미디어

두 번째는 좀 더 어려운 영역인 Earned Media이다. PR의 영역인 이 부분이 잘 준비될 수 있도록 PR팀과 긴밀하게 협업할 필요가 있다. 내부에 PR팀이 없다면 건설 및 부동산 분야의 전문성을 갖춘 외부 PR회사를 고용하는 것이 효과적일 수 있다.

프리미엄 아파트 설비 시장 진출이라는 뉴스가치가 있는 스토리를 어떻게 언론에 효과적으로 전달할 것인지 전략을 수립해야 한다. 단순히 보도자료만 배포할지, 기술 담당 임원의 심층 인터뷰를 진행할지, 혹은 신기술을 직접 체험해볼 수 있는 미디어 데이를 개최할지 등 다양한 옵션을 고려해야 한다.

특히 건설 업계의 전문 매체와 부동산 관련 미디어에 집중적으로 접근하는 것이 효과적이다. 이 매체들은 건설사 의사결정자들이 자주 접하는 채널이므로 우리 브랜드의 기술적 우수성과 차별점을 심도 있게 다루는 기획 기사를 유도하는 것이 중요하다. 또한 최근 친환경 건축과 스마트홈에 대한 관심이 높아지고 있으므로, 우리 제품이 어떻게 이러한 트렌드에 부합하는지를 강조하는 내용이 포함되어야 한다.

더불어 건축/인테리어 관련 인플루언서와의 협업도 고려할 만하다. 예를 들어 유명 건축가나 인테리어 디자이너가 우리 제품이 설치된 모델 하우스를 방문하고 그 경험을 자신의 채널에 공유하는 형태의 협업은 Earned Media의 효과적인 확장이 될 수 있다.

Paid Media 전략:
광고비를 지불하는 미디어

세 번째이자 가장 직접적인 방법은 Paid Media이다. 프리미엄 아파트 설비라는 B2B 제품의 특성상, 타깃 목표층이 일반 소비자가 아닌 건설사, 시공사의 의사결정자와 아파트 재개발 조합 관계자들이므로 이들에게 도달할 수 있는 채널 선정이 중요하다.

건설 및 부동산 관련 온라인 미디어에 디스플레이 광고를 게재하는 것이 효과적일 수 있다. 또한 네이버, 구글 등의 검색 엔진에서 '프리미엄 아파트 설비', '스마트홈 시스템', '재개발 아파트 설비' 등의 키워드로 검색 광고를 진행하여 정보를 찾는 잠재 고객들에게 노출될 수 있다.

특히 재개발 아파트에 초점을 맞춘다면, 강남/서초/송파 지역의 재개발 단지 주변 옥외 광고(버스 정류장, 지하철역 광고판 등)를 활용하는 것도 고려해 볼 만하다. 이는 해당 지역 조합원들에게 우리 브랜드의 인지도를 높이는 데 효과적일 수 있다.

B2B 마케팅의 특성상, 타깃팅된 디지털 광고도 매우 중요하다. 링크드인의 직무/업종 타깃팅 광고를 통해 건설사 및 시공사의 의사결정자들에게 직접 접근하는 전략이 효과적이며, 네이버 및 다음과 같은 주요 포털의 부동산 섹션에 배너 광고를 게재하는 것도 고려할 수 있다.

통합적 미디어 전략과 시너지 효과

세 가지 미디어가 서로 개별적으로 운영되는 것이 아니라 유기적으로 연결되어 시너지를 창출해야 효과적이다. 예를 들어 자사 유튜브 채널에 올린 프리미엄 설비 기술 시연 영상은 Paid Media의 도움을 받아 건설업계 관계자들에게 더 많이 노출되도록 해야 한다. 또한 언론 보도$^{\text{Earned Media}}$를 통해 획득한 신뢰성을 자사 웹사이트$^{\text{Owned Media}}$에 인용하여 브랜드 신뢰도를 강화할 수 있다.

B2B 마케팅에서는 특히 업계의 중요한 모멘텀이 되는 전시회와 컨퍼런스가 매우 중요하다. 코엑스에서 열리는 '건축/인테리어 박람회'나 '스마트홈 엑스포'와 같은 행사는 우리의 신규 브랜드를 론칭

론칭 캠페인 타임라인

단계	기간	주요 활동
내부 준비	Launch -60일	임직원 교육, 세일즈킷 준비
Pre-Launch	Launch -30일	티징 캠페인
공식 론칭	D-Day	언론사 간담회, 보도자료 배포, 온라인 이벤트
모멘텀 유지	Post-Launch 30일	피드백 수집, 사례 제작

하는 최적의 시기가 될 수 있다. 이러한 행사 전후로 캠페인의 일정을 조정하면 업계 관계자들의 관심이 집중된 시점에 최대한의 효과를 얻을 수 있다.

박람회 참가 시에는 단순한 부스 운영을 넘어 VIP 초청 세미나를 통해 자동차 부품 기술이 어떻게 프리미엄 주거 공간에 혁신을 가져올 수 있는지에 대한 심층적인 프레젠테이션을 진행할 수 있다. 이 과정에서 실제 제품 시연과 함께 가상현실(VR) 체험을 통해 설비가 설치된 프리미엄 아파트의 모습을 생생하게 보여주는 것도 효과적인 브랜드 경험을 제공하는 방법이다.

브랜드 캠페인의 성과 측정과 최적화

브랜드 캠페인의 효과를 극대화하기 위해서는 명확한 KPI(핵심 성과지표)를 설정하고 지속적으로 모니터링하는 것이 중요하다. 웹사이트 트래픽, 문의 건수, 미팅 요청, 견적 요청 등 영업으로 이어질 수 있는 구체적인 지표를 설정하고, 이를 정기적으로 분석하여 캠페인의 방향을 조정해야 한다.

특히 B2B 제품의 특성상 영업 주기가 길고 여러 의사결정자가 관여하므로, 브랜드 캠페인은 단기적인 판매 성과보다는 장기적인 브랜드 구축과 잠재 고객과의 관계 형성에 중점을 두어야 한다. 이는 코틀러의 마케팅 3.0과 4.0에서 강조하는 가치 중심의 접근법과 디지털 전환의 중요성을 동시에 반영한 전략이라 할 수 있다.

프리미엄 아파트 설비 시장 진출을 위한 브랜드 캠페인은 단순한 제품 홍보를 벗어나 자동차 부품 기술의 정밀성과 안전성이 어떻게 주거 환경의 품질과 가치를 높일 수 있는지에 대한 설득력 있는 스토리텔링이 필요하다. 이를 통해 우리 브랜드는 기존의 건설 설비 업체와는 차별화된 독특한 포지셔닝을 확립하고 프리미엄 시장에서의 성공적인 진입을 이룰 수 있다.

Step_ 3
브랜드 캠페인 성과 분석

브랜드 캠페인의 성과를 체계적으로 분석하는 것은 마케팅 투자의 효율성을 입증하고 향후 전략을 최적화하는 데 필수적이다. 특히 프리미엄 아파트 설비와 같은 B2B 제품의 경우, 소비재와는 다른 관점에서 성과를 측정해야 한다. 브랜드 자산의 재무적 가치 측정에는 다양한 방법론이 존재하지만, 인터브랜드[Interbrand, 세계적인 브랜드 컨설팅 회사]의 브랜드 가치 평가 모델은 세 가지 핵심 요소를 고려하여 체계적인 분석 프레임워크를 제공한다.

재무적 성과[Financial Performance] 분석

재무적 성과는 브랜드가 창출하는 경제적 이익을 측정하는 것이다. 프리미엄 아파트 설비 제품의 경우, 다음과 같은 지표를 통해 재무적 성과를 분석할 수 있다.

- 매출 성장률: 브랜드 캠페인 이전 대비 이후의 제품 매출 변화를 측정한다. 강남 지역 재개발 아파트 단지에 우리 설비가 채택된 비율이 캠페인 이전 10%에서 이후 25%로 증가했다면, 이는 명확한 성과 지표가 된다.

- 수익성 지표: 브랜딩을 통해 프리미엄 이미지가 강화되면 가격 프리미엄이 가능해진다. 기존 자동차 부품 대비 아파트 설비로 전환 시 발생하는 마진율 변화를 분석한다. 예컨대, 일반 설비

대비 20% 높은 가격에도 판매가 이루어진다면 브랜드 자산의 재무적 가치를 입증하는 지표가 된다.

- 고객 획득 비용^{CAC} 감소 : 브랜드 인지도 향상으로 영업 프로세스가 단축되어 고객 획득 비용이 절감되는 효과를 측정한다. 강남/서초/송파 지역 재개발 조합과의 영업 미팅에서 브랜드 인지도로 인해 설득 과정이 얼마나 단축되었는지 분석한다.

- 신규 시장 진입 효과 : 자동차 부품에서 아파트 설비로의 다각화를 통한 매출 포트폴리오 변화를 분석한다. 전체 매출에서 아파트 설비 제품이 차지하는 비중이 증가하면서 기업의 시장 위험이 분산되는 효과를 정량화할 수 있다.

구매 결정에서의 브랜드 역할$^{Role\ of\ Brand}$ **평가**

브랜드가 고객의 구매 결정에 미치는 영향력을 평가하는 것으로, 특히 B2B 제품에서는 다양한 의사결정 요소 중 브랜드의 중요도를 파악하는 것이 중요하다.

- 의사결정 요인 분석 : 건설사 및 시공사 의사결정자들을

대상으로 설문조사를 실시하여, 설비 선택 시 가격, 기능, 품질, 브랜드 신뢰도 등 다양한 요소 중 브랜드가 차지하는 비중을 측정한다. 브랜드 캠페인 이후 의사결정 요소에서 브랜드가 차지하는 비중이 15%에서 30%로 상승했다면 이는 브랜드 캠페인의 명확한 성과로 볼 수 있다.

- 입찰 성공률 변화: 브랜드 캠페인 전후의 입찰 성공률 변화를 분석한다. 프리미엄 아파트 프로젝트 입찰에서 우리 설비의 선정 비율이 증가했다면, 이는 브랜드가 구매 결정에 긍정적 영향을 미쳤음을 의미한다.

- 초기 고려 브랜드 세트$^{\text{Consideration Set}}$ 포함 비율: 건설사들이 설비 선택 시 초기에 고려하는 브랜드 목록에 우리 브랜드가 포함되는 비율을 측정한다. 캠페인 이전에는 주로 전통적인 설비 전문 기업만 고려했다면, 캠페인 이후 자동차 부품 기술을 활용한 우리 브랜드가 고려 대상에 포함되는 비율이 높아졌는지 평가한다.

- 의사결정 주기 단축: 브랜드 인지도 향상으로 건설사의 의사결정 기간이 단축되는 효과를 측정한다. 일반적으로 3개월 걸리던 설비 선정 과정이 우리 브랜드의 경우 1.5개월로

단축되었다면 이는 브랜드 신뢰도가 의사결정에 긍정적 영향을 미쳤음을 의미한다.

브랜드 강도 Brand Strength 측정

브랜드 강도는 브랜드가 지속적으로 가치를 창출할 수 있는 능력을 평가하는 것으로 다양한 요소를 통해 측정할 수 있다.

- 브랜드 인지도 측정 : 건설업계 의사결정자들을 대상으로 우리 브랜드('테크노홈' 등)의 인지도를 측정한다. 예를 들어 건설사 임원들이 프리미엄 설비 브랜드를 자유 연상할 때 우리 브랜드가 언급되는 비율을 캠페인 전후로 비교한다.
- 브랜드 연상 이미지 분석 : 우리 브랜드가 어떤 속성과 연결되는지 분석한다. 자동차 부품 기술에서 온 '정밀함', '안전성', '내구성' 등의 연상이 강화되었는지, 그리고 이것이 프리미엄 아파트 설비에 적합한 연상으로 확장되었는지 평가한다.
- 고객 만족도 및 충성도 : 우리 설비를 도입한 건설사 및 시공사의 만족도를 정기적으로 측정한다. 특히 자동차 부품 기술의 장점이 아파트 설비에서도 잘 구현되었는지에 대한 평가를 수집하고, 재구매 의향 및 추천 의향을 조사한다.
- 디지털 지표 분석 : 브랜드 캠페인의 디지털 성과를 다각도로

분석한다. 웹사이트 트래픽, 콘텐츠 체류 시간, 소셜 미디어 참여도, 검색량 변화 등을 캠페인 전후로 비교한다. '프리미엄 아파트 설비'와 관련된 키워드로 우리 브랜드가 검색되는 빈도가 증가했다면 이는 브랜드 인지도 향상의 지표가 된다.

통합적 성과 분석과 장기 브랜드 가치 평가

위의 세 가지 영역을 종합하여 브랜드 캠페인의 통합적 성과를 분석하고, 이를 장기적 브랜드 가치로 환산하는 작업이 필요하다.

- 브랜드 자산 가치의 금전적 환산 : 브랜드로 인한 추가 수익과 비용 절감 효과를 현재 가치로 환산하여 브랜드 자산의 금전적 가치를 산출한다. 예를 들어 브랜드 프리미엄으로 인한 추가 마진, 마케팅 효율성 증가, 고객 획득 비용 감소 등을 종합적으로 고려한다.
- 브랜드 투자수익률(ROI) 계산 : 브랜드 캠페인에 투입된 비용 대비 창출된 가치를 계산한다. 프리미엄 아파트 설비 브랜드 캠페인에 5억 원을 투자하여 3년간 25억 원의 추가 수익이 발생했다면, 브랜드 투자수익률은 400%가 된다.
- 장기적 시장 지위 변화 추적 : 프리미엄 아파트 설비 시장에서 우리 브랜드의 시장점유율 변화를 장기적으로 추적한다. 처음에는 신규 진입자로 시작했지만, 브랜드 캠페인을 통해 3년

후 시장점유율 15%를 달성했다면 이는 브랜드 캠페인의 장기적 성과로 평가할 수 있다.

- 브랜드 자산의 확장 가능성 평가: 구축된 브랜드 자산을 바탕으로 추가적인 제품 라인이나 시장으로 확장할 수 있는 가능성을 평가한다. 예를 들어 프리미엄 아파트에서 시작하여 상업용 건물, 호텔, 리조트 등으로 시장을 확장할 수 있는 가능성과 그 잠재적 가치를 산출한다.

이처럼 체계적인 브랜드 캠페인 성과 분석은 단순한 마케팅 활동의 효과 측정을 넘어, 브랜드가 기업의 핵심 자산으로서 어떤 가치를 창출하고 있는지를 입증하는 중요한 과정이다. 특히 B2B 분야에서는 장기적 관점의 성과 측정이 필요하며 정량적 지표와 정성적 지표를 균형 있게 고려해야 한다.

브랜드 캠페인 성과 측정 지표 체계

단계	지표 범주	구체적 지표	측정 방법
인지	인지도	비보조인지, 보조인지	정기 설문조사
이미지	호감도	선호도, NPS	브랜드 추적 조사
행동	고려도	구매의향, 견적문의	CRM 데이터 분석
비즈니스	ROI	매출 기여도, CAC	재무 데이터 분석

브랜드 캠페인 ROI 계산 프레임워크

구성 요소	측정 항목	금액 산출 방법
브랜드 가치 증가	인지도 상승 효과	마케팅 효율 개선분
직접 매출 기여	캠페인 기인 매출	어트리뷰션 모델 적용
간접 효과	채용 비용 절감	고용주 브랜드 가치
총 캠페인 비용	직접+간접 비용	풀코스트 방식

Step_ 4
성공적인 브랜드 론칭을 위한 체크리스트

성공적인 프리미엄 설비 브랜드 론칭을 위한 체크리스트

단계	점검 사항	주요 활동 및 도구	담당 부서	완료 시점 (론칭일 기준)	완료 여부
1. 전략 수립	시장 조사 및 경쟁 분석	• 포터의 다섯 가지 경쟁력 모델 적용 • 프리미엄 아파트 설비 시장 규모 파악 • 주요 경쟁사 3개 이상 심층 분석 • 강남/서초/송파 재개발 프로젝트 현황 조사	마케팅 전략팀	T-6개월	☐
	타깃 고객 페르소나 정의	• 건설사 의사결정자 • 시공사 담당자 • 재개발 조합 임원 • 각 페르소나별 결정 요인 분석	마케팅 전략팀/ 영업팀	T-6개월	☐

*** B2B 마케팅 캠페인 실행

단계	점검 사항	주요 활동 및 도구	담당 부서	완료 시점 (론칭일 기준)	완료 여부
1. 전략 수립	브랜드 포지셔닝 전략 확정	• 트라우트의 포지셔닝 이론 적용 • 자동차 부품 기술력 기반 차별화 포인트 도출 • CVP(Core Value Proposition) 명문화 • 경영진 최종 승인	마케팅 전략팀/ 경영진	T-5개월	☐
	브랜드 전략 문서 작성	• 브랜드 미션 및 비전 설정 • 브랜드 스토리 구축 • 핵심 메시지 3-5개 개발	마케팅 전략팀	T-5개월	☐
2. 브랜드 아이덴티티 개발	네이밍 및 상표 등록	• 브랜드 네이밍 후보 20개 개발 • 언어학적 검토(한/영/중/일 및 목표 시장 언어적 검토) • 법률 검토 및 상표권 조사 • 상표 출원 및 등록	마케팅팀/ 법무팀	T-5개월	☐
	브랜드 시각적 아이덴티티 개발	• 로고 디자인(메인/서브) • 컬러 팔레트 선정 • 타이포그래피 체계 • 그래픽 요소 및 이미지 스타일 • 디자인 시안 3개 이상 검토	마케팅팀/ 디자인 에이전시	T-4개월	☐
	브랜드 아이덴티티 가이드라인 수립	• 아커의 브랜드 자산 모델 기반 • 로고 사용 규정 • 브랜드 톤앤매너 • 응용 요소(명함, 프레젠테이션 템플릿 등) • 디지털/오프라인 적용 매뉴얼	마케팅팀/ 디자인 에이전시	T-3개월	☐
	주요 마케팅 자료 개발	• 제품 브로슈어(인쇄/디지털) • 제품 상세 스펙 시트 • 기술 백서 • 샘플 이미지 및 3D 렌더링 • 제품 시연 영상	마케팅팀/ 제품팀	T-2개월	☐

단계	점검 사항	주요 활동 및 도구	담당 부서	완료 시점 (론칭일 기준)	완료 여부
3. 디지털 인프라 구축	웹사이트 개발	• 제품 전용 마이크로사이트 구축 혹은 웹사이트 페이지 업데이트 • 모바일 최적화 • 영업 문의 양식 통합 • 사용자 경험(UX) 테스트 • 검색 엔진 최적화(SEO)/AEO	마케팅 디지털팀/ IT팀	T-2개월	☐
	SNS 채널 설정	• 링크드인 기업 페이지 최적화 • 유튜브 채널 구축 • 인스타그램 비즈니스 계정 설정 • 콘텐츠 캘린더 3개월치 개발	마케팅 디지털팀	T-1.5개월	☐
	CRM 시스템 준비	• 잠재 고객 데이터베이스 구축 • 건설사/시공사/조합 연락처 확보 • 리드 스코어링 시스템 설정 • 이메일 마케팅 템플릿 개발	마케팅팀/ 영업팀/ IT팀	T-1.5개월	☐
	디지털 마케팅 계획 수립	• 검색 광고 키워드 선정 • 디스플레이 광고 크리에이티브 개발 • 리마케팅 전략 설정 • 소셜 미디어 광고 계획	마케팅 디지털팀	T-1개월	☐
4. 론칭 준비	내부 이해관계자 교육	• 브랜드 앰배서더 프로그램 실행 • 영업팀 제품 교육 • 고객 응대 스크립트 배포 • 브랜드 가이드라인 교육 • 경영진 메시징 정렬	마케팅팀/ HR팀	T-1개월	☐
	론칭 이벤트 계획	• 론칭 행사 기획(온/오프라인) • 주요 고객 초청 명단 확정 • 프레젠테이션 자료 개발 • 제품 시연 계획 수립 • VIP 초청장 발송	마케팅팀/ 영업팀	T-1개월	☐

단계	점검 사항	주요 활동 및 도구	담당 부서	완료 시점 (론칭일 기준)	완료 여부
4. 론칭 준비	미디어 관계 구축	• 건설/부동산 전문 매체 리스트 작성 • 보도자료 작성 • 미디어 키트 개발 • 기자 초청 계획 • 인터뷰 Q&A 준비	마케팅팀/ PR 에이전시	T-3주	☐
	전시회 참가 준비	• 부스 디자인 및 제작 • 전시 제품 선정, 기념품 확정 • 현장 인력 배치 • 방문객 데이터 수집 계획 • 현장 프로모션 준비	마케팅팀/ 영업팀	T-3주	☐
5. 통합 캠페인 실행	론칭 캠페인 상세 계획 수립	• GANTT 차트 작성 • 채널별 실행 일정 확정 • 예산 배분 최종 확정 • 책임자 지정 • 일별 체크인 프로세스 수립	마케팅팀	T-2주	☐
	Owned 미디어 론칭 준비	• 웹사이트 콘텐츠 최종 검수 • 소셜 미디어 티저 콘텐츠 게시 • 이메일 마케팅 캠페인 스케줄링 • 직원 SNS 공유용 콘텐츠 배포	마케팅 디지털팀	T-1주	☐
	Paid 미디어 론칭 준비	• 검색 광고 세팅 • 디스플레이 광고 최종 승인 • 링크드인 타깃팅 광고 세팅 • 건설 전문 매체 광고 계약	마케팅 디지털팀	T-1주	☐
	Earned 미디어 론칭 준비	• 보도자료 배포 일정 확정 • 인플루언서 협업 최종 확인 • 업계 포럼/커뮤니티 참여 계획 • 기술 블로그 게스트 포스팅 일정	마케팅팀/ PR 에이전시	T-1주	☐

단계	점검 사항	주요 활동 및 도구	담당 부서	완료 시점 (론칭일 기준)	완료 여부
6. 성과 측정 및 최적화	성과 측정 지표 및 도구 준비	• 켈러의 브랜드 측정 모델 적용 • KPI 대시보드 구축 • 주간/월간 리포트 템플릿 개발 • 마케팅 자동화 도구 연동 • 귀인 모델 설정	마케팅팀/ IT팀	T-1주	☐
	피드백 수집 체계 구축	• 고객 만족도 설문 개발 • 영업팀 피드백 채널 구축 • 소셜 리스닝 도구 설정 • 실시간 대응 프로세스 수립	마케팅팀/ 영업팀	T-1주	☐
	A/B 테스트 계획 수립	• 웹사이트 핵심 페이지 A/B 테스트 • 이메일 제목 테스트 계획 • 광고 크리에이티브 테스트 설계 • 랜딩 페이지 최적화 계획	마케팅 디지털팀	T-1주	☐
7. 리스크 관리	위기 대응 매뉴얼 준비	• 시나리오 기반 대응 방안 개발 • 제품 결함 대응 프로토콜 • 부정적 언론 보도 대응 계획 • SNS 위기 관리 가이드라인 • 대변인 지정 및 교육	마케팅팀/ 법무팀/ PR팀	T-1주	☐
	법적 검토 완료	• 광고 문구 법률 검토 • 보증/품질 표현 검증 • 개인정보 처리 방침 확인 • 경쟁사 비교 표현 검토	법무팀	T-1주	☐
	예산 버퍼 확보	• 전체 예산의 15% 비상 버퍼 설정 • 채널별 예산 조정 권한 정의 • 긴급 추가 예산 승인 프로세스 • 일일 예산 모니터링 체계	마케팅팀/ 재무팀	T-1주	☐

론칭 후 단계별 체크 포인트

론칭 후 시점	주요 점검 사항	담당 부서
D+1	• 웹사이트 트래픽 및 오류 모니터링 • 소셜 미디어 반응 분석 • 미디어 보도 현황 점검 • 초기 문의 응대 상황 확인	마케팅/IT/PR팀
D+7	• 첫 주 KPI 리포트 분석 • 디지털 광고 초기 성과 평가 • 고객 피드백 첫 수집 및 분석 • 웹사이트/랜딩페이지 최적화	마케팅팀
D+30	• 첫 달 캠페인 종합 성과 분석 • 초기 리드 전환율 평가 • 미디어 노출 가치 측정 • 예산 집행 현황 점검 • 캠페인 전술 조정	마케팅/영업/재무팀
D+90	• 3개월 통합 브랜드 성과 분석 • 초기 영업 성과 평가 • 브랜드 인지도 첫 측정 • 콘텐츠 전략 리뷰 및 조정 • 2단계 캠페인 계획 수립	마케팅/영업/경영진
D+180	• 반기 브랜드 자산 가치 평가 • 시장 점유율 변화 분석 • ROI 중간 평가 • 브랜드 포지셔닝 효과성 검증 • 연간 마케팅 전략 리뷰	마케팅/영업/경영진
D+365	• 연간 브랜드 성과 종합 평가 • 브랜드 자산 가치 산출 • 고객 충성도 및 만족도 측정 • 시장 포지션 재평가 • 차년도 브랜드 전략 수립	전 부서/경영진

주요 활동	T-3M	T-2M	T-1M	T	T+1M	T+3M	T+6M
1. 전략 수립							
시장 조사 및 경쟁 분석							
타깃 고객 페르소나 정의							
브랜드 포지셔닝 전략 확정							
브랜드 전략 문서 작성							
2. 브랜드 아이덴티티 개발							
네이밍 및 상표 등록							
브랜드 시각적 아이덴티티 개발							
브랜드 아이덴티티 가이드라인 수립							
주요 마케팅 자료 개발							
3. 디지털 인프라 구축							
웹사이트 개발							
SNS 채널 설정							
CRM 시스템 준비							
디지털 마케팅 계획 수립							
4. 론칭 준비							
내부 이해관계자 교육							
론칭 이벤트 계획							

주요 활동	T-3M	T-2M	T-1M	T	T+1M	T+3M	T+6M
미디어 관계 구축							
전시회 참가 준비							
5. 통합 캠페인 실행							
론칭 캠페인 상세 계획 수립							
Owned 미디어 론칭 준비							
Paid 미디어 론칭 준비							
Earned 미디어 론칭 준비							
6. 성과 측정 및 최적화							
성과 측정 지표 및 도구 준비							
피드백 수집 체계 구축							
A/B 테스트 계획 수립							
7. 리스크 관리							
위기 대응 매뉴얼 준비							
법적 검토 완료							
예산 버퍼 확보							

주요 활동	T-3M	T-2M	T-1M	T	T+1M	T+3M	T+6M
8. 론칭 실행							
브랜드 론칭 이벤트							
미디어 발표 및 PR 활동							
디지털 캠페인 실행							
9. 론칭 후 관리							
초기 반응 모니터링 및 대응							
첫 주 KPI 리포트 분석							
월간 성과 평가 및 최적화							
10. 중장기 브랜드 발전							
3개월 통합 브랜드 성과 분석							
반기 브랜드 자산 가치 평가							
연간 브랜드 성과 종합 평가							
브랜드 확장 전략 수립							

체크리스트를 간트 차트$^{GANTT\ Chart}$(프로젝트 관리에서 사용하는 일정 관리 도구) 표현해 보면 위의 페이지와 같다. 경영진 보고를 위해서는 항상 간트 차트 형태로 나타내는 것이 중요하다. 실제 프로젝트 진행 시 더 상세한 주간 단위의 간트 차트로 확장하여 사용하는 것이 좋다. 위 페이지의 표는 프리미엄 아파트 설비 브랜드 론칭을 위한 차트로 6개월의 준비 기간과 론칭 후 1년간의 활동을 포함하고 있다.

주요 마일스톤^{Milestone, 프로젝트 관리에서 중요한 중간 목표나 완료 지점}을 TFT 전체가 공유하고 계속해서 리마인드 해야 한다.

마일스톤	시점	주요 내용
브랜드 전략 승인	T-5M	경영진의 브랜드 포지셔닝 및 핵심 전략 최종 승인
브랜드 아이덴티티 확정	T-3M	네이밍, 로고, 시각적 아이덴티티 최종 확정
디지털 인프라 완성	T-1M	웹사이트, SNS 채널, CRM 시스템 구축 완료
브랜드 론칭일	T	공식 브랜드 론칭 및 캠페인 시작
첫 판매 달성	T+2M	첫 번째 프로젝트 수주 목표
시장 점유율 목표	T+6M	타깃 시장 내 10% 점유율 달성 목표
브랜드 인지도 목표	T+9M	타깃 고객층 내 70% 인지도 달성 목표
연간 평가 및 전략 재수립	T+12M	1년 성과 평가 및 다음 해 전략 수립

주요 팀별 책임 영역은 다음과 같다.

팀	주요 책임 활동
마케팅 전략팀/브랜드팀	브랜드 전략 수립, 포지셔닝, 타깃팅, 성과 측정 프레임워크
마케팅 크리에이티브팀	브랜드 아이덴티티 개발, 광고 크리에이티브, 콘텐츠 제작
마케팅 디지털팀/실무팀	웹사이트, SNS, 디지털 광고, 데이터 분석
PR팀	미디어 관계, 보도자료, 위기 관리, 건설업계 네트워킹

영업팀	타깃 고객 인사이트, 제안서 개발, 론칭 후 리드 전환
제품팀	제품 스펙 및 기술 자료, 데모 준비, 기술적 차별점 정의
법무팀	상표권 등록, 법적 검토, 계약 관리, 위험 관리
IT팀	CRM, 웹사이트 개발, 데이터 분석 인프라, 마케팅 자동화

브랜드 캠페인은 단순한 제품 홍보가 아니라 기업의 시장 진출 선언이다. 철저한 준비와 체계적인 실행, 지속적인 모니터링을 통해 브랜드가 시장에서 인지되고 선택받는 여정을 만들어가야 한다. 필립 코틀러가 말했듯이, "브랜드는 약속"이며 그 약속을 지키는 것이 곧 브랜드 캠페인의 성공으로 이어진다.

!

일반적으로 '브랜드는 고객과의 약속이다'라고 표현한다. 개념적으로는 브랜드의 방향성을 나타내는 브랜드 전략이 있고, 브랜드 전략을 구체화해 정체성을 나타내는 브랜딩이라는 행위가 있다. 눈에 보이는 이름과 로고 등의 브랜딩은 브랜드라는 큰 빙산의 일각에 지나지 않는 것이다. 브랜드가 하는 행위와 약속 이행의 정도로 브랜드의 가치가 결정되는 것이지 예쁜 이름과 로고로 가치가 결정되지 않는다. 즉, 마케팅팀에서 진행하는 브랜드 캠페인은 브랜딩을 구체화하고 브랜드 작업을 하는 기초적인 역할일 뿐이다. 실제로 브랜드는 회사 전체가 제품을 만들고, 고객에게 판매하고, 유지보수를 해주는 전 과정에서 형성되는 가치이다.

B2B 시장에서 진정한 경쟁 우위는 좋은 제품을 만드는 것만으로는 부족하며, 고객이 그 제품의 필요성을 절실히 느낄 때 생기는 것이다. 이것이 바로 디맨드 제너레이션의 핵심이다. 제품과 서비스에 대한 수요를 창출하고 개발하는 일은 B2B 마케팅에서 가장 정교하면서도 전략적인 활동이며, 기업의 지속가능한 성장을 결정하는 핵심 요소이다.

우리 제품에 대한 수요가 없는 것이 아니라 우리가 수요를 제대로 개발하지 못했을 수 있다. 복잡한 의사결정 과정을 가진 B2B 시장에서는 단순한 제품 홍보를 넘어 잠재 고객이 문제를 인식하고, 해결 방안을 탐색하며, 우리 솔루션의 가치를 이해하는 전체 과정을 체계적으로 설계해야 한다.

이 장에서는 디맨드 제너레이션의 개념과 전략적 중요성부터 해외 시장 진출과 신규 시장 개척을 위한 구체적인 방법론까지, 마케터들이 시장에서 진정한 수요를 창출하고 비즈니스 성장의 돌파구를 마련할 수 있는 실무적 접근법을 제시한다.

7장
디맨드 제너레이션 demand generation 캠페인

 브랜드를 탄생시켜 세상에 알리는 일을 마쳤다면, 이제 좀 더 명확하게 마케팅의 역할을 수행해 보자. 회사에서 신규 브랜드를 만드는 일은 몇 년에 한 번 있을까 말까 한 일이지만, 현존하는 다양한 브랜드를 더욱 활성화시켜 매출을 창출해야 하는 일은 항상 해야 하는 일이다. 따라서 두 번째 캠페인인 디맨드 젠과 세 번째인 리드 젠이 B2B 마케터 입장에서는 더 중요하고, 반드시 알아야 한다. 브랜드를 신규로 만들 때는 대형 프로젝트이기 때문에, 사실상 대부분 외주로 진행되므로 내부 마케터는 타임라인에 맞춰 잘 진행되는지 관리하는 것이 주된 역할인 경우가 많다. 하지만 디맨드 젠과 리드 젠은 인하우스 마케터가 항시 해야 하는 일이다.

 이번 장에서는 디맨드 젠과 리드 젠의 차이를 알아보고, 디맨드 젠 캠페인을 구체적으로 진행하기 위해서 준비해야 하는 것들을 알아보고자 한다. 이번 장에서 예시로 들고자 하는 것은 이차 전지 부품 기업이다. 한국의 이차 전지 부품 회사들은 전기차 캐즘에 따른 수요 급감으로 어려움을 겪고 있다. 국내 큰 거래처와의 안정적인 공급 관계가 위축되면서 신규 매출이 필요해져 두 가지 방향으로 전략을 수립하고 있다. 하나는 해외 시장 진출, 다른 하나는 포지셔닝 확대를 통해 성장하고 있는 ESS$^{\text{Energy Storage System, 에너지 저장 시스템}}$ 시장 진출이다.

마케팅팀은 회사의 이런 큰 두 가지 과제를 받아 해외시장을 대상으로 이차전지 잠재 고객을 발굴해야 하고, 자사의 제품을 이차전지 부품이 아니라 ESS 시장의 혁신적인 에너지 솔루션으로 포지셔닝 해 신규 고객을 찾아야 한다.

둘 다 단기간에 성과를 낼 수 있는 과제는 아니지만, 차근차근 준비해 지속가능한 성장을 통해 글로벌 기업이 될 수 있는 발판을 마련하는 초석이 될 작업들이다. 회사의 성장 돌파구를 마련하는 중요한 일이기에 마케터들은 사명감을 갖고 임해야 한다. 이런 회사의 과제를 마케팅팀에서 디맨드 젠으로 어떻게 풀어 낼 수 있는지 이번 장에서 상세하게 정리하고자 한다.

Step_ 1
디맨드 제너레이션 캠페인의 이해

디맨드 제너레이션과 리드 제너레이션의 개념적 차이

디맨드 제너레이션과 리드 제너레이션은 B2B 마케팅의 핵심 개념이지만 많은 마케터들이 두 용어를 혼용하는 경우가 많다. 그러나 이 두 개념 사이에는 분명한 차이가 있으며, 이를 명확히 이해하는 것이

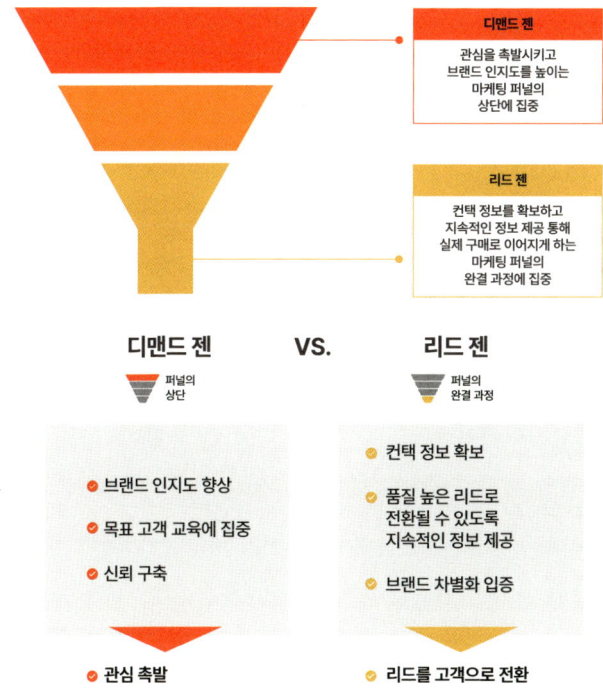

디맨드 젠과 리드 젠의 차이 (출처: 허브스팟 블로그)

효과적인 마케팅 전략 수립에 중요하다.

 리드 제너레이션$^{Lead\ Generation}$은 잠재 고객의 연락처 정보를 수집하는 데 초점을 맞춘 활동이다. 이는 주로 마케팅 퍼널^{Funnel}의 중단에서 하단$^{Mid\ to\ Bottom-funnel}$에 집중하며, 기업 웹사이트를 방문한 사람들의 이메일이나 연락처를 확보하는 것이 주된 목표다. 예를 들면 이차전지 부품 회사가 백서나 기술 자료를 다운로드할 때 연락처를 남기도록 하는 방식이 리드 제너레이션$^{Lead\ Generation}$ 활동에 해당한다.

반면, 디맨드 제너레이션Demand Generation은 더 광범위한 개념으로, 잠재 고객이 특정 제품이나 서비스의 필요성을 인식하게 만드는 전체 프로세스를 의미한다. 단순히 연락처 정보를 수집하는 것을 넘어, 시장에서 우리 제품에 대한 수요 자체를 창출하는 것이 핵심이다. 디맨드 제너레이션은 특히 마케팅 퍼널의 상단Top-funnel에 집중하여 브랜드 인지도 향상과 수요 창출에 중점을 두며, 이는 마케팅 퍼널 전체Full-funnel에 걸친 활동으로 인지에서부터 구매 결정, 나아가 고객 옹호까지 포괄한다.

디맨드 제너레이션은 리드 제너레이션을 포함하는 더 큰 개념이라고 볼 수 있다. 즉, 디맨드 제너레이션이 시장에서 우리 제품의 필요성에 대한 인식을 높이는 활동이라면, 리드 제너레이션은 그러한 인식을 가진 잠재 고객들의 정보를 실제로 수집하는 활동인 것이다.

**B2B 마케팅 트렌드의 진화:
리드 젠에서 디맨드 젠으로**

글로벌 B2B 마케팅 트렌드는 리드 제너레이션에서 디맨드 제너레이션으로 빠르게 진화하고 있다. 이러한 변화는 특히 북미 시장에서 2020년 이후 두드러지게 나타나고 있다. 이런 변화의 배경에는 몇 가지 중요한 요인이 있다.

첫째, B2B 구매 여정이 복잡해졌다. 과거에는 영업 담당자가 잠재 고객과의 첫 접촉부터 주도권을 가졌지만, 오늘날 B2B 구매자들은 영업 담당자와 대화하기 전에 이미 온라인에서 상당한 정보 탐색을 마친 상태다. 가트너^{Gartner}의 연구에 따르면, B2B 구매자들은 공급업체와 직접 만나기 전에 구매 과정의 약 70%를 이미 완료한 상태라고 한다.

둘째, 디지털 환경의 변화다. 코로나19 팬데믹 이후 디지털 채널의 중요성이 더욱 커졌고, 쿠키 기반 타깃팅의 제한과 같은 디지털 마케팅 환경 변화로 인해 단순히 리드를 쌓는 전략보다는 브랜드 인지도와 수요 자체를 높이는 접근법이 더 중요해졌다.

셋째, 주목 경제$^{Attention\ Economy}$의 심화다. 정보 과잉 시대에 고객의 주목을 끌기 위한 경쟁이 치열해지면서 단순히 리드를 수집하는 것보다 제품과 브랜드에 대한 진정한 관심과 수요를 창출하는 것이 더 중요해졌다.

이러한 변화로 B2B 마케팅은 단기적 성과 중심의 리드 제너레이션에서 장기적 가치 창출과 시장 수요 형성에 중점을 둔 디맨드 제너레이션으로 진화하고 있다. 이차전지 부품 기업과 같이 복잡한 의사결정 과정을 가진 B2B 시장에서는 이러한 변화를 이해하고 적용하는 것이 더욱 중요하다.

이차전지 부품 기업의 디맨드 제너레이션 전략

우리가 다루고 있는 이차전지 부품 기업은 전기차 캐즘에 따른 수요 급감으로 어려움을 겪고 있으며, 두 가지 주요 과제에 직면해 있다. 첫째는 해외 시장 진출, 둘째는 ESS(Energy Storage System, 에너지 저장 시스템) 시장으로의 포지셔닝 확대다. 이 두 가지 과제는 모두 디맨드 제너레이션 접근법을 통해 효과적으로 해결할 수 있다.

해외 시장 진출을 위한 디맨드 제너레이션 접근법

해외 시장에서 이차전지 부품에 대한 수요를 창출하기 위해서는 단순히 잠재 고객 리스트를 확보하는 것이 아니라, 해외 시장에서 우리 제품의 가치와 필요성에 대한 인식을 높이는 것이 중요하다. 이를 위한 디맨드 제너레이션 접근법은 다음과 같다.

- 시장별 고유한 문제점 식별 : 먼저 각 해외 시장이 직면한 이차전지 관련 문제와 과제를 명확히 이해해야 한다. 유럽 시장의 경우 엄격한 환경 규제와 지속가능성에 초점을 맞출 수 있고, 북미 시장은 기술적 성능과 비용 효율성에 더 관심이 있을 수 있다. 아시아 시장은 대량 생산 능력과 공급망 안정성을 중요시할 수 있다.

- 시장별 맞춤형 콘텐츠 전략 개발 : 각 시장의 고유한 니즈에 맞춘

콘텐츠를 개발하여 우리 제품이 어떻게 그들의 문제를 해결할 수 있는지를 보여주는 것이 중요하다. 이는 기술 백서, 업계 보고서, 케이스 스터디, 전문가 인터뷰 등 다양한 형태로 제작될 수 있다.

- 글로벌 사고 리더십 구축: 이차전지 기술 분야에서 사고 리더$^{Thought\ Leader}$로서의 위치를 확립하는 것이 중요하다. 이를 위해 국제 학술지 기고, 글로벌 컨퍼런스 및 웨비나 참여, 업계 이슈에 대한 심층적인 분석 제공 등의 활동을 진행할 수 있다.

- 현지화된 디지털 존재감 구축: 각 타깃 시장의 언어와 문화적 특성을 고려한 디지털 자산(웹사이트, 소셜 미디어 채널 등)을 구축해야 한다. 현지 검색 엔진 최적화^{SEO}, AI 엔진 최적화 ^{AEO}와 타깃 시장의 디지털 채널 특성을 고려한 전략이 필요하다.

- 전략적 파트너십 구축: 현지 유통 파트너, 기술 통합 업체, 또는 보완적 제품을 제공하는 기업과의 파트너십을 통해 해외 시장에서의 존재감을 빠르게 확장할 수 있다.

ESS 시장 진출을 위한 디맨드 제너레이션 접근법

ESS$^{Energy\ Storage\ System}$ 시장으로의 포지셔닝 확대는 기존 이차전지 부품에서 ESS용 에너지 솔루션으로 제품 인식을 변화시키는 것이 핵심이다. 이를 위한 디맨드 제너레이션 전략은 다음과 같다.

- 시장 인식 재구성: 우리 제품을 단순한 '이차전지 부품'이 아닌 '에너지 전환을 위한 핵심 솔루션'으로 포지셔닝해야 한다. 이는 브랜드 메시지, 제품 설명, 마케팅 자료 전반에 걸쳐 일관되게 적용되어야 한다.

- ESS 시장의 고유한 가치 제안 개발: ESS 시장에서 우리 제품이 제공하는 고유한 가치를 명확히 정의해야 한다. 이는 에너지 효율성, 장기적 안정성, 지속가능성, 통합 용이성 등 ESS 시장에서 중요시되는 요소를 강조할 수 있다.

- 산업별 적용 사례 개발: 다양한 산업(유틸리티, 상업 건물, 마이크로그리드, 재생에너지 통합 등)에서 우리 제품이 어떻게 ESS 솔루션으로 활용될 수 있는지를 보여주는 구체적인 적용 사례와 시나리오를 개발해야 한다.

- ESS 생태계 참여: ESS 관련 컨퍼런스, 산업 협회, 표준화 이니셔티브 등에 적극적으로 참여함으로써, ESS 커뮤니티 내에서의 존재감을 높이고 네트워크를 구축해야 한다.

- 교육적 콘텐츠 개발 : ESS 시장은 상대적으로 새롭고 빠르게 진화하는 분야이므로 잠재 고객들이 ESS의 기본 개념과 이점을 이해할 수 있도록 돕는 교육적 콘텐츠를 제공하는 것이 중요하다. 이를 통해 시장 발전과 수요 창출을 동시에 이끌 수 있다.

- 지속가능성 연계 : ESS는 지속가능한 에너지 전환의 핵심 요소로 인식되므로 우리 제품의 지속가능성 측면(탄소 발자국 감소, 재생에너지 통합 지원 등)을 강조하는 것이 중요하다.

디맨드 제너레이션의 전략적 접근법

이차전지 부품 기업의 사례에서 볼 수 있듯이 효과적인 디맨드 제너레이션은 단순한 제품 프로모션을 넘어 시장과 고객의 근본적인 니즈에 연결되는 전략적 접근이 필요하다. 디맨드 제너레이션의 핵심 요소는 다음과 같다.

- 고객 중심적 사고 : 제품 기능이 아닌 고객 문제 해결에 초점을 맞추는 것이 중요하다. 이차전지 부품의 경우, 기술적 스펙보다는 어떻게 에너지 효율성, 안정성, 비용 절감 등 고객의 실질적인 문제를 해결하는지에 초점을 맞춰야 한다.

- 교육적 접근 : 특히 혁신적인 기술이나 새로운 시장에서는 잠재 고객에게 관련 지식을 제공하는 교육적 콘텐츠가 중요하다. 이는 백서, 웨비나, 교육 비디오, 블로그 등 다양한 형태로 제공될 수 있다.

- 사고 리더십 : 업계에서 권위 있는 조언자로 인식되는 것이 중요하다. 이는 시장 트렌드 분석, 업계 문제에 대한 독창적 통찰, 미래 방향성 제시 등을 통해 구축할 수 있다.

- 통합적 채널 전략 : 디맨드 제너레이션은 단일 채널에 의존하지 않고, 온라인과 오프라인, 콘텐츠와 이벤트, 소셜 미디어와 이메일 등 다양한 채널을 통합적으로 활용하는 것이 중요하다.

- 장기적 관점 : 디맨드 제너레이션은 단기적인 판매 성과보다는 장기적인 시장 포지셔닝과 브랜드 구축에 초점을 맞춘다. 이차전지 부품 기업의 해외 시장 진출이나 ESS 시장으로의 확장은 모두 장기적인 관점에서 접근해야 할 과제들이다.

- 데이터 기반 의사결정 : 효과적인 디맨드 제너레이션을 위해서는 시장 데이터, 고객 행동 분석, 콘텐츠 성과 측정 등 데이터 기반의 의사결정이 필수적이다.

이러한 디맨드 제너레이션의 전략적 접근법은 필립 코틀러의 『마케팅 6.0』에서 강조하는 몰입형^{immersive} 마케팅 개념과도 일맥상통한다. 코틀러의 『마케팅 6.0』은 디지털과 물리적 경험의 통합, 다중감각적 경험 제공, 고객과의 상호작용적 관계 구축을 강조하는데, 이는 효과적인 디맨드 제너레이션의 핵심 요소들과 일치한다.

이차전지 부품 기업의 해외 시장 진출과 ESS 시장으로의 확장 사례에서 볼 수 있듯이, 오늘날의 B2B 마케팅 환경에서는 단순히 리드를 수집하는 것을 넘어 시장에서의 진정한 수요를 창출하는 디맨드 제너레이션 접근법이 더욱 중요해지고 있다.

글로벌 경쟁 심화, 디지털 전환 가속화, 구매자 여정의 복잡화 등 현대 B2B 마케팅 환경의 변화는 디맨드 제너레이션의 중요성을 더욱 부각시키고 있다. 특히 이차전지 부품과 같이 복잡한 기술 제품과 장기적인 의사결정 과정을 가진 B2B 시장에서는 디맨드 제너레이션이 더욱 필수적이다.

디맨드 제너레이션은 단순한 마케팅 전술이 아닌 전략적 접근법이다. 이는 고객 중심적 사고, 교육적 콘텐츠, 사고 리더십, 통합적 채널 전략, 장기적 관점 등을 통해 시장에서의 진정한 수요를 창출하고, 궁극적으로는 지속가능한 비즈니스 성장을 이끌어내는 핵심 전략이라고 할 수 있다. 다음 섹션에서는 이러한 디맨드 제너레이션 캠페인을 효과적으로 기획하고 실행하기 위한 구체적인 방법론과 전략에 대해 더 자세히 살펴볼 것이다.

Step_ 2
디맨드 제너레이션 캠페인 기획하기

수요 창출을 위한 통합 마케팅 전략 수립

디맨드 제너레이션 캠페인을 성공적으로 기획하기 위해서는 먼저 목표 시장의 잠재적 수요를 체계적으로 분석하고, 전략적인 접근 방법을 수립해야 한다. 특히 이차전지 부품 기업과 같이 새로운 시장 진출이나 포지셔닝 확대를 시도하는 경우에는 더욱 철저한 준비가 필요하다.

목표 시장의 잠재적 수요 분석

목표 시장의 잠재적 수요를 분석하는 것은 디맨드 제너레이션의 첫 단계다. 이차전지 부품 기업이 해외 시장 진출과 ESS 시장으로의 확장을 목표로 한다면, 각 시장별로 다음과 같은 분석이 필요하다.

해외 시장의 경우, 지역별 이차전지 산업 현황, 주요 경쟁사 분석, 규제 환경, 시장 성장 예측 등을 조사해야 한다. 미국 시장은 인플레이션 감축법^{IRA}으로 인한 배터리 미국내 생산 장려 정책이 있고, 유럽은 엄격한 탄소 배출 규제로 인한 전기차 시장 성장이 두드러지며, 동남아시아는 산업화에 따른 에너지 수요 증가로 저장 솔루션에 대한 관심이 높아지고 있다.

ESS 시장의 경우, 다양한 응용 분야별(유틸리티 규모의 저장 시스템, 상업용 건물의 에너지 관리, 재생에너지 통합 등) 시장 규모와 성장률, 주요 고객의 니즈, 기술적 요구사항 등을 분석해야 한다. 특히 기존 이차전지 부품과 ESS용 솔루션 간의 기술적 차이와 적용 가능성을 명확히 이해하는 것이 중요하다.

타깃 고객의 문제 인식 단계 식별

디맨드 제너레이션에서 가장 중요한 요소 중 하나는 타깃 고객이 현재 어떤 문제 인식 단계에 있는지 파악하는 것이다. 이차전지 부품 기업의 경우, 다음과 같은 단계를 고려할 수 있다.

- 문제 인식 전 단계 : 타깃 고객이 아직 문제를 인식하지 못하고 있는 상태. 예를 들어 ESS 시장의 잠재 고객이 에너지 저장의 필요성을 인식하지 못하고 있다.

- 문제 인식 단계 : 고객이 문제를 인식했지만 해결책에 대한 정보가 부족한 상태. 예를 들어 미국의 자동차 제조업체가 배터리 기술의 중요성은 알지만 어떤 옵션이 있는지 충분히 알지 못한다.

- 해결책 탐색 단계 : 고객이 적극적으로 해결책을 탐색하는 단계. 예를 들어 ESS 시스템 개발자가 다양한 배터리 기술을 비교

분석하고 있다.

- 의사결정 단계: 고객이 여러 옵션 중에서 최종 결정을 내리려는 단계. 예를 들어 해외 자동차 제조업체가 몇 가지 이차전지 부품 공급업체 중 하나를 선택하려고 한다.

각 단계에 맞는 디맨드 제너레이션 전략을 수립하는 것이 중요하다. 문제 인식 전 단계의 고객에게는 교육적 콘텐츠를 통해 문제 자체를 인식시키는 것이 중요하고, 의사결정 단계의 고객에게는 경쟁사 대비 차별화된 가치를 명확히 전달하는 것이 중요하다.

디맨드 제너레이션 퍼널 설계

효과적인 디맨드 제너레이션을 위해서는 전체 고객 여정을 고려한 디맨드 제너레이션 퍼널을 설계해야 한다. 이는 전통적인 마케팅 퍼널을 넘어 고객의 인식과 행동 변화를 유도하는 체계적인 접근법이다.

- 인지^{Awareness}: 타깃 고객에게 브랜드와 제품에 대한 인지도를 높이는 단계. 이차전지 부품 기업의 경우, 업계 트렌드 보고서, 기술 백서, 소셜 미디어 콘텐츠 등을 통해 브랜드 인지도를 높일 수 있다.
- 교육^{Education}: 고객에게 산업의 과제와 해결책에 대한 교육을

제공하는 단계. 웨비나, 상세 기술 가이드, 케이스 스터디 등을 통해 문제와 해결책에 대한 이해를 높인다.
- 고려^{Consideration} : 고객이 우리 솔루션을 적극적으로 고려하도록 유도하는 단계. 제품 데모, 맞춤형 ROI 계산기, 무료 컨설팅 등을 제공할 수 있다.
- 선호^{Preference} : 경쟁사 대비 우리 솔루션의 차별화된 가치를 전달하는 단계. 경쟁 분석 자료, 전문가 증언, 상세 성능 비교 등을 활용한다.
- 행동^{Action} : 고객이 실제 구매 결정을 내리도록 유도하는 단계. 맞춤형 제안서, 시범 사용 기회, 특별 프로모션 등을 제공한다.

각 단계별로 적합한 콘텐츠와 채널 전략을 수립하고, 고객이 자연스럽게 다음 단계로 이동할 수 있도록 유도하는 것이 중요하다.

**실질적인 디맨드 제너레이션 전략:
해외 시장 진출 사례**

이차전지 부품 기업이 해외 시장, 특히 미국 시장에 진출하기 위한 구체적인 디맨드 제너레이션 전략을 살펴보자. 현실적으로 한국 기업이 초기 단계에 미국 시장에서 대규모 PR 활동을 진행하기는 어렵다. 실질적인 성과나 레퍼런스 없이 미디어의 관심을 끌기는 쉽지 않기 때문이다. 해외 시장 진출을 위한 디맨드 제너레이션은 단계적 접근이 필요하다. 초기에는 자사가 직접 통제할 수 있는 Owned Media와 예산을 투입하여 효과를 낼 수 있는 Paid Media에 집중해야 한다. 어느 정도 시장 모멘텀이 생겼을 때 Earned Media(언론 보도, 인플루언서 언급 등)를 활용하는 전략이 효과적이다.

Owned Media 전략

- 영문 웹사이트 최적화 : 해외 고객을 위한 영문 웹사이트는 단순한 국문 사이트 번역이 아닌, 해외 시장 타깃 고객의 니즈와 검색 패턴을 고려하여 최적화해야 한다. 특히 미국 시장이 타깃인 경우, 미국 영어 표현과 업계 용어를 사용하고, 국제 표준 단위를 적용하며, 북미 시장의 규제 환경과 관련된 정보를 제공하는 것이 중요하다.

- 웹사이트 : 제작 플랫폼도 중요하다. 한국의 많은 회사들이 사내 개발자를 활용해 자체 개발을 하는 경우가 있는데 이런 경우 확장성에 심각한 문제가 생긴다. 그래서 전 세계에서 가장 많이 사용하는 워드프레스 기반으로 웹사이트를 제작할 것을 추천한다. 이런 플랫폼을 기반으로 웹사이트를 제작해야 쉽고 빠르게 제작이 가능하며, 정기적인 버전 업데이트를 통해 최신의 기능을 담아낼 수 있고, 언어를 더 확장하거나 페이지를 더 추가할 때도 아주 쉽고 빠르게 할 수 있다. 가장 좋은 점은

구글에서 검색이 잘 되는 것이며, 이는 AI가 학습하기에도 좋다는 뜻이다. 사내 개발자를 투입하는 비용이 더 저렴해 보이지만, 유지보수까지 고려하면 전 세계에서 가장 널리 사용되는 플랫폼을 선택하는 것이 좋다.

특히, 해외 시장 진출을 고려한다면 너무나 당연한 결정이다. 최근 워드프레스 기반으로 제작한 웹사이트들이 AEO/SEO 성과가 모두 우수했고, 그 결과 방문자 트래픽도 매우 좋은 성과를 보였다. 물론 콘텐츠가 좋았던 것이 가장 중요한 이유이지만, 워드프레스는 좋은 콘텐츠를 담아내기에도 가장 적절한 툴이다. 국내 마케팅만 생각하는 기업이라면 네이버가 개발한 아이웹도 좋다. 특히 이커머스 결제까지 연결되기 때문에 국내에서 D2C까지 고려하는 B2B 기업에게는 아임웹을 추천한다. 반복 강조하지만 제일 중요한 것은 콘텐츠다.

- 영문 기술 블로그 운영 : 이차전지 기술, 업계 트렌드, 적용 사례 등에 대한 심층적인 영문 블로그를 정기적으로 발행하는 것이 중요하다. 이는 검색 엔진 최적화^{SEO}에도 도움이 되며, 전문성을 알리는 효과적인 방법이다. 블로그를 미디엄 등 다른 플랫폼에서 운영하기 보다는 웹사이트 내에서 운영하는 것을 추천한다. 자주 콘텐츠를 업데이트해야 SEO/AEO가 잘 된다. 적절한 주기로 규칙적으로 올려주는 블로그 콘텐츠가 웹사이트에

있으면 웹사이트 트래픽에도 도움이 되기 때문에 서로 시너지가 난다.

- 영문 소셜 미디어 채널: 링크드인^{LinkedIn}을 중심으로 한 영문 소셜 미디어 채널 운영은 해외 진출의 핵심이다. 링크드인에서는 전문적인 업계 콘텐츠, 회사 소식, 기술 인사이트 등을 정기적으로 공유해야 한다. 특히 글로벌 이차전지 업계의 트렌드나 중요한 이슈에 대한 전문가적 견해를 제시하는 것이 효과적이다.

Paid Media 전략:
링크드인 타깃 광고 활용

링크드인^{LinkedIn}은 B2B 해외 마케팅에서 가장 효과적인 플랫폼 중 하나로, 특히 정교한 타깃팅 옵션이 강점이다. 이차전지 부품 기업이 미국 시장을 공략하기 위해 링크드인 광고를 활용할 때는 다음과 같은 전략이 필요하다.

- 정밀한 직업 타깃팅: 링크드인에서는 전기차 관련 업종 종사자, 배터리 엔지니어, 에너지 저장 시스템 전문가 등 매우 구체적인 직업군을 타깃팅할 수 있다. 직급별(예: CTO, 기술 책임자, R&D 엔지니어), 지역별(예: 미국 내 주요 자동차/배터리 생산 지역), 회사

규모별 등 다양한 조건을 조합하여 정확한 의사결정자에게 도달할 수 있다.

- 콘텐츠 맞춤화: 타깃 그룹별로 관심사와 니즈가 다르므로 광고 콘텐츠도 맞춤화해야 한다. 예를 들어 기술 엔지니어에게는 상세한 기술 사양과 성능 데이터를, 고위 경영진에게는 ROI$^{\text{Return on Investment, 투자 수익률}}$와 전략적 가치를 강조하는 콘텐츠가 효과적이다.

- 점진적 접근 전략: 초기에는 인지도 구축에 중점을 둔 광고(기술 백서, 업계 보고서 등), 이후에는 고려 단계를 위한 광고(제품 비교, 케이스 스터디), 마지막으로 행동 유도를 위한 광고(데모 요청, 컨설팅 제안 등)로 진행하는 것이 효과적이다.

- 광고 형식 다변화: 스폰서드 콘텐츠, 메시지 광고, 동영상 광고, 리드젠 폼 등 링크드인에서 제공하는 다양한 광고 형식을 테스트하여 가장 효과적인 방식을 찾아야 한다.

- A/B 테스트: 다양한 광고 문구, 이미지, CTA$^{\text{Call to Action}}$를 테스트하여 최적의 조합을 찾는 것이 중요하다. 이는 광고 효율성을 극대화하고 비용 대비 효과를 높이는 데 필수적이다.

모멘텀 구축 후 Earned Media 활용

초기 Owned Media와 Paid Media 전략을 통해 어느 정도 시장 인지도와 관심을 확보한 후에는 구체적인 성과와 파트너십을 바탕으로 Earned Media 전략을 추가할 수 있다. 미국 시장에 진출한다는 내용만으로는 미국 매체들이 관심을 보이지 않아 초기 PR 시도 시 기대만큼 성과가 나오지 않는다는 불만이 많다. 미국 매체는 보도자료를 그대로 기사화하지 않으며, 모든 기사가 기획 기사이므로 낯선 해외 업체를 위해 별도 기획을 작성할 여력이 없다. 미국에서 보도자료는 모두 뉴스와이어와 비즈니스와이어 등 와이어서비스와 API연동을 통해 자동 게재하는 방식으로 진행된다. 보도자료만으로는 피칭이 어려운 나라임을 감안해야 한다.

- 현지 파트너십 중심 PR: 현지 기업과의 파트너십, 기술 협약, 공동 개발 등의 뉴스는 미디어의 관심을 끌기 쉽다. 해외 파트너와 함께하는 공동 PR은 단독으로 하는 것보다 훨씬 효과적이다. 실제로 국내 물류기업이 아르헨티나 파트너를 통해 아르헨티나와 우루과이에 진출했는데, 이 소식은 실제로 현지 미디어의 관심을 받으며 기사화가 되었다. 단독 기사보다는 현지 파트너와의 공동 PR을 기획하는 게 효과적이다.

- 성공 사례 중심 접근: 실제 고객 사례, 특히 잘 알려진 기업과의

협업 사례는 PR 가치가 높다. 성공적인 파일럿 프로젝트나 상용화 사례가 있다면 이를 중심으로 PR 활동을 전개할 수 있다.

- 전문 컨퍼런스 및, 업계 이벤트 참여 : 미국 내 주요 배터리, 에너지 저장, 전기차 관련 컨퍼런스와 트레이드 쇼에 연사나 전시자로 참여하는 것은 효과적인 PR 기회를 제공한다. 현장에서 잘 준비된 부스는 현지 기자와 인플루언서들이 방문해 소개해 주는 경우도 있기 때문에 뜻밖의 행운을 만날 수도 있다.

- 현지 PR 회사 활용 : 미국을 포함해 해외 시장에서 PR 활동을 할 때는 현지 미디어 생태계와 업계 관계를 잘 아는 전문 PR 회사의 도움을 받는 것이 효과적이다. 한 나라가 아니라 여러 나라로 진출할 때는 한국의 PR 회사를 허브 에이전시로 선정하여 글로벌 업무를 관리하게 하면 효율적이다. 한국 내 담당자는 한국어로 소통하고, 허브 PR 회사가 알아서 다른 나라를 다 관리하고, 소통하고, 결과를 취합하는 역할을 해 주기 때문에 커뮤니케이션이 최적화될 수 있고, 담당자의 시간을 크게 아낄 수 있다. 허브 PR 회사를 쓴다고 모든 나라를 다 같은 브랜드의 회사로 고용할 필요는 없다. 각 회사의 지역마다 전문분야가 다르다. 따라서 허브 에이전시는 현지에서

최적의 PR 회사를 선정하는 데에도 상당한 시간을 투입하게 된다.

ESS 시장 진출을 위한 디맨드 제너레이션 전략

이차전지 부품 기업이 ESS 시장으로 포지셔닝을 확장하기 위한 디맨드 제너레이션 전략은 해외 시장 진출 전략과는 다른 접근이 필요하다. 이는 기존 제품의 새로운 응용 분야 개발이라는 측면에서 다음과 같은 전략이 효과적이다.

특히, 해당 제품이나 솔루션의 영역을 확장할 때는 좀 더 과감하고 담대한 생각을 하면 좋겠다. 한참 테슬라가 잘 나갈 때 테슬라 웹사이트에 들어가면 전기차 이야기는 거의 없었다. 테슬라는 기업의 비전을 통합 에너지 솔루션 회사로 크게 설정하고 전기차를 하나의 제품이라고 생각해 웹사이트에서는 에너지 관련 내용이 더 많았다.

그러나 최근 전기차가 잘 안팔리면서 웹사이트의 상당 부분을 전기차와 충전기 내용에 할애한다. 특히, 충전기가 없어 전기차를 사지 않는다는 조사결과들이 많이 나오면서 충전소 지도와 충전소 찾기 기능을 크게 강화했다. 이처럼 회사의 메시지 강약과 웹사이트의 콘텐츠 등은 기업의 전략적 방향성과 맥을 같이 한다.

시장 교육 중심 접근

ESS 시장은 전기차 시장보다 상대적으로 새롭고 다양한 적용 분야가 있으므로 잠재 고객에게 ESS의 기본 개념과 이점, 그리고 우리 제품의 적용 가능성에 대한 교육이 중요하다.

- 산업별 교육 자료 개발: 유틸리티, 상업 건물, 재생에너지 발전소 등 다양한 산업별로 ESS 적용의 구체적 이점과 ROI를 보여주는 교육 자료를 개발해야 한다.

- 웨비나 시리즈 운영: 'ESS의 미래', 'ESS 기술 비교', 'ESS 구현 사례' 등의 주제로 정기적인 웨비나를 진행하여 잠재 고객들에게 지식을 전달하고 리드를 확보할 수 있다.

- 기술 백서 및 가이드북 발행: ESS 시장의 기술적, 경제적, 정책적 측면을 다루는 심층적인 백서와 가이드북을 발행하여 전문성을 알리고 교육 자료로 활용한다.

적용 사례 중심 콘텐츠

ESS 시장의 잠재 고객들은 실제 적용 사례와 성과에 큰 관심을 가지므로 사례 중심의 콘텐츠가 효과적이다. 그렇지만 아직 사례가 없다고 걱정할 필요도 없다. 구축사례면 제일 좋지만 아직 없다면 적용 시나리오라는 방법론이 있다. 해당 솔루션과 제품, 서비스를 구매해 잘 사용하는 고객들의 이야기를 성공사례, 구축사례라고 부르는데, 아직 없다면 개발자이자 판매자 입장인 브랜드가 가상의 적용 가능한 이상적인 사례들을 소개하면서 잠재고객들을 넛지$^{Nudge,\ 부드러운\ 개입;}$ $^{을\ 의미하는\ 행동경제학\ 개념}$ 할 수 있다.

- 파일럿 프로젝트 개발 및 문서화: 다양한 산업 분야에서 우리 제품을 활용한 파일럿 프로젝트를 진행하고, 이를 상세히 문서화하여 마케팅 자료로 활용한다.

- ROI 계산기 개발: 잠재 고객이 자신의 상황에 맞게 ESS 도입 시 기대할 수 있는 ROI를 계산할 수 있는 인터랙티브 도구를 제공한다.

- 비디오 케이스 스터디: 실제 ESS 설치 현장, 운영 데이터, 고객 인터뷰 등을 포함한 비디오 형식의 케이스 스터디는 매우 효과적인 설득 도구가 될 수 있다.

디지털 마케팅 활용

ESS 시장은 디지털 채널을 통한 정보 검색과 학습이 활발한 분야이므로 효과적인 디지털 마케팅 전략이 중요하다.

- SEO 최적화: 'ESS 배터리 솔루션', '산업용 에너지 저장', '그린 에너지 저장 시스템' 등 ESS 관련 키워드에 대한 SEO 최적화를 통해 검색 엔진에서의 가시성을 높인다.

- 타깃 디지털 광고: 구글애드$^{Google\ Ads}$, 링크드인 등을 통해 ESS 관련 의사결정자들에게 타깃팅된 광고를 집행한다. 특히 특정 산업이나 응용 분야에 맞춘 메시지가 효과적이다.

- 인터랙티브 콘텐츠: 가상 ESS 시스템 설계 도구, 에너지 절약 시뮬레이터 등 사용자 참여형 콘텐츠는 잠재 고객의 관심을 끌고 교육하는 데 효과적이다.

고객 여정 매핑과 의사결정 프로세스 분석

효과적인 디맨드 제너레이션을 위해서는 타깃 고객의 여정과 의사결정 프로세스를 정확히 이해하는 것이 중요하다. 이는 각 단계별로 적합한 콘텐츠와 접근 방법을 설계하는 데 핵심적인 요소다.

B2B 구매 의사결정 과정 이해

B2B 구매 의사결정 과정은 B2C와 달리 복잡하고 시간이 오래 걸리며, 여러 이해관계자가 관여한다. 이차전지 부품이나 ESS 솔루션과 같은 복잡한 기술 제품의 경우 더욱 그렇다.

단계	내용
문제 인식	고객이 현재 상황의 문제점(에너지 비용 증가, 전력 공급 안정성 문제 등)을 인식하고 해결책을 찾기 시작하는 단계다. 이 단계에서는 산업 트렌드 보고서, 벤치마킹 연구, 문제 중심 백서 등이 효과적이다.
정보 수집	고객이 다양한 해결책과 공급업체에 대한 정보를 수집하는 단계다. 제품 비교 가이드, 기술 사양 문서, 웨비나 등이 유용하다.
평가	수집된 정보를 바탕으로 옵션을 평가하는 단계다. 이 단계에서는 상세한 사례 연구, ROI 분석, 전문가 의견이 중요하다.
구매 승인	최종 결정을 내리고 예산을 확보하는 단계다. 이 단계에서는 맞춤형 제안서, 상세한 ROI 계산, 리스크 완화 전략 등이 효과적이다.
구현 및 평가	구매 후 실제 구현과 성과 평가 단계다. 이 단계에서의 성공은 향후 추가 판매와 고객 옹호로 이어질 수 있으므로, 철저한 지원과 성과 측정이 중요하다.

의사결정자와 영향력 행사자 매핑

B2B 구매 과정에는 다양한 역할을 가진 여러 이해관계자가 관여한다. 효과적인 디맨드 제너레이션을 위해서는 이들을 정확히 파악하고 각각에 맞는 접근법을 설계해야 한다.

이해관계자	접근법
기술 평가자	제품의 기술적 적합성을 평가하는 역할을 한다. 이들에게는 상세한 기술 문서, 테스트 결과, 기술 사양 등이 중요하다.
최종 사용자	실제 제품을 사용하게 될 사람들이다. 이들에게는 사용 편의성, 유지보수 요구사항, 교육 지원 등이 중요하다.

경제적 구매자	예산과 재무적 측면을 담당하는 역할이다. 이들에게는 ROI 분석, TCO(총소유비용) 계산, 재무적 이점 등이 중요하다.
최종 의사결정자	최종 결정권을 가진 사람으로, 보통 고위 경영진이 맡는다. 이들에게는 전략적 가치, 비즈니스 임팩트, 경쟁 우위 등의 측면이 중요하다.
영향력 행사자	직접적인 결정권은 없지만 의사결정에 영향을 미치는 사람들이다. 업계 전문가, 컨설턴트, 기존 공급업체 등이 이에 해당할 수 있다.

각 역할별로 정보 요구사항과 소통 선호도가 다르므로, 이에 맞는 콘텐츠와 채널 전략을 수립해야 한다.

이차전지 부품 기업의 해외 시장 진출과 ESS 시장 확장 사례를 통해 살펴본 바와 같이, 성공적인 디맨드 제너레이션 캠페인 기획을 위해서는 다음과 같은 요소가 중요하다.

- 철저한 시장 분석: 목표 시장의 특성, 고객 니즈, 경쟁 환경, 규제 상황 등을 철저히 분석하는 것이 첫 단계다.

- 명확한 가치 제안: 타깃 고객에게 제공하는 고유한 가치를 명확히 정의하고 이를 효과적으로 전달해야 한다.

- 단계적 접근: 특히 해외 시장 진출과 같은 도전적인 과제는 Owned Media와 Paid Media를 중심으로 한 단계적 접근이

필요하다.

- 콘텐츠 중심 전략: 고품질의 교육적, 전문적 콘텐츠는 디맨드 제너레이션의 핵심이다. 특히 링크드인과 같은 전문 플랫폼을 활용한 콘텐츠 배포가 중요하다.

- 타깃팅 정밀화: 특히 B2B 마케팅에서는 의사결정 과정에 관여하는 다양한 역할을 정확히 타깃팅하는 것이 중요하다.

- 지속적인 최적화: 데이터 분석을 통해 캠페인 성과를 지속적으로 모니터링하고 최적화하는 것이 중요하다.

- 장기적 관점: 디맨드 제너레이션은 단기적 판매 성과보다는 장기적인 시장 수요 창출과 브랜드 구축에 초점을 맞추어야 한다.

이러한 요소들을 종합적으로 고려하여 디맨드 제너레이션 캠페인을 기획한다면, 이차전지 부품 기업의 해외 시장 진출과 ESS 시장 확장이라는 도전적인 과제를 성공적으로 수행할 수 있다.

Step_ 3
디맨드 제너레이션 캠페인 실행하기

통합적 콘텐츠 전략 수립

디맨드 제너레이션 캠페인을 효과적으로 실행하기 위해서는 체계적인 콘텐츠 전략이 필수적이다. 특히 이차전지 부품 기업이 해외 시장 진출과 ESS 시장으로의 확장을 목표로 할 때, 콘텐츠는 시장 수요를 창출하는 핵심 도구가 된다.

콘텐츠 마케팅을 통한 수요 창출 접근법

디맨드 제너레이션에서 콘텐츠 마케팅의 목적은 단순한 제품 홍보를 넘어, 잠재 고객의 문제 인식부터 구매 결정까지 전체 여정을 지원하는 것이다. 이를 위해서는 다음과 같은 접근이 필요하다.

- **고객 중심 콘텐츠**: 제품 기능이 아닌 고객 문제 해결에 초점을 맞춘 콘텐츠를 개발해야 한다. 이차전지 부품의 경우, 기술적 스펙보다는 그것이 어떻게 고객의 에너지 효율성, 안정성, 지속가능성 목표 달성에 도움이 되는지를 강조해야 한다.

- **스토리텔링 접근**: 기술 제품이라도 감성적, 스토리텔링 접근이 효과적이다. 예를 들어 이차전지 부품이 어떻게 탄소 중립화에

기여하는지, ESS 시스템이 어떻게 재생에너지의 안정적 통합을 돕는지 등의 스토리를 통해 공감을 얻을 수 있다.

- **사고 리더십 콘텐츠**: 업계 트렌드, 미래 전망, 정책 분석 등 사고 리더십을 보여주는 콘텐츠는 브랜드 신뢰도와 권위를 높이는 데 중요하다. 예를 들어 '글로벌 에너지 저장 시장 2030 전망' 같은 주제로 심층 보고서를 발행할 수 있다.

- **협업 콘텐츠**: 업계 전문가, 연구 기관, 파트너 기업 등과의 협업을 통한 콘텐츠는 더 넓은 관점과 신뢰도를 제공한다. 예를 들면, 유명 연구소와 공동으로 배터리 기술 트렌드 보고서를 발행하는 것이 효과적이다. 더 나아가서는 IDC, 가트너, 포레스트 리서치 등 글로벌 시장에서 인정해주는 조사기관에 우리 회사가 가장 강점을 가지고 있는 영역의 조사를 의뢰해 우리 회사의 위상을 객관적으로 평가 받는 것도 좋다. 발표되는 조사에 언급되는 것도 좋지만, 적극적으로 영역을 만들고 스스로 언급되게 하는 적극적인 마케팅 활동을 추천한다. 마케팅은 결국 얼마나 적극적으로 가능성을 타진해 보는지가 역량일 수 있다. '리더'에 있는 다른 회사를 부러워 하지 말고, 우리 회사가 강점이 있는 영역도 보고서가 나올 수 있도록 적극성을 갖고 추진하는 것이 필요하다.

단계별 콘텐츠 유형과 포맷 설계

디맨드 제너레이션 퍼널의 각 단계별로 적합한 콘텐츠 유형과 포맷을 설계하는 것이 중요하다.

인지 Awareness 단계

- 업계 트렌드 보고서 : '글로벌 전기차 시장의 미래', 'ESS 시장 성장 동향' 등
- 짧은 교육 비디오 : '이차전지 기술 기초 이해하기', 'ESS가 필요한 5가지 이유' 등
- 인포그래픽 : '숫자로 보는 에너지 전환', '이차전지 산업 생태계' 등
- 소셜 미디어 콘텐츠 : 업계 뉴스, 통계, 흥미로운 사실 등을 공유

탐색 Consideration 단계

- 심층 기술 백서 : '차세대 이차전지 기술 비교', 'ESS의 ROI 분석' 등
- 웨비나 : '이차전지 기술의 현재와 미래', 'ESS 구현 사례 연구' 등
- 케이스 스터디 : '글로벌 자동차 제조업체의 배터리 전략', 'ESS를 통한 에너지 비용 절감 사례' 등
- 비교 가이드 : '이차전지 기술 유형별 장단점', 'ESS 솔루션 비교' 등

결정 Decision 단계

- 상세 제품 문서: 기술 사양서, 구현 가이드, 유지보수 매뉴얼 등
- ROI 계산기: 고객이 자신의 상황에 맞게 투자 수익을 계산할 수 있는 도구
- 맞춤형 제안서: 고객의 구체적인 니즈와 상황에 맞춘 상세 솔루션 제안
- 참조 고객 증언: 유사한 상황에 있는 기업의 성공 사례와 증언

행동 Action 단계

- 제품 데모 및 샘플: 실제 제품의 성능과 품질을 직접 경험할 수 있는 기회
- 파일럿 프로젝트 제안: 규모를 줄인 시범 사업을 통해 리스크를 낮추는 접근
- 특별 프로모션: 초기 도입 고객을 위한 특별 조건이나 지원
- 구현 로드맵: 제품 도입부터 운영까지의 상세한 단계별 안내

옹호 Advocacy 단계

- 고객 성공 스토리: 실제 고객의 성공적인 구현과 성과를 소개하는 콘텐츠
- 사용자 커뮤니티: 기존 고객들이 경험과 모범 사례를 공유할 수 있는 플랫폼

- 지속적 교육 자료: 고객이 제품을 더 효과적으로 활용할 수 있는 심화 교육 자료
- 공동 개발 기회: 고객과 함께 새로운 기능이나 응용 분야를 개발하는 프로그램

이차전지 부품 및 ESS 솔루션을 위한 콘텐츠 예시

이차전지 부품 기업이 해외 시장 진출과 ESS 시장 확장을 위한 콘텐츠 전략을 구체적으로 살펴보자.

해외 시장 진출을 위한 콘텐츠
- '글로벌 배터리 공급망 동향과 지역별 특성' 백서
- '북미 전기차 시장에서의 이차전지 기술 요구사항' 인포그래픽
- '유럽 배터리 규제 환경과 대응 전략' 웨비나
- '글로벌 자동차 OEM의 배터리 기술 선정 기준' 심층 보고서
- '해외 성공 사례: 글로벌 전기차 제조사와의 협력' 비디오 시리즈

ESS 시장 확장을 위한 콘텐츠:
- 'ESS용 이차전지 기술의 진화' 타임라인 인포그래픽
- 에너지 저장의 경제성: ESS 투자 수익 분석 계산기
- '산업별 ESS 활용 사례' 웨비나 시리즈

- '재생에너지 통합을 위한 배터리 솔루션' 기술 가이드
- 'ESS의 미래: 그리드 안정성에서 마이크로그리드까지' 전문가 패널 토론

이와 같이 이차전지 부품 기업은 해외 시장과 ESS 시장의 특성에 맞는 맞춤형 콘텐츠를 개발하여 각 시장에서의 수요를 효과적으로 창출할 수 있다.

채널별 디맨드 제너레이션 전략

효과적인 디맨드 제너레이션을 위해서는 다양한 채널을 전략적으로 활용해야 한다. 각 채널은 고유한 특성과 장점이 있으며, 이를 통합적으로 활용하여 시너지를 창출하는 것이 중요하다.

Owned Media: 웹사이트, 블로그, 소셜 미디어

Owned Media는 기업이 직접 소유하고 통제할 수 있는 미디어 채널로 디맨드 제너레이션의 기반이 된다.

- 웹사이트: 디맨드 제너레이션의 중심 허브 역할을 한다. 이차전지 부품 기업의 경우, 제품별 특화 페이지, 산업별 솔루션 페이지, 지식 센터, 리소스 라이브러리 등을 포함해야 한다. 특히 해외 진출을 위해서는 다국어 지원과 지역별 최적화가 중요하다.

- 최적화 전략: 사용자 경험^{UX} 최적화, 모바일 대응성, 페이지 로딩 속도 개선, 검색 엔진 최적화^{SEO}, 전환율 최적화^{CRO} 등을 지속적으로 관리해야 한다.

- 블로그: 정기적인 전문 콘텐츠를 통해 사고 리더십을 구축하는 채널이다. 이차전지와 ESS 관련 기술 트렌드, 업계 분석, 사례 연구 등을 심층적으로 다루는 콘텐츠를 정기적으로 발행해야 한다.

- 콘텐츠 카테고리: '기술 인사이트', '업계 트렌드', '적용 사례', '전문가 인터뷰' 등의 카테고리로 체계적으로 구성하는 것이 좋다.

- 소셜 미디어: B2B 마케팅에서 가장 효과적인 소셜 미디어 채널은 플랫폼별 특성에 맞게 활용해야 한다.

- 링크드인: B2B 디맨드 제너레이션의 핵심 채널로 전문적인 콘텐츠와 업계 네트워킹에 최적화되어 있다. 정기적인 기술 인사이트, 회사 소식, 업계 분석, 채용 정보 등을 공유하며, 경영진의 사고 리더십 콘텐츠도 효과적이다.

- 트위터$^{Twitter(X)}$: 실시간 업계 소식, 기술 트렌드, 컨퍼런스 참여 등을 공유하기에 적합하다. 해시태그를 활용한 업계 대화 참여와 주요 인플루언서와의 소통이 중요하다.

- 유튜브 : 복잡한 기술을 시각적으로 설명하는 데 유용한 채널이다. 제품 데모, 기술 설명, 웨비나 녹화본, 고객 인터뷰 등의 비디오 콘텐츠를 제작할 수 있다.

==Earned Media : PR, 인플루언서, 업계 리더십==

Earned Media는 제3자의 인정과 언급을 통해 얻는 노출로 높은 신뢰도를 제공한다. 앞서 언급했듯이, 특히 해외 시장에서는 초기에 Earned Media를 얻기 어려울 수 있으므로 단계적 접근이 필요하다.

- 업계 미디어 관계 : 이차전지와 에너지 저장 분야의 전문 매체와 관계를 구축하는 것이 중요하다. 뉴스 가치가 있는 보도자료 배포, 전문가 기고, 인터뷰 제안 등을 통해 미디어 관심을 유도할 수 있다.

- 언급할 만한 뉴스거리 : 신제품 출시, 주요 파트너십 체결, 중요 인증 획득, 혁신적 연구 결과, 대규모 프로젝트 수주 등은 좋은 PR 소재가 된다.

- 인플루언서 협업: 업계 전문가, 기술 블로거, 학계 연구자 등 영향력 있는 인물과의 협업을 통해 신뢰도를 높일 수 있다. 게스트 블로깅, 공동 웨비나, 전문가 인터뷰, 제품 리뷰 등의 형태로 협업할 수 있다.

- 어워드 및 인증: 업계 어워드 응모, 품질 인증 획득, 표준화 단체 참여 등을 통해 공신력을 얻고 이를 PR에 활용할 수 있다.

- 컨퍼런스 및 이벤트 참여: 주요 업계 컨퍼런스에서의 연사 활동, 패널 토론 참여, 전시 부스 운영 등은 전문성을 알리고 미디어 관심을 얻는 좋은 기회다.

Paid Media: 타깃 광고, 스폰서십, 유료 콘텐츠 배포

Paid Media는 예산을 투입하여 타깃 고객에게 도달하는 채널로 특히 초기 단계에서 인지도를 빠르게 높이는 데 중요하다.

- 링크드인 광고: B2B 마케팅에서 가장 효과적인 광고 플랫폼 중 하나로, 다양한 형태의 광고가 가능하다.

- 스폰서드 콘텐츠: 기업 페이지의 콘텐츠를 타깃 그룹에게 노출시키는 방식

- 메시지 광고: 직접 타깃 고객의 링크드인 메시지함으로 메시지를 보내는 방식

- 다이내믹 광고: 타깃의 프로필 정보에 맞춰 자동으로 콘텐츠를 최적화하는 광고

- 리드젠 폼: 광고를 클릭하면 자동으로 연락처 정보를 수집하는 양식이 나타나는 방식

- Google Ads: 검색 광고와 디스플레이 네트워크를 활용하여 관련 키워드를 검색하는 잠재 고객에게 도달할 수 있다. 특히 '이차전지 부품 공급업체', 'ESS 솔루션' 등 구체적인 의도가 있는 키워드에 초점을 맞추는 것이 효과적이다.

- 전문 매체 광고: 이차전지, 에너지 저장, 자동차 기술 등 관련 분야의 전문 매체에 광고를 게재하는 것은 타깃팅 효율이 높다. 디지털 배너 광고, 스폰서드 콘텐츠, 뉴스레터 광고 등 다양한 형태가 가능하다. 특히, 미국 및 싱가폴 등의 매체들은 유료 서비스의 패키지가 체계적으로 잘 정리되어 있다. 매체의 광고국에 연락해 최신 패키지를 요청하면 일부 콘텐츠 신디케이션을 포함한 광고 상품을 제공해 주며, 상품에 따라

최소 임프레이션 및 리치를 보장하기 때문에 초기 단계에서는 효과적인 활용 방안이다. 상품에 따라 콘텐츠를 매체의 에디터가 직접 작성을 해 주기 때문에, 해외 시장에 딱 맞는 좋은 콘텐츠를 만들 수 있다는 장점도 있다. 전문 매체의 기사 및 광고 패키지와 아래에 있는 콘텐츠 신디케이션을 혼합해서 활용하면 효과적이며, 특히 전문지가 진행하는 이벤트에 스폰서십을 제공하여 이 모든 패키지를 한번에 활용하면 임팩트 있는 결과를 만들 수 있기 때문에 효과적이다. 실제로 미국 및 일본 등 분야별 전문지가 잘 발달된 나라에서는 전문지와의 협업을 통해 우리가 원하는 목표 공중에 손쉽게 도달할 수 있다. 이런 매체들이 소셜미디어 채널도 운영하기 때문에 이 종합적인 패키지를 필요 시 잘 활용하면 큰 도움을 받을 수 있다.

- 콘텐츠 신디케이션: 제3자 또는 외부업체[3rd-party] 콘텐츠 플랫폼을 통해 자사의 콘텐츠를 더 넓은 독자층에게 배포하는 방식이다. 예를 들어 주요 기술 백서나 산업 보고서를 전문 콘텐츠 신디케이션 플랫폼을 통해 배포할 수 있다.

- 이벤트 스폰서십: 주요 업계 컨퍼런스, 웨비나, 네트워킹 이벤트 등의 스폰서가 되는 것은 브랜드 인지도를 높이는 효과적인 방법이다. 특히 스피킹 기회나 전시 부스가 포함된 스폰서십

패키지가 효과적이다.

이차전지 부품 및 ESS 솔루션을 위한 효과적 채널 믹스

이차전지 부품 기업의 해외 시장 진출과 ESS 시장 확장을 위한 효과적인 채널 믹스를 살펴보자.

==해외 시장 진출을 위한 채널 전략==
- 현지화된 다국어 웹사이트와 SEO 최적화
- LinkedIn을 활용한 타깃 자동차/배터리 업계 의사결정자 광고
- 주요 국제 배터리/전기차 컨퍼런스 참가 및 발표
- 글로벌 배터리 산업 매체에 기고 및 광고
- 국제 배터리 협회 및 표준화 단체 활동 참여

==ESS 시장 확장을 위한 채널 전략==
- ESS 특화 섹션이 포함된 웹사이트 개발
- 유틸리티, 신재생에너지, 상업 건물 등 산업별 타깃 캠페인
- 에너지 저장 전문 웨비나 시리즈 운영
- ESS 관련 기술 포럼 및 업계 행사 스폰서십
- 에너지 전환 및 지속가능성 관련 매체에 전문가 기고

이처럼 이차전지 부품 기업은 각 목표 시장의 특성에 맞는 채널 전

략을 수립하고, Owned, Earned, Paid Media를 통합적으로 활용하여 시너지를 창출해야 한다. 미디어 간의 경계가 허물어진 시대이기 때문에 통합적으로 잘 이용해 임팩트를 만드는 데 주력하는 것이 가장 좋다.

디맨드 제너레이션 워크플로우 구축

디맨드 제너레이션 캠페인을 효과적으로 실행하기 위해서는 체계적인 워크플로우를 구축하는 것이 중요하다. 특히 B2B 환경에서는 마케팅과 영업 부서 간의 긴밀한 협력이 성공의 열쇠다.

마케팅-영업 연계 Marketing-Sales Alignment

마케팅과 영업의 정렬은 디맨드 제너레이션의 핵심 요소로, 두 부서가 공통된 목표와 프로세스를 가지고 협력할 때 최상의 결과를 얻을 수 있다. 현실에서는 이게 잘 안되기 때문에 RevOps 같은 통합 개념이 나오는 것이다. 이런 통합 개념을 내세우지 않고도 마케팅이 잘 리딩해 영업과의 협업을 이끌어내면 동일한 효과를 만들어 낼 수 있다.

- 공동 목표 설정 : 마케팅과 영업이 공동으로 합의한 목표 SLA, Service Level Agreement 를 수립해야 한다. 예를 들어 마케팅은 월간 몇 개의 MQL Marketing Qualified Lead 을 제공할 것이며, 영업은 이 중 몇 %를

SQL $^{\text{Sales Qualified Lead}}$로 전환할 것인지 합의한다.

- 리드 정의 및 스코어링 시스템: 마케팅과 영업이 함께 MQL과 SQL의 기준을 명확히 정의하고, 리드 스코어링 시스템을 구축해야 한다. 이차전지 부품 기업의 경우, 업종, 직급, 회사 규모, 웹사이트 행동 패턴 등을 고려한 스코어링 모델을 개발할 수 있다.

- 리드 핸드오프 프로세스: 마케팅에서 발굴한 리드가 영업팀으로 원활하게 전달되는 프로세스를 구축해야 한다. 리드 전달 시점, 방법, 포함될 정보 등을 명확히 규정하고, 영업팀의 피드백 메커니즘도 마련해야 한다. 이 부분이 잘 되기 위해서는 인사이드 세일즈 조직이 중요하다. 인사이드 세일즈가 충분한 검증을 거쳐 영업팀에 넘겨줘야 영업팀의 소중한 시간이 낭비되지 않는다. 인사이드 세일즈에 대한 자세한 내용은 리드젠에서 다시 다루도록 하겠다.

- 정기적 소통 구조: 마케팅과 영업 간의 정기적인 미팅을 통해 캠페인 성과, 리드 품질, 시장 피드백 등을 공유하고 전략을 조정하는 시스템이 필요하다. 주간 상태 미팅, 월간 성과 리뷰, 분기별 전략 조정 미팅 등의 구조를 마련할 수 있다.

- 공유 데이터 및 인사이트: 마케팅이 수집한 시장 트렌드, 경쟁 정보, 고객 행동 데이터 등을 영업팀과 공유하고, 영업팀은 고객 미팅에서 얻은 피드백과 인사이트를 마케팅과 공유하는 체계가 필요하다.

자동화 시스템 활용 방안

디맨드 제너레이션의 효율성과 확장성을 높이기 위해 다양한 마케팅 자동화 도구를 전략적으로 활용할 수 있다.

- 마케팅 자동화 플랫폼: HubSpot, Marketo, Pardot (Salesforce) 등의 마케팅 자동화 플랫폼은 이메일 캠페인, 랜딩 페이지, 리드 스코어링, 워크플로우 자동화 등을 통합적으로 관리할 수 있게 해준다. 특히 B2B 기업에서는 복잡한 구매 여정을 자동화된 워크플로우로 관리하는 것이 중요하다.

- CRM 시스템 연동: 마케팅 자동화 플랫폼과 CRM 시스템 (Salesforce, Microsoft Dynamics 등)의 연동을 통해 리드 정보와 활동 내역이 영업팀에 실시간으로 전달되도록 해야 한다. 이는 마케팅-영업 연계의 핵심 인프라다.

- 콘텐츠 관리 시스템(CMS): 다양한 콘텐츠 자산을 효율적으로

관리하고 웹사이트와 통합하기 위해 강력한 CMS가 필요하다. WordPress, Drupal 등의 오픈소스 시스템부터 HubSpot CMS, Adobe Experience Manager 같은 엔터프라이즈 솔루션까지 기업의 규모와 니즈에 맞게 선택할 수 있다.

- 소셜 미디어 관리 도구: 스프링클러^{Sprinklr}, Hootsuite, Buffer, Sprout Social 등의 도구를 활용하여 다양한 소셜 미디어 채널의 콘텐츠를 일관되게 관리하고 성과를 측정할 수 있다. 가장 많이 사용하는 툴인 스프링클러는 소셜미디어 관리 기능뿐만 아니라 더 광범위한 고객 경험 관리 기능을 제공한다. Sprout Social이나 Hootsuite, Buffer가 주로 소셜미디어 관리에 초점을 맞추는 반면, 스프링클러는 소셜미디어 관리, 고객 서비스, 마케팅, 광고, 리서치 등을 포함한 통합 플랫폼을 제공하며 시장에서 사용할 수 있는 인력의 풀도 가장 넓은 편이다. 다만, 스프링클러는 대규모 기업을 위한 엔터프라이즈급 솔루션으로 포지셔닝되어 있다보니 다른 도구들보다 더 포괄적인 기능을 갖추고 있어 일반적으로 가격대도 높은 편이다.

- 이메일 마케팅 플랫폼: 타깃팅된 이메일 캠페인은 디맨드 제너레이션의 중요한 구성 요소다. Mailchimp, Constant Contact, SendGrid 등의 도구를 활용하여 개인화된 이메일

커뮤니케이션을 자동화할 수 있다.

- 웨비나 및 이벤트 플랫폼: ON24, Zoom, GoToWebinar 등의 플랫폼을 활용하여 웨비나와 가상 이벤트를 진행하고, 참가자 데이터를 마케팅 자동화 시스템에 통합할 수 있다.

- 데이터 분석 도구: Google Analytics, Tableau, Power BI 등의 도구를 활용하여 디맨드 제너레이션 캠페인의 성과를 체계적으로 분석하고 의사결정에 활용할 수 있다.

실제로는 사용하는 도구가 너무 많아 편리하기도 하지만 불편할 때도 있다.

실시간 모니터링 및 최적화 체계

디맨드 제너레이션 캠페인을 효과적으로 실행하기 위해서는 실시간 모니터링과 지속적인 최적화 체계가 필요하다.

- KPI 대시보드 구축: 핵심 성과 지표[KPI]를 실시간으로 모니터링할 수 있는 대시보드를 구축해야 한다. 이차전지 부품 기업의 경우, 웹사이트 트래픽, 콘텐츠 소비, 리드 생성, MQL 전환율, 영업 기회 창출 등의 지표를 추적할 수 있다.

통합 마케팅 커뮤니케이션 회사인 앨리슨이 사용하는 영역별 도구

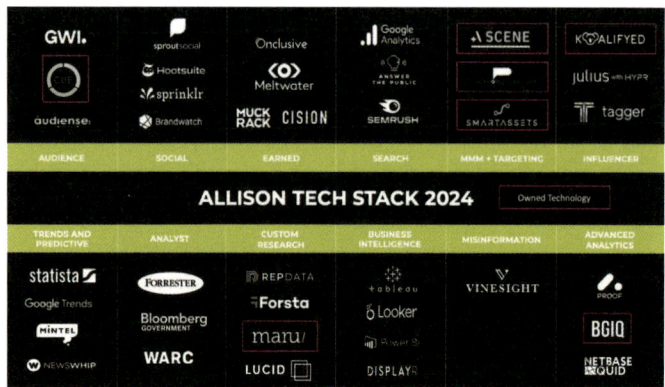

1 언론 모니터링 & PR 분석

Meltwater (멜트워터)
국내외 언론보도 모니터링, SNS 리스닝 가능
국내 홍보대행사, 글로벌 브랜드에서 특히 많이 사용

Cision (시전)
기자 DB 확보 및 보도자료 배포에 특화
글로벌 PR 플랫폼으로 한국 내 외국계 기업이나 글로벌 홍보에 유용

Muck Rack (먹랙)
해외 기자 데이터베이스 및 미디어 아웃리치에 유용 (국내보다는 해외 언론 대상 PR 시 적합)

2 SNS 채널 관리 & 분석

Sprinklr
글로벌 기업들이 한국 시장에서 SNS 운영 시 자주 사용하는 엔터프라이즈급 플랫폼

Hootsuite
국내 기업에서도 SNS 채널 관리와 게시물 예약, 성과 분석 시 사용

Brandwatch
국내외 소셜 미디어에서 브랜드 평판 및 트렌드 분석용으로 활용

3 검색 & SEO

Google Analytics
국내에서도 가장 널리 사용되는 웹사이트 트래픽 및 방문자 분석 툴

SEMrush
국내외 키워드 리서치 및 경쟁사 분석 시 매우 유용하며 국내 SEO 작업에도 사용

4 인플루언서 마케팅
Tagger
글로벌 및 국내 인플루언서 캠페인 관리 가능
국내 기업에서도 인플루언서 마케팅 운영에 적극 활용

Julius with HYPR
글로벌 대상 캠페인이나 국내 글로벌 브랜드가 해외 인플루언서 활용 시 좋음

5 시장 분석 및 비즈니스 인텔리전스
Statista
산업별 시장 리서치 및 보고서, 트렌드 분석 자료가 많아 국내 마케팅 리서치 시에도 활용 가능

Mintel
한국 소비자 동향, 트렌드 분석, 마켓 리포트가 있어서 국내 소비재 마케팅 전략 수립 시 자주 활용

Tableau
데이터 시각화와 대시보드 제작에 특화된 BI툴로 국내 기업에서도 활용 증가 중

Looker & Power BI
데이터 분석 및 시각화에서 한국 기업들의 도입이 증가하고 있는 대표적인 BI 툴

6 Audience(소비자/고객) 분석
GWI Global Web Index
글로벌 소비자 데이터에 강점을 가지며, 국내 소비자의 미디어 이용 습관이나 라이프스타일 분석에도 효과적

7 기타
Google Trends
한국에서도 매우 유용한 검색 트렌드 및 키워드 분석 툴

Vinesight
해외 중심의 허위정보 대응 솔루션으로 국내에서도 해외 PR 위기 모니터링에 유용

NetBase Quid
소셜 리스닝 및 빅데이터 분석 플랫폼으로 국내 대기업에서도 리스닝과 트렌드 파악에 사용

- A/B 테스트 프레임워크: 랜딩 페이지, 이메일 제목, CTA$^{\text{Call-to-Action}}$ 문구, 광고 크리에이티브 등 다양한 요소에 대한 A/B 테스트를 체계적으로 진행하고 결과를 적용하는 프레임워크가 필요하다.

- 애자일 마케팅 방법론: 짧은 스프린트 주기로 캠페인을 계획, 실행, 평가하는 애자일 방법론을 도입하면 빠르게 변화하는 시장 환경에 대응할 수 있다. 2주 단위로 캠페인을 리뷰하고 조정하는 체계를 구축할 수 있다.

- 피드백 루프 구축: 고객, 영업팀, 내부 이해관계자로부터 지속적인 피드백을 수집하고 이를 캠페인에 반영하는 체계적인 루프를 구축해야 한다. 정기적인 고객 설문조사, 영업팀 피드백 세션, 내부 리뷰 미팅 등을 통해 다양한 관점의 피드백을 수집할 수 있다.

- 경쟁 모니터링: 경쟁사의 마케팅 활동, 메시징, 포지셔닝 등을 지속적으로 모니터링하고 이에 대응하는 전략을 수립해야 한다. 특히 해외 시장 진출과 ESS 시장 확장의 경우, 각 영역의 경쟁 동향을 세심하게 관찰하는 것이 중요하다.

실행 사례:
이차전지 부품 기업의 디맨드 제너레이션 캠페인

이차전지 부품 기업이 해외 시장 진출과 ESS 시장 확장을 위해 디맨드 제너레이션 캠페인을 어떻게 실제로 실행할 수 있는지 구체적인 사례를 살펴보자. 간트 차트로 한 눈에 볼 수 있게 정리해 보자.

다음 204 페이지는 해외 시장 진출을 위한 캠페인 실행 간트 차트, 205 페이지는 ESS 시장 진출을 위한 캠페인 실행 간트 차트이다.

이 간트 차트는 이차전지 부품 기업의 해외 시장 진출과 ESS 시장 확장을 위한 디맨드 제너레이션 캠페인의 3개월간 실행 계획을 시각화한 예시일 뿐이다. 실제 구현 시에는 기업의 구체적인 상황과 리소스에 맞게 일정과 활동을 조정할 수 있으며, 캠페인 진행 중 성과와 피드백에 따라 유연하게 계획을 수정하면서 진행하면 된다.

다음 페이지의 주요 마일스톤과 리소스 배분도 마케팅 실무자가 참고할 수 있는 예시이다. 실제 유사 캠페인을 진행해 본 경험을 기반으로 제시하는 샘플이기에 기업과 시장의 상황에 맞춰 활용하면 된다.

▼ 해외 시장 진출을 위한 캠페인 실행 간트 차트

활동	1주차	2주차	3주차	4주차	5주차	6주차
1개월차: 기반 구축 단계						
영문 웹사이트 및 랜딩 페이지 최적화						
LinkedIn 기업 페이지 개설 및 기본 콘텐츠 구성						
핵심 콘텐츠 자산 개발						
초기 리드 데이터베이스 구축						
마케팅 자동화 및 CRM 시스템 설정						
2개월차: 인지도 구축 단계						
LinkedIn 유료 광고 캠페인 시작						
영문 블로그 정기 발행 시작						
웨비나 기획 및 홍보						
이메일 뉴스레터 발송 시작						
배터리/에너지 관련 온라인 커뮤니티 참여						
3개월차: 리드 생성 및 육성 단계						
웨비나 실행 및 후속 콘텐츠 배포						
세분화된 이메일 캠페인						
심층 기술 백서 발행 및 리드젠 캠페인						
1:1 맞춤형 아웃리치						
영업팀 연계						

▼ ESS 시장 진출을 위한 캠페인 실행 간트 차트

활동	1주차	2주차	3주차	4주차	5주차	6주차
1개월차: 시장 교육 단계						
ESS 전용 랜딩 페이지 개발						
ESS 기초 교육 시리즈 콘텐츠 개발						
산업별 ESS 적용 인포그래픽 시리즈 제작						
ESS 시장 트렌드 및 기회 보고서 발행						
타깃 산업 의사결정자 데이터베이스 구축						
2개월차: 차별화 메시징 단계						
이차전지 기술의 ESS 적용 이점 백서 발행						
산업별 ESS ROI 계산기 개발 및 배포						
사례 연구 시리즈 시작						
전문가 인터뷰 시리즈						
ESS 키워드 타깃 광고 시작						
3개월차: 관계 구축 단계						
ESS 구현 모범 사례 웨비나 시리즈 시작						
1:1 컨설팅 세션 제안						
파일럿 프로젝트 프로그램 런칭						
ESS 전문가 커뮤니티 구축 시작						
ESS 컨퍼런스 및 이벤트 참가 계획 수립						

*** B2B 마케팅 캠페인 실행

▼ 주요 마일스톤 일정

마일스톤	시점	담당 부서
해외 시장 진출 캠페인		
영문 웹사이트 및 콘텐츠 자산 완료	4주차 말	마케팅/디지털팀
첫 LinkedIn 광고 캠페인 런칭	5주차 초	디지털 마케팅팀
첫 웨비나 실행	9주차	마케팅/제품팀
첫 영업팀 리드 전달	10주차	마케팅/영업팀
캠페인 1차 성과 평가	12주차	마케팅/영업/경영진
ESS 시장 진출 캠페인		
ESS 랜딩 페이지 및 교육 콘텐츠 완료	4주차 말	마케팅/제품팀
ESS 산업별 ROI 계산기 출시	8주차	마케팅/제품/기술팀
첫 ESS 전문 웨비나 개최	9주차	마케팅/기술팀
첫 ESS 파일럿 프로젝트 제안	11주차	영업/기술팀
ESS 캠페인 1차 성과 평가	12주차	마케팅/영업/경영진

▼ 리소스 배분 계획

팀	1개월차	2개월차	3개월차	주요 역할
마케팅 기획팀	70%	50%	30%	전략 수립, 성과 분석, 캠페인 조정
콘텐츠 제작팀	80%	70%	50%	백서, 케이스 스터디, 블로그 등 콘텐츠 개발
디지털 마케팅팀	50%	80%	70%	웹사이트, 소셜 미디어, 광고 캠페인 실행
제품/기술팀	30%	40%	30%	기술 콘텐츠 검수, 웨비나 발표, 제품 데모
영업팀	10%	20%	60%	리드 후속 조치, 고객 피드백 수집, 영업 기회 발굴
외부 에이전시/벤더	40%	30%	20%	디자인, 웹 개발, 번역, 이벤트 운영 등 지원

성공적인 디맨드 제너레이션 캠페인 실행을 위한
핵심 포인트

이차전지 부품 기업의 해외 시장 진출과 ESS 시장 확장 사례를 통해 살펴본 바와 같이, 성공적인 디맨드 제너레이션 캠페인 실행을 위해서는 다음과 같은 핵심 포인트를 고려해야 한다.

- 전략적 콘텐츠 계획 : 고객 여정의 각 단계별로 적합한 콘텐츠를 체계적으로 개발하고 배포하는 것이 중요하다. 특히 B2B 시장에서는 교육적, 전문적 콘텐츠가 수요 창출의 핵심이다.

- 통합적 채널 활용 : Owned, Earned, Paid Media를 통합적으로 활용하되, 특히 해외 시장 진출 초기에는 Owned와 Paid Media에 집중하는 전략이 효과적이다. LinkedIn과 같은 B2B 특화 플랫폼은 정밀한 타겟팅이 가능해 특히 유용하다.

- 마케팅-영업 연계 : 디맨드 제너레이션의 성공은 마케팅과 영업의 긴밀한 협력에 달려있다. 공동 목표 설정, 명확한 리드 정의, 효율적인 리드 핸드오프 프로세스를 구축해야 한다.

- 데이터 기반 의사결정 : 모든 캠페인 활동은 데이터에 기반하여

계획, 실행, 평가되어야 한다. 실시간 모니터링 시스템과 체계적인 성과 분석 프레임워크를 구축하는 것이 중요하다.

- 단계적 접근: 특히 해외 시장 진출이나 새로운 산업 진출과 같은 도전적인 과제는 단계적으로 접근해야 한다. 초기 기반 구축, 인지도 형성, 리드 생성 및 육성의 단계를 체계적으로 밟아가는 것이 효과적이다.

- 지속적 최적화: 시장 환경과 고객 반응에 따라 캠페인을 지속적으로 조정하고 최적화하는 체계가 필요하다. A/B 테스트, 피드백 루프, 애자일 마케팅 방법론 등을 활용할 수 있다.

- 장기적 관점: 디맨드 제너레이션은 단기적 성과보다는 지속가능한 수요 창출과 시장 위치 확립을 목표로 해야 한다. 특히 B2B 환경에서는 구매 주기가 길고 복잡하므로 인내와 일관성이 중요하다.

이러한 핵심 요소들을 고려하여 디맨드 제너레이션 캠페인을 체계적으로 실행한다면, 이차전지 부품 기업은 해외 시장 진출과 ESS 시장 확장이라는 도전적인 과제를 효과적으로 수행할 수 있을 것이다. 또한 단순한 영업 성과를 넘어 장기적으로 글로벌 시장에서의 위치를 강화하고 사업 영역을 확장하는 견고한 기반이 될 것이다.

Step_ 4
디맨드 제너레이션 캠페인 성과 분석

성공적인 디맨드 제너레이션 캠페인을 수행한 후에는 그 효과를 정확히 측정하고 분석하는 과정이 반드시 필요하다. 이는 단순히 캠페인의 성공 여부를 판단하는 것을 넘어 지속적인 개선과 전략적 의사결정을 위한 중요한 기반이 된다. 특히 이차전지 부품 기업의 해외 시장 진출과 ESS 시장 확장이라는 장기적 과제에서는 다층적인 성과 분석이 더욱 중요하다.

다층적 성과 지표 체계

효과적인 디맨드 제너레이션 캠페인 성과 분석을 위해서는 다양한 층위의 지표를 통합적으로 측정하고 평가해야 한다.

브랜드 인지도 및 시장 포지셔닝 지표

브랜드 인지도와 시장 포지셔닝은 브랜드 캠페인이 아니어도 디맨드 제너레이션의 기반이 되는 요소이기 때문에 디맨드 젠 캠페인에서도 측정이 필요하다.

- 비보조 인지도$^{\text{Unaided Awareness}}$: 이차전지 부품 기업이 해외 시장에서 얼마나 자연스럽게 인식되는지를 측정한다. 미국 자동차 제조사의 경우 배터리 구매 담당자들에게 "이차전지 부품 공급업체를 몇 개 말씀해 주세요"라고 질문했을 때 우리 기업을 언급하는 비율을 측정할 수 있다.

- 보조 인지도$^{\text{Aided Awareness}}$: 우리 기업 이름을 제시했을 때 인지하는 비율을 측정한다. "A사를 들어본 적이 있습니까?"라는 질문에 긍정적으로 답하는 비율이다.

- 브랜드 연상 이미지 : 우리 기업이 어떤 속성과 연결되는지 분석한다. ESS 시장으로 포지셔닝을 확장하고자 한다면, 우리 기업이 '에너지 저장 전문가'로 인식되는지 평가할 수 있다.

이러한 브랜드 지표는 표면적으로는 직접적인 매출과 연결되지 않는 것처럼 보일 수 있지만, 장기적인 시장 진출과 포지셔닝 확장의 성공을 결정짓는 토대가 된다. 시장에서의 인식이 변화하지 않으면 영업 활동의 효과도 제한적일 수밖에 없기 때문이다.

콘텐츠 참여도 및 반응 지표

디맨드 제너레이션 캠페인의 콘텐츠가 타깃 고객의 참여를 얼마나 효과적으로 이끌어내는지 측정하는 것은 매우 중요하다. 이는 다음과 같은 지표를 통해 평가할 수 있다.

- 콘텐츠 소비 지표: 웹사이트 방문자 수, 페이지 뷰, 평균 체류 시간, 이탈률 등 기본적인 웹 트래픽 지표를 모니터링한다. 특히 각 시장별, 콘텐츠 유형별로 세분화하여 분석하는 것이 중요하다.

- 콘텐츠 참여 지표: 다운로드 횟수, 링크 클릭, 댓글, 공유, 좋아요 등 콘텐츠와의 상호작용을 측정한다. 예를 들어 ESS 관련 백서의 다운로드 횟수나 해외 시장 타깃 웨비나의 참석률과 질문 수 등을 추적할 수 있다.

- 소셜 미디어 참여도: LinkedIn 게시물의 도달률, 참여율, 팔로워 증가율 등을 분석한다. 특히 B2B 마케팅에서 LinkedIn의 성과는 디맨드 제너레이션의 중요한 지표다.

이러한 참여 지표는 단순히 '얼마나 많은 사람이 보았는가'가 아닌 '얼마나 깊은 관심을 보였는가'를 측정한다는 점에서 중요하다. 특히 B2B 환경에서는 단순 노출보다 깊이 있는 참여가 실제 구매 의사결정으로 이어질 가능성이 높기 때문이다.

수요 생성 및 리드 전환 지표

궁극적으로 디맨드 제너레이션의 목적은 실질적인 수요 창출이므로, 다음과 같은 리드 관련 지표를 주의 깊게 모니터링해야 한다.

- 리드 생성 지표: 총 리드 수, 리드 생성 비용[CPL], 채널별 리드 획득 효율 등을 측정한다. 해외 시장 진출과 ESS 시장 확장 각각에 대한 리드 생성 성과를 비교 분석할 수 있다.

- 리드 품질 지표: MQL[Marketing Qualified Lead] 비율, SQL[Sales Qualified Lead] 전환율, 리드 스코어 분포 등을 분석한다. 특히 해외 시장에서의 리드 품질과 국내 시장에서의 리드 품질 차이를 비교하는 것이 중요하다.

- 리드 성숙도 지표: 리드가 MQL에서 SQL로, 그리고 최종적으로 고객으로 전환되는 데 걸리는 시간과 전환율을 측정한다. B2B 시장, 특히 이차전지나 ESS와 같은 복잡한 제품의 경우 이 과정이 길고 복잡하므로 단계별 성과를 면밀히 추적해야 한다.

이러한 리드 관련 지표는 디맨드 제너레이션 캠페인이 실제 비즈니스 성과로 이어지는 과정을 보여주는 중요한 연결고리다. 특히 해외 시장 진출이나 ESS 시장 확장과 같은 도전적인 과제에서는 이러한 연결고리를 명확하게 파악하는 것이 전략적 의사결정에 핵심이 된다.

매출 기여도 분석

최종적으로 디맨드 제너레이션의 성과는 실질적인 매출 기여도로 평가되어야 한다.

- 마케팅 기여 매출^{MBR}: 마케팅 활동을 통해 직간접적으로 창출된 매출액을 측정한다. 다양한 어트리뷰션 모델(최초 터치, 최종 터치, 선형, W-shaped 등)을 활용하여 마케팅의 기여도를 분석할 수 있다. 용어들이 조금 어렵지만 광고를 집행하게 되면 관련 지표를 매체사로부터 다 받을 수 있다. 간단히 설명하면 어떤 채널이 전환에 기여했는지를 측정하는 것인데, 사실 정확하게 따지기는 쉽지 않지만 유추를 통해 효과를 알아내고자 하는 시도이다. 최초 터치 모델의 경우, 고객 여정 중 최초 유입 채널에 전환 기여도를 100% 부여하는 것으로 브랜드 인지도가 중요할 때 측정하면 유용하다.
반대로 최종 터치 모델은 전환 직전에 클릭한 채널에 100%의 기여도를 부여하는 모델로 설정 및 분석이 가장 쉽고 정확해 가장 많이 사용하는 방법이지만, 결과만큼이나 과정도 중요하기 때문에 논쟁의 여지가 있다. 선형 모델의 경우, 전환까지의 모든 접점에 동일한 기여도를 나눠준다.

W-shaped 모델은 첫 번째 터치와 마지막 터치, 리드를 생성하는 채널 3개에 높은 기여도를 부여하는 모델이다. 이차전지 부품 기업의 해외 시장 진출과 ESS 시장 확장과 같은 복잡한 B2B 구매 여정에서는 단순한 최초 터치 또는 최종 터치 어트리뷰션을 넘어 다음과 같은 멀티 터치 어트리뷰션 모델을 고려해야 한다.

이 외에도 시간 감소 모델$^{\text{Time-Decay Model}}$ 구매 시점에 가까운 터치포인트에 더 높은 가중치를 부여한다. 이는 ESS 시장에서와 같이 의사결정 직전의 영향력이 중요한 경우에 유용하다. 위치 기반 모델$^{\text{Position-Based Model}}$ 첫 번째와 마지막 터치포인트에 더 높은 가중치를 부여하고, 중간 단계에는 나머지를 균등 배분한다. 이는 인지도 구축과 최종 전환이 모두 중요한 균형 잡힌 캠페인에 적합하다. 어트리뷰션 모델의 선택은 비즈니스 목표와 고객 여정의 특성에 따라 달라져야 한다. 이차전지 부품 기업은 초기에는 보다 단순한 모델로 시작하여 데이터가 축적됨에 따라 점차 정교한 어트리뷰션 모델을 적용하는 것이 효과적이다.

- ROI 분석 : 마케팅 투자 대비 수익률을 계산한다. 특히 해외 시장 진출이나 ESS 시장 확장과 같은 장기적 과제의 경우,

단기적 ROI와 장기적 ROI를 구분하여 평가하는 것이 중요하다.

- 고객 생애 가치^{CLV}: 획득한 고객의 장기적 가치를 분석한다. 특히 ESS 시장과 같이 지속적인 비즈니스 기회가 있는 영역에서는 초기 거래 가치를 넘어 고객 생애 가치를 고려한 평가가 중요하다.

이러한 매출 기여도 분석은 디맨드 제너레이션 캠페인의 궁극적인 비즈니스 가치를 증명하는 데 필수적이다. 특히 해외 시장 진출이나 ESS 시장 확장과 같은 전략적 이니셔티브의 경우, 장기적 관점에서의 매출 기여도를 측정하는 것이 중요하다.

채널 효율성 및 ROI 평가

- 채널별 비용 효율성: 리드 획득 비용^{CPL}, 고객 획득 비용^{CAC} 등을 채널별로 비교 분석한다. 이것은 가장 단순한 방식으로 광고를 집행하게 되면 매일 보고 받는 기본 지표라고 보면 된다. 예를 들어 LinkedIn 광고, 업계 웨비나, 콘텐츠 신디케이션 등 다양한 채널의 비용 효율성을 비교할 수 있다.

- 채널별 전환율: 각 채널에서 생성된 리드의 질과 전환율을 분석한다. 예를 들어 ESS 관련 전문 웨비나에서 생성된 리드가

LinkedIn 광고를 통해 생성된 리드보다 높은 전환율을 보일 수 있다.

이러한 채널 효율성 분석을 통해 마케팅 예산을 가장 효과적인 채널에 집중 투자할 수 있으며, 이는 특히 한정된 자원으로 해외 시장 진출이나 ESS 시장 확장과 같은 도전적인 과제를 수행해야 하는 중소기업에게 매우 중요하다.

크로스 채널 시너지 측정

다양한 채널 간의 상호작용과 시너지 효과를 분석하는 것도 중요하다.

- 채널 간 상호작용 분석: 특정 채널 조합이 어떻게 성과에 영향을 미치는지 분석한다. 예를 들어 LinkedIn 광고와 이메일 캠페인의 조합이 각각 단독으로 사용할 때보다 높은 전환율을 보일 수 있다.

- 순차적 채널 효과: 특정 순서로 채널에 노출되었을 때의 효과를 분석한다. 예를 들어 웨비나 참석 후 후속 이메일을 받은 리드가 더 높은 전환율을 보이는지 평가할 수 있다.

- 통합 캠페인 효과: 다양한 채널을 통해 일관된 메시지를 전달하는 통합 캠페인의 효과를 개별 채널 캠페인과 비교 분석한다. 특히 해외 시장 진출이나 ESS 시장 확장과 같은 복잡한 메시징이 필요한 상황에서는 통합적 접근의 효과가 더 클 수 있다.

이러한 크로스 채널 분석은 단순히 개별 채널의 성과를 넘어 전체 마케팅 전략의 시너지를 극대화하는 데 중요한 인사이트를 제공한다. 그러나 이러한 분석은 고급 분석 도구와 통합 데이터 플랫폼이 필요하므로 적절한 마케팅 기술 인프라 구축이 선행되어야 한다.

디맨드 제너레이션 최적화 사이클

디맨드 제너레이션 캠페인의 성과 분석은 단순한 보고에 그치지 않고 지속적인 최적화로 이어져야 한다. 그래서 데일리로 수치를 확인하면서 여러가지 가설을 세우고 실험하고 다시 검증하는 절차의 무한 반복이다.

데이터 기반 인사이트 도출

수집된 성과 데이터를 바탕으로 실행 가능한 인사이트를 도출하는 과정이 중요하다.

- 패턴 및 추세 분석: 성과 데이터에서 시간에 따른 패턴과 추세를 분석한다. 예를 들면 해외 시장에서의 계절적 변동이나 ESS 시장의 성장 추세를 파악할 수 있다.

- 상관관계 분석: 다양한 변수 간의 상관관계를 분석한다. 실제로 특정 콘텐츠 유형이 특정 산업이나 직급의 리드에게 더 효과적인지 파악할 수 있다.

- 세그먼트 분석: 다양한 고객 세그먼트별 성과 차이를 분석한다. 예컨대 북미 시장과 유럽 시장, 또는 자동차 제조사와 ESS 개발업체 간의 반응 차이를 비교할 수 있다.

이러한 심층 분석을 통해 단순한 지표 추적을 넘어, 비즈니스 성과를 실질적으로 개선할 수 있는 전략적 인사이트를 도출할 수 있다. 이는 특히 해외 시장 진출이나 ESS 시장 확장과 같은 복잡한 과제에서 더욱 중요하다.

A/B 테스트 및 실험 설계

인사이트를 바탕으로 체계적인 A/B 테스트(두 가지 버전 A와 B를 동시에 비교하여 어느 것이 더 나은 성과를 내는지 확인하는 실험 방법)와 실험을 설계하고 실행한다. 뉴스레터를 발송하는 eDM 캠페인을 하나 해도 정교한 A/B 테스트가 필요하다. 메시지, 채널, 콘텐츠 등 굵직한 기준 차이도 있지만, 더 정교하게는 CTA$^{\text{Call To Action, 행동 유도}}$ 버튼을 어디에 두는지도 테스트를 한다. 메시지, 콘텐츠, 채널 등은 오픈율에 영향을 줄 수 있는 큰 선이고, 클릭률에 영향을 줄 수 있는 더보기 버튼, 이미지 위치와 크기 등 아주 세세한 것까지 다 테스트해 보는 것이 현실이다. 캠페인을 실제로 진행하면 예상보다 오픈율, 클릭률이 안 나와서 마케터들이 피를 말릴 때가 많다. 조금이라도 더 호응을 유도하려면 A/B테스트는 실전에서 정말 중요하다.

- 메시징 테스트: 다양한 가치 제안과 메시징을 테스트한다. ESS 시장의 경우 '에너지 효율성' vs '비용 절감' vs '지속가능성' 중 어떤 메시지가 더 효과적인지 테스트할 수 있다.

- 채널 실험: 다양한 채널 조합과 예산 배분을 실험한다. 예를 들어 LinkedIn 광고 예산을 늘리고 Google 광고 예산을 줄이는 실험을 통해 최적의 배분을 찾을 수 있다.

- 콘텐츠 형식 테스트: 다양한 콘텐츠 형식의 효과를 비교한다. 이를테면 같은 주제에 대한 웨비나 vs 백서 vs 케이스 스터디의 효과를 비교할 수 있다.

이러한 체계적인 실험을 통해 가설을 검증하고 점진적으로 캠페인 성과를 개선할 수 있다. 특히 새로운 시장이나 산업에 진출할 때는 초기 가정을 빠르게 검증하고 조정하는 것이 중요하다.

지속적 개선 프로세스 구축

테스트와 분석 결과를 바탕으로 지속적인 개선 사이클을 구축해야 한다. 앞에서도 언급했듯이 실제로 캠페인을 하다보면 B2B는 시장이 좁고, 특히 이차전지 시장은 더 협소해 성과 수치가 B2C처럼 잘 나올 수가 없다. 작은 숫자들에서 제대로 된 고객, 특히 CLV$^{\text{Customer Lifetime Value, 고객 생애 가치}}$가 큰 고객을 얻게 된다면 굉장한 성공이기 때문에, 보여지는 숫자보다는 질적으로 우수한 반응을 이끌어 내는 데 집중해야 한다. 캠페인은 결국 가설을 검증하는 과정인데, 가설이 잘못되었다면 빠르게 고치고 다른 가설을 또 테스트해야 한다.

- 애자일 마케팅 프레임워크: 짧은 스프린트 주기로 계획, 실행, 측정, 학습의 사이클을 반복하는 애자일 방법론을 도입한다. 이는 빠르게 변화하는 시장 환경에 대응하는 데 효과적이다.

- 성과 리뷰 사이클: 주간, 월간, 분기별 성과 리뷰 미팅을 정례화하여 데이터를 분석하고 전략을 조정하는 체계를 구축한다. 특히 해외 시장 진출과 ESS 시장 확장과 같은 장기

프로젝트는 정기적인 점검과 조정이 중요하다.

- 크로스 펑셔널 협업 : 마케팅, 영업, 제품, 기술 팀 간의 정기적인 소통과 협업을 통해 전략을 최적화한다. 예를 들어 영업팀의 피드백을 바탕으로 리드 스코어링 모델을 조정하고, 기술팀의 인사이트를 콘텐츠에 반영할 수 있다.

이러한 지속적 개선 프로세스는 디맨드 제너레이션 캠페인의 장기적 성공을 위한 필수적인 요소다. 특히 해외 시장 진출이나 ESS 시장 확장과 같은 장기적 과제에서는 초기 전략을 계속 조정하고 발전시키는 능력이 성공의 핵심 요소가 된다.

장기적 브랜드 자산 가치 평가

디맨드 제너레이션의 단기적 성과 외에도, 장기적인 브랜드 자산 가치를 평가하는 것도 중요하다.

- 브랜드 자산 가치 측정 : 브랜드 인지도, 이미지, 연상, 충성도 등을 종합적으로 평가하여 브랜드 자산 가치를 정량화한다. 이는 특히 해외 시장 진출과 같은 장기적인 투자의 성과를 평가하는 데 중요하다.

- 경쟁 포지셔닝 평가: 경쟁사 대비 우리 기업의 시장 포지셔닝 변화를 평가한다. 예를 들어 ESS 시장에서 우리 기업이 '기술 혁신가'로 인식되는지, '안정적인 공급자'로 인식되는지 등을 분석할 수 있다.

- 전략적 고객 관계 가치: 주요 고객과의 관계 깊이와 범위의 변화를 평가한다. 예를 들어 단순한 부품 공급자에서 전략적 파트너로 관계가 발전했는지 평가할 수 있다.

이러한 장기적 가치 평가는 디맨드 제너레이션 캠페인의 진정한 성과를 이해하는 데 중요하다. 특히 해외 시장 진출이나 ESS 시장 확장과 같은 전략적 과제는 단기적인 리드 생성이나 매출 증가를 넘어 시장에서의 장기적인 위치와 경쟁력을 강화하는 것이 목표이기 때문이다.

이차전지 부품 기업의 디맨드 제너레이션 성과 분석 사례

이론적인 성과 분석 프레임워크를 넘어 실제 이차전지 부품 기업의 디맨드 제너레이션 캠페인 성과 분석 사례를 살펴보자. 미국 시장 진출을 위한 6개월간의 디맨드 제너레이션 캠페인 성과를 다음과 같이 분석할 수 있다.

브랜드 인지도 변화

- 캠페인 전 미국 시장에서의 비보조 인지도: 5% → 캠페인 후: 22%
- LinkedIn 팔로워: 500명 → 3,200명 (540% 증가)
- 업계 미디어 언급 횟수: 분기당 2회 → 월 3회 이상

이러한 인지도 변화는 해외 시장 진출의 첫 단계에서 매우 중요한 성과다. 특히 LinkedIn 팔로워 증가는 미국 시장의 주요 의사결정자들과의 연결 확대를 의미하며, 이는 향후 영업 기회로 이어질 수 있는 중요한 자산이다.

리드 생성 성과

- 총 생성된 MQL: 215건
- 채널별 MQL 분포: LinkedIn 광고(45%), 웨비나(30%), 콘텐츠 다운로드(20%), 기타(5%)
- 리드 획득 비용(CPL): 평균 $380 (업계 평균 $450 대비 15% 낮음)
- SQL 전환율: 22% (초기 목표 15% 대비 우수)

리드 생성 성과는 해외 시장에서의 실질적인 비즈니스 기회를 나타내는 지표다. 특히 채널별 MQL 분포를 통해 LinkedIn 광고와 웨비

나가 미국 시장에서 가장 효과적인 리드 생성 채널임을 확인할 수 있으며, 이는 향후 캠페인 예산 배분에 중요한 인사이트를 제공한다.

영업 파이프라인 영향

- 마케팅 기여 파이프라인 가치: $4.2M
- 평균 영업 기회 규모: $350K
- 영업 사이클 단축: 평균 9.5개월 → 7.2개월 (24% 단축)
- 초기 파일럿 프로젝트 계약: 3건 ($820K 규모)

디맨드 제너레이션 캠페인이 실제 영업 성과에 미친 영향은 가장 중요한 성과 지표다. 마케팅 기여 파이프라인 가치 $4.2M은 캠페인이 실질적인 비즈니스 기회 창출에 기여했음을 보여주며, 영업 사이클 단축은 시장 인지도 향상으로 인한 간접적 효과를 나타낸다.

채널 효율성 분석

- 가장 비용 효율적인 채널: 업계 웨비나 (CPL $220)
- 가장 높은 전환율 채널: 일대일 맞춤형 콘텐츠 (SQL 전환율 38%)
- 가장 낮은 성과 채널: 일반 디스플레이 광고 (CPL $650, SQL 전환율 8%)

채널 효율성 분석은 향후 캠페인의 리소스 배분 최적화에 중요한 인사이트를 제공한다. 업계 웨비나와 1:1 맞춤형 콘텐츠의 높은 효율성은 B2B 시장, 특히 복잡한 기술 제품의 경우 깊이 있는 교육적 콘텐츠가 효과적임을 보여준다.

최적화 인사이트
- 북미 시장은 기술 사양보다 성공 사례와 ROI에 더 관심이 높음
- 직급별 타깃팅 : C-level은 전략적 백서에, 기술 담당자는 상세 사양과 테스트 결과에 더 반응적
- 영업팀 연계 시점 : MQL 발생 후 48시간 내 접촉 시 전환율 2배 향상

이러한 최적화 인사이트는 향후 캠페인의 콘텐츠 전략과 영업 연계 프로세스를 개선하는 데 직접적으로 활용될 수 있는 가치 있는 학습이다. 특히 북미 시장에서 성공 사례와 ROI에 대한 높은 관심은 콘텐츠 전략의 중요한 방향성을 제시한다.

ESS 시장 확장 캠페인 성과 분석

이차전지 부품 기업이 ESS 시장으로 포지셔닝을 확장하기 위한 캠페인의 성과 분석 사례는 다음과 같다.

인식 변화 측정

- ESS 솔루션 제공자로서의 인지도: 캠페인 전 12% → 캠페인 후 45%
- 브랜드 연상 키워드 변화: '자동차 배터리'에서 '에너지 솔루션', '지속가능성', '그리드 안정성' 등으로 확장
- ESS 관련 검색에서의 브랜드 노출 순위: 평균 15위 → 평균 4위

ESS 시장으로의 포지셔닝 확장은 기존 이차전지 부품 기업의 브랜드 인식 변화가 핵심이다. 인지도의 큰 폭 상승과 브랜드 연상 키워드의 확장은 캠페인이 새로운 시장에서의 브랜드 포지셔닝에 성공적으로 기여했음을 보여준다.

콘텐츠 성과 분석

- 가장 높은 참여도의 콘텐츠: 'ESS의 TCO(총소유비용) 분석' 백서 (다운로드 1,250회)
- 가장 높은 전환율의 콘텐츠: '산업별 ESS 적용 사례' 웨비나 시리즈 (참석자의 35%가 영업 미팅 요청)
- 소셜 미디어 성과: ESS 관련 LinkedIn 게시물의 평균 참여율 4.2% (일반 게시물 대비 3배 높음)

콘텐츠 성과 분석은 ESS 시장의 잠재 고객들이 어떤 정보와 가치 제

안에 가장 큰 관심을 보이는지 이해하는 데 중요한 인사이트를 제공한다. TCO 분석과 산업별 적용 사례의 높은 성과는 ESS 시장의 고객들이 실질적인 비즈니스 가치와 검증된 적용 사례를 중시함을 보여준다.

리드 품질 및 특성 분석

- ESS 시장에서 생성된 리드의 평균 스코어 : 72/100 (이차전지 전체 평균 63/100)
- 주요 타깃 산업별 분포 : 유틸리티(35%), 신재생에너지 개발업체(28%), 상업 건물(18%), 마이크로그리드(12%), 기타(7%)
- 구매 의도 시점 : 6개월 내 프로젝트 예정(35%), 12개월 내 예정(45%), 탐색 단계(20%)

리드 품질 및 특성 분석은 ESS 시장의 세부 타깃 세그먼트와 구매 주기에 대한 귀중한 정보를 제공한다. 이는 향후 캠페인의 타깃팅 전략과 판매 전략 수립에 직접적으로 활용될 수 있는 인사이트다.

비즈니스 영향 분석

- ESS 시장에서의 신규 파이프라인 가치 : $7.5M
- 기존 고객(자동차 분야)의 ESS 분야 크로스셀링 기회 : 15건 발굴
- ESS 시장에서의 평균 거래 규모 : $620K (자동차 분야 대비 40%

높음)
- ESS 프로젝트 평균 마진율: 38% (자동차 부품 대비 8%p 높음)

비즈니스 영향 분석은 ESS 시장 확장의 재무적 가치를 보여준다. 특히 평균 거래 규모와 마진율의 상승은 ESS 시장이 기업의 수익성 향상에 중요한 기회임을 입증한다.

전략적 인사이트
- ESS 시장은 초기 비용보다 TCO와 시스템 안정성을 더 중요시함
- 산업별 특화된 접근이 효과적: 유틸리티는 규모의 경제와 안정성, 상업 건물은 에너지 비용 절감과 투자 회수 기간에 초점
- ESS 설계 및 구현 파트너십이 중요한 경쟁 우위 요소로 작용
- 지속가능성과 탄소 저감 관련 메시징이 특히 유럽 시장에서 높은 반응을 얻음

이러한 전략적 인사이트는 향후 ESS 시장 전략과 캠페인 개발에 중요한 방향성을 제공한다. 특히 산업별 특화된 접근의 중요성은 ESS 시장이 단일 시장이 아닌 다양한 세부 시장으로 구성되어 있으며, 각각 맞춤화된 접근이 필요함을 시사한다.

효과적인 디맨드 제너레이션 성과 분석의 핵심 요소

이차전지 부품 기업의 해외 시장 진출과 ESS 시장 확장 사례를 통해 살펴본 바와 같이, 효과적인 디맨드 제너레이션 성과 분석을 위해서는 다음과 같은 핵심 요소를 고려해야 한다.

- 다층적 성과 지표 활용: 브랜드 인지도부터 매출 기여도까지 다양한 층위의 지표를 통합적으로 분석해야 한다. 특히 장기적인 프로젝트에서는 중간 지표(리드 품질, 파이프라인 가치 등)의 중요성이 더욱 크다.

- 맞춤형 어트리뷰션 모델 적용: B2B 구매 여정의 복잡성을 반영한 멀티 터치 어트리뷰션 모델을 적용해야 한다. 초기에는 단순한 모델로 시작하여 점차 정교화하는 접근이 효과적이다.

- 세그먼트별 심층 분석: 시장, 산업, 직급, 기업 규모 등 다양한 세그먼트별로 성과 차이를 분석하여 전략적 인사이트를 도출해야 한다. 이는 특히 다양한 산업과 지역을 타깃으로 하는 경우 중요하다.

- 정성적 피드백 통합: 정량적 지표와 함께 고객, 영업팀, 파트너

등으로부터의 정성적 피드백을 수집하고 분석에 통합해야
한다. 이는 숫자만으로는 파악하기 어려운 맥락과 인사이트를
제공한다.

- 실행 가능한 인사이트 도출: 성과 분석의 목적은 단순한 보고가 아니라 실행 가능한 인사이트를 도출하여 전략을 최적화하는 것이다. 분석 결과는 항상 '그래서 어떻게 개선할 것인가'라는 질문으로 이어져야 한다.

- 지속적인 학습 사이클: 성과 분석, 인사이트 도출, 전략 조정, 실행, 재측정의 지속적인 사이클을 구축해야 한다. 이는 디맨드 제너레이션의 효과를 점진적으로 높이는 데 필수적이다.

- 장기적 관점 유지: 특히 해외 시장 진출이나 새로운 산업 확장과 같은 과제에서는 단기적 성과와 함께 장기적 브랜드 자산 가치의 변화를 평가하는 것이 중요하다.

이러한 핵심 요소들을 고려한 체계적인 성과 분석을 통해 이차전지 부품 기업은 해외 시장 진출과 ESS 시장 확장이라는 도전적인 과제에서 디맨드 제너레이션 캠페인의 효과를 극대화하고 지속적인 비즈니스 성장을 이룰 수 있을 것이다.

Step_ 5
디맨드 제너레이션 캠페인 체크리스트

디맨드 제너레이션 캠페인 실행 체크리스트

다음 페이지의 리스트로 캠패인의 실행 단계별 업무를 확인해보자.

이 체크리스트와 성과지표 추적표를 활용하여 디맨드 제너레이션 캠페인의 전체 라이프사이클을 체계적으로 관리하고, 각 단계별 작업을 빠짐없이 수행하며, 지표를 면밀히 추적하여 지속적인 최적화를 통해 캠페인 성과를 극대화하기를 바란다. 이것은 하나의 샘플이지 정답이 아니기에 기업과 시장상황, 선택한 매체와 콘텐츠에 따라 응용해서 활용하면 된다.

단계	타임라인	핵심 작업	담당자	완료 여부
캠페인 준비				
전략 및 목표 설정	D-60일	캠페인 목표와 KPI 명확히 설정	마케팅 매니저	☐
	D-58일	타깃 시장 및 산업 세그먼트 정의	마케팅 매니저	☐
	D-55일	핵심 페르소나별 상세 프로필 작성	마케팅팀	☐
	D-52일	경쟁사 분석과 차별화 포인트 도출	마케팅팀	☐
	D-50일	전체 캠페인 예산 확정 및 채널별 예산 할당	마케팅 매니저	☐
콘텐츠 전략 수립	D-48일	고객 여정 매핑 및 단계별 필요 콘텐츠 계획	콘텐츠 팀	☐
	D-45일	핵심 메시지와 가치 제안 개발	콘텐츠 팀	☐
	D-42일	단계별 콘텐츠 유형 및 주제 선정	콘텐츠 팀	☐
	D-40일	콘텐츠 제작 일정 및 책임자 지정	콘텐츠 팀 리더	☐
	D-35일	콘텐츠 번역 및 현지화 계획 (해외 타깃 시)	콘텐츠 팀	☐
채널 전략 계획	D-38일	타깃 고객별 최적 채널 조합 결정	디지털 마케팅팀	☐
	D-35일	채널별 세부 전략 및 전술 수립	디지털 마케팅팀	☐
	D-33일	채널 간 시너지 최대화 계획	디지털 마케팅팀	☐
	D-31일	디지털 마케팅 플랫폼 및 도구 세팅	디지털 마케팅팀	☐
	D-30일	채널별 콘텐츠 일정 및 포맷 확정	콘텐츠/디지털 팀	☐
콘텐츠 개발				
핵심 콘텐츠 자산 개발	D-45일	메인 콘텐츠 (백서, 산업 보고서 등) 초안 작성	콘텐츠 팀	☐
	D-40일	웨비나/이벤트 콘텐츠 및 프레젠테이션 개발	콘텐츠 팀	☐
	D-35일	사례 연구 및 성공 스토리 문서화	콘텐츠 팀	☐
	D-25일	기술 콘텐츠 검수 및 법무 검토 완료	기술/법무팀	☐
	D-20일	최종 콘텐츠 승인 및 디자인 의뢰	마케팅 매니저	☐
디지털 자산 준비	D-30일	랜딩 페이지 설계 및 개발	디지털/웹 팀	☐
	D-28일	리드 캡처 양식 최적화	디지털 팀	☐
	D-25일	이메일 시리즈 템플릿 개발	디지털 팀	☐
	D-20일	소셜 미디어 크리에이티브 제작	디자인 팀	☐
	D-18일	광고 크리에이티브 및 복사본 개발	디자인/콘텐츠 팀	☐

단계	타임라인	핵심 작업	담당자	완료 여부
기술 인프라 점검	D-25일	CRM 시스템 데이터 필드 및 태그 설정	마케팅 운영 팀	☐
	D-22일	마케팅 자동화 워크플로우 구축	마케팅 운영 팀	☐
	D-20일	추적 코드 및 분석 도구 설정	마케팅 운영 팀	☐
	D-18일	리드 스코어링 모델 구축 및 테스트	마케팅 운영 팀	☐
	D-15일	리드-영업 연계 프로세스 검증	마케팅/영업 팀	☐
론칭 및 초기 실행				
론칭 준비	D-15일	내부 이해관계자 브리핑 및 교육	마케팅 매니저	☐
	D-12일	영업팀 세일즈 킷 및 대응 가이드 배포	마케팅팀	☐
	D-10일	파트너사 및 협력업체 커뮤니케이션	마케팅 매니저	☐
	D-5일	최종 QA 및 모든 디지털 자산 테스트	마케팅 운영 팀	☐
	D-2일	론칭 일정 최종 확인	전체 마케팅팀	☐
캠페인 활성화	D-일	메인 콘텐츠 공개 및 프로모션 시작	디지털 마케팅팀	☐
	D+1일	이메일 캠페인 순차적 발송	디지털 마케팅팀	☐
	D+1일	디지털 광고 캠페인 활성화	디지털 마케팅팀	☐
	D+1일	소셜 미디어 콘텐츠 캘린더 실행	소셜 미디어 팀	☐
	D+3일	웨비나/이벤트 등록 프로모션 시작	이벤트 팀	☐
초기 최적화	D+1일~	일일 성과 모니터링 체계 가동	마케팅 운영 팀	☐
	D+7일	초기 반응에 따른 광고 소재 A/B 테스트	디지털 마케팅팀	☐
	D+10일	랜딩 페이지 전환율 최적화	디지털 마케팅팀	☐
	D+15일	리드 흐름 및 처리 프로세스 섬검	마케딩 운영 팀	☐
	D+7일~	주간 성과 보고 및 이슈 대응	마케팅 매니저	☐
캠페인 확장 및 가속화				
데이터 기반 최적화	D+35일	채널별 성과 분석 및 예산 재조정	디지털 마케팅팀	☐
	D+40일	타깃 세그먼트별 반응 분석 및 전략 조정	마케팅 분석 팀	☐
	D+45일	고성과 콘텐츠 식별 및 확산 전략 수립	콘텐츠 팀	☐
	D+50일	리드 품질 분석 및 스코어링 모델 조정	마케팅 운영 팀	☐
	D+55일	전환율 개선을 위한 접점별 최적화	디지털 마케팅팀	☐
리드 육성 심화	D+45일	세그먼트별 맞춤형 너처링 캠페인 강화	마케팅 운영 팀	☐
	D+50일	추가 콘텐츠 제작 및 배포 (FAQ, 상세 가이드 등)	콘텐츠 팀	☐
	D+60일	웨비나 후속 프로그램 운영	이벤트 팀	☐
	D+65일	고관심 리드 대상 1:1 커뮤니케이션 확대	마케팅/영업 팀	☐
	D+70일	영업팀 피드백 기반 콘텐츠 보강	콘텐츠 팀	☐

단계	타임라인	핵심 작업	담당자	완료 여부
영업 연계 강화	D+60일	MQL-SQL 전환 프로세스 개선	마케팅/영업 팀	☐
	D+45일~	영업팀 인사이트 공유 미팅 정례화	마케팅 매니저	☐
	D+75일	영업 지원 콘텐츠 추가 개발	콘텐츠 팀	☐
	D+80일	고품질 리드 집중 관리 전략 수립	마케팅/영업 팀	☐
	D+85일	세일즈 인텔리전스 데이터 축적 및 활용	마케팅 분석 팀	☐

성과 분석 및 최적화

단계	타임라인	핵심 작업	담당자	완료 여부
종합 성과 분석	D+95일	브랜드 인지도 지표 변화 측정	마케팅 분석 팀	☐
	D+100일	콘텐츠 참여도 및 인게이지먼트 분석	콘텐츠/분석 팀	☐
	D+105일	리드 생성 및 전환 지표 종합 평가	마케팅 분석 팀	☐
	D+110일	채널별 기여도 및 ROI 분석	마케팅 분석 팀	☐
	D+115일	마케팅 기여 매출(MBR) 산출	마케팅/재무 팀	☐
심층 인사이트 도출	D+100일	세그먼트별 성과 차이 분석	마케팅 분석 팀	☐
	D+105일	고성과/저성과 요소 식별 및 원인 분석	마케팅 분석 팀	☐
	D+110일	콘텐츠-채널 조합 효과성 평가	콘텐츠/디지털 팀	☐
	D+115일	고객 피드백 및 영업팀 인사이트 통합	마케팅 매니저	☐
	D+120일	실행 가능한 개선 포인트 도출	마케팅 매니저	☐
장기 전략 최적화	D+110일	차기 캠페인 우선순위 및 방향성 제안	마케팅 매니저	☐
	D+115일	채널 믹스 최적화 계획 수립	디지털 마케팅팀	☐
	D+118일	콘텐츠 전략 업데이트 및 보완	콘텐츠 팀	☐
	D+120일	타깃 세그먼트 재정의 및 확장 계획	마케팅팀	☐
	D+120일	마케팅-영업 연계 프로세스 고도화 계획	마케팅/영업 리더	☐

지속 가능한 성장

단계	타임라인	핵심 작업	담당자	완료 여부
지속적 개선 체계 구축	D+125일	애자일 마케팅 프로세스 확립	마케팅 매니저	☐
	D+130일	실험 및 학습 사이클 정례화	마케팅팀	☐
	D+135일	데이터 기반 의사결정 문화 강화	마케팅 매니저	☐
	D+140일	크로스 펑셔널 협업 체계 고도화	마케팅/영업 리더	☐
	D+150일	성과 측정 및 분석 자동화	마케팅 운영 팀	☐

디맨드 제너레이션
성과 지표 추적표

지표 유형	측정 주기	주요 지표	목표값	실제값	편차
인지도 및 브랜드 지표	월간	브랜드 비보조 인지도	%	%	%
		브랜드 보조 인지도	%	%	%
		핵심 키워드 검색 볼륨			
		소셜 미디어 팔로워 증가율	%	%	%
		웹사이트 직접 방문 트래픽			
		업계 미디어 언급 횟수			
콘텐츠 성과 지표	주간	콘텐츠 총 조회수			
		콘텐츠 다운로드 수			
		평균 체류 시간	분	분	분
		페이지 이탈률	%	%	%
		웨비나 등록률	%	%	%
		웨비나 참석률	%	%	%
		콘텐츠 공유율	%	%	%
리드 생성 지표	주간	총 리드 생성 수			
		채널별 리드 수			
		리드 획득 비용 (CPL)	$	$	$
		고품질 리드 비율	%	%	%
		MQL 전환율	%	%	%
		MQL 총 수			
		MQL-SQL 전환율	%	%	%
영업 연계 지표	월간	영업 기회 창출 수			
		평균 영업 사이클 길이	일	일	일
		마케팅 기여 파이프라인 가치	$	$	$
		계약 성사율	%	%	%
		고객 획득 비용 (CAC)	$	$	$

지표 유형	측정 주기	주요 지표	목표값	실제값	편차
매출 기여 지표	분기별	마케팅 기여 매출 (MBR)	$	$	$
		마케팅 ROI	___: 1	___: 1	
		고객 생애가치 (CLV)	$	$	$
		CLV:CAC 비율	___: 1	___: 1	
		크로스셀/업셀 기회 수			
채널 효율성 지표	2주간	채널별 트래픽 기여도	%	%	%
		LinkedIn 광고 CTR	%	%	%
		이메일 오픈율	%	%	%
		이메일 클릭률	%	%	%
		웨비나 참석자당 비용	$	$	$
		소셜 미디어 참여율	%	%	%
		유기 vs 유료 리드 비율			

글로벌 경쟁 심화, 디지털 전환 가속화, 구매자 여정의 복잡화 등 현대 B2B 마케팅 환경의 변화는 디맨드 제너레이션의 중요성을 더욱 부각시키고 있다. 특히 이차전지 부품과 같이 복잡한 기술 제품과 장기적인 의사결정 과정을 가진 B2B 시장에서는 디맨드 제너레이션이 더욱 필수적이다. 디맨드 제너레이션은 단순한 마케팅 전술이 아닌 전략적 접근법이다. 이는 고객 중심적 사고, 교육적 콘텐츠, 사고 리더십, 통합적 채널 전략, 장기적 관점 등을 통해 시장에서의 진정한 수요를 창출하고, 궁극적으로는 지속가능한 비즈니스 성장을 이끌어내는 핵심 전략이라고 할 수 있다.

B2B 마케팅에서 리드 제너레이션은 단순한 연락처 수집이 아니라 예측 가능한 매출 파이프라인을 구축하는 핵심 프로세스이다. 디맨드 제너레이션이 시장에서 제품에 대한 수요 자체를 창출하는 것이라면, 리드 제너레이션은 그 수요의 구체적인 연결점을 만드는 작업이다.

리드 젠은 B2B 마케팅의 시작점이자, 마케팅 ROI를 직접적으로 증명할 수 있는 가장 중요한 활동이며, 마케터의 KPI를 정량화 할 때 가장 많이 적용되는 지표이기 때문에 기본부터 철저히 알아야 한다.

리드 젠 캠페인은 결코 단순하지 않다. 스타트업부터 대기업까지의 기업 규모별로, 금융에서 제조업까지의 목표 산업별로, C레벨부터 실무자까지의 타깃 레벨에 따라 완전히 다른 접근법을 요구한다. 각각의 상황에서 어떻게 리드를 효과적으로 발굴하고 관리할 것인지가 마케터의 핵심 역량을 결정한다.

이 장에서는 리드 젠의 개념과 디맨드 젠과의 차이점부터 MQL, SQL, PQL 등 리드 유형별 관리 방법, 시장 특성에 따른 차별화된 리드젠 전략까지 B2B 마케터들이 체계적이고 효과적인 리드젠 캠페인을 설계하고 실행할 수 있는 실무적 가이드를 제시한다.

8장
리드 제너레이션^{Lead Generation} 캠페인

리드 젠 캠페인^{Lead Gen Campaign}(잠재 고객의 연락처 정보나 관심 표현을 수집하여 영업 기회를 창출하는 마케팅 캠페인)을 설명하기 위해 이 책을 썼다고 해도 과언이 아니다. 이 장이 이 책의 최고 하이라이트이다. 이번 장에서는 리드젠의 개념부터 차근차근 설명하고, B2B마케팅의 꽃이라고 할 수 있는 리드젠 캠페인을 마케터들이 이해하고 실행할 수 있게 안내하고자 한다.

    이해를 돕기 위해 이번 장에서도 실제로 집행했던 유사 사례로 설명한다. 이번 장에서는 2개의 사례를 가지고 진행한다. 하나는 AI 기반의 보안 솔루션 회사의 리드젠 캠페인으로 목표 시장이 넓은 경우이다. B2B지만 모든 시장에 다 들어가는 커버력이 큰 제품이 있는데 보안 솔루션이 그렇다. 특정 산업분야에만 고객이 있는 것이 아니고 산업별로 특화된 솔루션을 제공해야 하는 것이 아니기 때문에 B2B지만 넓게 시장을 가져갈 수 있는 경우이다.

앞서 브랜드 캠페인에서 본 신규 아파트에 공급해야 하는 아주 한정적인 시장을 가진 제품, 디맨드 젠에서 본 이차전지 부품처럼 정해진 시장에만 팔 수 있는 제품과는 다르다. AI 보안 솔루션처럼 금융, 통신, 제조, 서비스업 등 모든 시장에 다 공급되는 제품은 마케팅 방식이 상이하다. 이렇게 넓은 시장을 목표로 할 때 리드젠 캠페인을 어떻게 진행하는지 살펴보자.

다른 하나는 집객 목표가 3천명이 되는 큰 규모의 AX$^{\text{AI Transformation}}$ 세미나를 9월에 진행한 후 연말까지 딜 클로즈를 해야 하는 리드젠 캠페인이다. 3천명을 한날 한시에 모이게 하는 일은 쉬운 일이 아니다. 그만큼 주제와 내용이 매력적이여야 한다.

보통의 경우는 세미나는 리드젠을 하기 위한 툴이지만, 이렇게 대규모 세미나의 경우에는 이 자체가 목표가 될 수 있다. 세미나 관련해서는 집객을 위한 디지털 캠페인 관점에서만 다룰 것이고, 장소 셋업 등의 오프라인 요소를 다루지 않을 것이다. 신청자 및 참석자를 대상으로 후속 캠페인도 진행할 것이고, VOD 다시 보기 후속 캠페인을 더 많은 잠재고객에게 리치할 것이다.

한 개의 세미나이지만 이 세미나가 만들 수 있는 캠페인의 종류도 여러가지이다. 이렇게 다층적으로 접근할 수 있는 캠페인은 어떻게 다루면 되는지 알아보자. 이 캠페인이 앞의 보안 솔루션 캠페인과 다른 점이 있다면 AX, DX에 반응할 고객은 일단 대기업과 중견기업 이상이라는 점이다. 앞의 브랜드 캠페인, 디맨드젠 캠페인처럼 산업군으로 우리의 목표 시장이 달라지는 경우가 있고, 지금 AX 세미나는 모든 산업을 목표로 하지만 기업규모가 일단 중견기업 이상이 되어야 해 고객의 프로파일로 목표 시장이 달라지는 경우이다. 각각의 캠페인이 어떻게 운영 방식이 달라져야 하는지 꼼꼼하게 살펴보자.

이 두 가지 모두 B2B 기업 마케팅 담당자라면 자주 요구 받는 업무이다. 자사의 솔루션으로 리드젠을 하는 것과 세미나를 단순 오프라인 행사가 아니라 리드젠 캠페인으로 발전시키는 것은 일반적인 방식으로 B2B 마케터라면 꼭 알아야 한다.

Step_1
리드젠 캠페인의 이해

리드젠 캠페인은 B2B 마케팅의 핵심 요소로, 예측 가능한 매출을 창출하는 마케팅의 성공적인 시작점이다. 단순한 연락처 수집이 아닌 예측 가능한 매출 파이프라인을 구축하는 핵심 프로세스로 이해해야 한다. 디맨드 제너레이션이 시장에서의 수요 자체를 창출하는 것이라면, 리드 제너레이션은 그 수요의 구체적인 연결점을 만드는 작업이다.

디맨드 제너레이션과 리드 제너레이션의 차이

두 개념은 비슷하게 들리지만 목적과 범위에서 중요한 차이가 있다. 디맨드 제너레이션이 시장에서 제품이나 서비스에 대한 인식과 관심을 높이는 광범위한 활동이라면, 리드 제너레이션은 그러한 관심을 가진 잠재 고객의 연락처와 프로필 정보를 수집하는 과정이다. 디맨드 제너레이션은 퍼널의 최상단에서 시작하여 인지도와 관심을 높이고, 리드 제너레이션은 그 관심을 구체적인 리드로 전환하는 단계에 중점을 둔다. 자세한 차이는 디맨드 젠 부분에서 다뤘다.

리드의 정의와 유형

리드는 기업의 제품이나 서비스에 관심을 보인 잠재 고객을 의미하며, 이러한 관심은 보통 이메일 주소, 전화번호 등 관련 정보 제공을 통해 표현된다. B2B 마케팅에서는 모든 리드가 동일한 가치를 갖지 않기 때문에 리드의 유형을 이해하는 것이 중요하다.

리드의 네 가지 유형

- MQL$^{\text{Marketing Qualified Lead}}$: 마케팅 활동을 통해 관심을 보인 리드로, 설정된 기준을 충족하여 마케팅팀이 '적격'으로 판단한 잠재고객이다. 콘텐츠 다운로드, 웨비나 참석 등 적극적 참여를 보이며, 일반적으로 리드 스코어링 시스템에서 75점 이상(기업별

기준 상이)의 점수를 얻은 리드가 해당된다.

- SAL^{Sales accepted leads} : 영업팀이 리드로 인정하고 영업 파이프라인에 넣은 리드이다.
- SQL^{Sales Qualified Lead} : 영업팀이 검증하여 실제 구매 가능성이 있다고 판단한 리드이다. 구매 의사가 명확하고, 이상적인 고객 프로필^{ICP}에 부합하며, BANT^{Budget, Authority, Need, Timeline} 또는 CHAMP^{Challenge, Authority, Money, Prioritization} 프레임워크로 검증된다.
- PQL^{Product Qualified Lead} : 제품을 직접 경험해본 후 관심을 보인 리드이다. 무료체험, 프리미엄 버전 사용 등을 통해 제품 가치를 직접 확인하며, 제품 사용 빈도, 핵심 기능 활용도, 사용자 행동 패턴 등으로 검증된다.
- SQL^{Service Qualified Lead} : 고객 서비스나 기술 지원 과정에서 추가 서비스나 업그레이드에 관심을 보인 리드이다. 이미 고객이지만 업셀이나 크로스셀 기회가 있는 경우로 추가 서비스 문의나 확장 기능 관심 표현으로 검증된다.

Step_ 2
리드젠 캠페인 기획하기

리드젠 캠페인의 성공은 체계적인 계획에서 시작된다. AI 보안 솔루션 회사와 AX$^{\text{AI Transformation}}$ 대규모 세미나 사례를 바탕으로 효과적인 리드젠 캠페인 설계를 위한 10단계 프레임워크를 살펴보자.

▼ 리드젠 캠페인 설계 10단계 프로세스

단계 \ 사례	AI 보안 솔루션 회사	AX 세미나
1. 타깃 식별	기업 규모 500인 이상, 금융 및 의료 산업 중심, IT 보안 책임자를 타깃팅한다.	기업 내 디지털 혁신 담당자, CIO/CTO, IT 관리자 등 기술 의사결정자를 타깃팅한다.
2. 온라인 유입 전략	'사이버 위협 인텔리전스' 백서, 'AI 기반 위협 탐지' 웨비나 시리즈를 활용한다.	유명 연사 하이라이트 영상, 작년 세미나 주요 인사이트 요약 콘텐츠를 활용한다.
3. 리드 캡처 메커니즘	산업별 위험 평가 도구, 보안 성숙도 진단 퀴즈를 활용한다.	조기 등록 특별 혜택, 세션 선택 및 맞춤형 아젠다 생성 도구를 활용한다.
4. 리드 검증 프로세스	BANT 기준 적용, 특히 보안 솔루션 도입 예정 시기 중점 검증한다.	참석 확률 스코어링, 과거 참석 이력 및 등록 후 행동 기반 검증을 실시한다.
5. 리드 육성 전략	산업별 위협 동향 시리즈, 단계적 보안 강화 가이드를 제공한다.	사전 브리핑 자료, 연사 프로필 및 인터뷰, 관련 업계 트렌드 콘텐츠를 제공한다.
6. 세일즈 이관 기준	보안 평가 요청, 데모 신청, 도입 관련 구체적 질문을 기준으로 삼는다.	1:1 미팅 요청, 솔루션 상담 신청, VIP 세션 참여 의사를 기준으로 삼는다.
7. 전환 유도 전략	제한적 특별 제안, 무료 보안 진단, 경쟁사 비교 분석을 제공한다.	세미나 당일 특별 프로모션, 전문가 상담 예약 인센티브를 제공한다.
8. 성과 분석 체계	AI 보안 사례에서는 채널별 CPL, 리드-기회 전환율, 영업 사이클 기간을 측정한다.	등록-참석 비율, 세션별 참여도, 사후 미팅 전환율을 측정한다.
9. 고객 유지 프로그램	보안 커뮤니티 구축, 정기 위협 인텔리전스 보고서를 제공한다.	참석자 전용 콘텐츠, 커뮤니티 플랫폼, 후속 소규모 워크숍을 운영한다.
10. 기술 인프라 구축	잠재고객 행동 추적, AI 기반 리드 스코어링, CRM 통합을 구현한다.	이벤트 관리 플랫폼, 모바일 앱, 참석자 참여 분석 도구를 활용한다.

이 10단계 프레임워크는 단순한 리드 수집을 넘어 고품질 리드를 발굴하고 효과적으로 육성하여 최종적으로 고객으로 전환하는 전체 과정을 다룬다. 각 단계는 상호 연결되어 있으며, 전체 프로세스의 일관성과 효율성을 위해 사전에 철저히 계획되어야 한다.

타깃 고객 정의 ICP (페르소나)

효과적인 리드젠 캠페인의 핵심은 명확한 타깃 고객 정의에서 시작된다. 단순히 '많은' 리드가 아닌 '적합한' 리드를 유치하기 위해서는 이상적인 고객 프로필(ICP)과 구체적인 페르소나를 정의해야 한다. 앞에서도 설명했지만 리드젠에서 예시로 들고 있는 사례 중 보안솔루션은 모든 기업이 필요로 하는 솔루션이고, AX의 경우 관심을 보이고 실제로 도입할 수 있으려면 최소한 중견기업 이상이어야 한다는 점에서 명확한 차이가 있다. 이런 차이가 고객의 페르소나 설정에서부터 어떻게 달라지는지 꼼꼼하게 살펴보자.

B2B ICP Ideal Customer Profile 정의 프레임워크

ICP는 제품이나 서비스에 가장 적합한 기업의 특성을 정의한 것으로 다음과 같은 요소를 포함한다.

1. 산업/업종 : NAICS/SIC 코드 기반 타깃 산업을 선정한다. AI 보안 사례에서는 금융(52%), 의료(28%), 공공(12%), 제조(8%)를, AX 세미나 사례에서는 IT 서비스(40%), 금융(25%), 통신(15%),

제조(10%), 기타(10%)를 타깃팅한다.

2. 기업 규모 : 연간 매출, 직원 수, 시장 가치를 기준으로 한다. AI 보안 사례에서는 500~5,000명 직원 수, 연매출 500억~5,000억원 기업을, AX 세미나 사례에서는 대기업과 중견기업을 타깃팅한다.
3. 지역 : 타깃 시장의 지리적 분포, 본사 및 지사 위치를 고려한다. AI 보안 사례에서는 수도권(70%), 부산/경남(15%), 기타 지역(15%)을, AX 세미나 사례에서는 수도권(85%), 지방 대도시(15%)를 타깃팅한다.
4. 기술 스택 : 현재 사용 중인 시스템, 도구, 플랫폼을 고려한다. AI 보안 사례에서는 클라우드 기반 인프라, 레거시 보안 솔루션 사용 조직을, AX 세미나 사례에서는 디지털 전환 계획 보유, SaaS 솔루션 검토 중인 조직을 타깃팅한다.
5. 비즈니스 과제 : 해결이 필요한 주요 비즈니스 문제점을 파악한다. AI 보안 사례에서는 고도화된 사이버 위협 증가, 보안 인력 부족, 규제 준수 부담을, AX 세미나 사례에서는 디지털 경쟁력 강화, 기술 혁신 가속화, 효율성 증대 필요를 고려한다.

구매자 페르소나 개발

ICP가 타깃 기업을 정의한다면, 페르소나는 구매 결정에 관여하는 개인들의 프로필을 구체화한다. 효과적인 B2B 리드젠을 위해서는 다양한 의사결정자와 영향력 행사자들의 페르소나를 개발해야 한다.

AI 보안 솔루션 사례의 핵심 페르소나

1. 보안 책임자 '박보안' (주요 의사결정자)
   - 역할: CISO, 보안 총괄 책임자
   - 인구통계: 45~55세, IT/보안 분야 15년+ 경력
   - 목표: 조직의 사이버 보안 태세 강화, 보안 운영 효율화
   - 도전과제: 고도화되는 위협, 제한된 예산과 인력, 경영진 설득
   - 정보 습득 채널: 보안 컨퍼런스, 산업 보고서, 동료 CISO 네트워크
   - 구매 고려사항: 보안 효과성, ROI, 기존 인프라와의 통합성

2. IT 관리자 '김기술' (기술 평가자)
   - 역할: IT 인프라 또는 보안 운영 관리자
   - 인구통계: 35~45세, 기술 분야 10년+ 경력
   - 목표: 안정적인 시스템 운영, 효율적인 보안 관리
   - 도전과제: 복잡한 IT 환경, 증가하는 알림, 인력 부족
   - 정보 습득 채널: 기술 블로그, 웨비나, 온라인 포럼, 기술 문서
   - 구매 고려사항: 기술적 세부사항, 사용 편의성, 지원 및 교육

3. 재무 책임자 '이예산' (경제적 구매자)

- 역할: CFO, 재무 이사
- 인구통계: 50~60세, 재무/경영 분야 20년+ 경력
- 목표: 비용 최적화, 투자 수익 극대화
- 도전과제: 제한된 예산 배분, 투자 우선순위 결정
- 정보 습득 채널: 재무 보고서, 분석가 연구, 업계 벤치마크
- 구매 고려사항: 비용 대비 효과, TCO, 위험 대비 투자 가치

AX 세미나 사례의 핵심 페르소나

1. 혁신 책임자 '최디지털' (참석 결정권자)
   - 역할: CIO, 디지털 혁신 책임자
   - 인구통계: 40~50세, IT/디지털 분야 15년+ 경력
   - 목표: 조직의 디지털 경쟁력 강화, 혁신 문화 조성
   - 도전과제: 빠른 시장 변화, 디지털 인재 확보, 변화 관리
   - 정보 습득 채널: 전문 컨퍼런스, 리서치 기관 보고서, 컨설팅 파트너
   - 참석 고려사항: 연사 품질, 네트워킹 기회, 실용적 인사이트

2. 기술 전략가 '정전략' (콘텐츠 평가자)
   - 역할: IT 전략 담당자, 기술 로드맵 책임자
   - 인구통계: 35~45세, 기술 및 전략 분야 10년+ 경력
   - 목표: 효과적인 기술 전략 수립, 미래 트렌드 파악

- 도전과제: 기술 선택의 복잡성, 빠른 기술 변화, 비즈니스 연계
- 정보 습득 채널: 기술 블로그, 웨비나, 산업 분석 보고서
- 참석 고려사항: 세션 관련성, 구체적 사례 연구, 실행 가능한 통찰

3. 팀 관리자 '한매니저' (팀 참석 코디네이터)
   - 역할: IT/디지털 팀 관리자, 프로젝트 리더
   - 인구통계: 30~40세, IT 프로젝트 관리 5-10년 경력
   - 목표: 팀 역량 강화, 효율적인 프로젝트 실행
   - 도전과제: 팀 일정 조정, 학습 기회 최적화, 지식 공유
   - 정보 습득 채널: 업계 뉴스레터, 온라인 커뮤니티, 소셜 미디어
   - 참석 고려사항: 팀 개발 가치, 일정 유연성, 세션 다양성

리드 스코어링 모델 개발

효과적인 리드젠 캠페인을 위해서는 단순히 많은 리드를 생성하는 것이 아니라, 리드의 품질을 평가하고 우선순위를 정하는 체계적인 방법이 필요하다. 리드 스코어링 모델은 마케팅팀이 생성한 리드 중에서 영업팀이 집중해야 할 가치 있는 리드를 식별하는 데 도움을 준다.

예측 리드 스코어링 모델 구축

리드 스코어링은 단순한 점수 부여를 넘어 데이터 기반의 예측 모델

을 활용하면서 전환 가능성이 높은 리드를 식별하는 방향으로 발전하고 있다. 효과적인 예측 리드 스코어링 모델의 주요 구성 요소들을 확인해 보자. 이론적으로는 프로파일이 더 중요하지만, 실무에서 경험해 보면 프로파일 정보에서는 오는 데이터보다 우리 기업의 활동에 반응하는 행동 데이터와 참여도가 스코어링의 차별화 포인트이다. 잠재고객이 가진 잠재력의 조건은 동일하기 때문에 실제로 반응하고 행동하는 것에 더 주목해야 한다. 관심이 있고 니즈가 있어야 반응을 보이는 것이기 때문에 잠재고객이 될 수 있는 반응을 보이는지에 더 집중해 스코어링을 해야 효과적이다.

1. 명시적 정보 (20%)
   - 직책 레벨: C-레벨(20점), 디렉터(15점), 매니저(10점), 기타(5점)
   - 부서: 타깃 부서(20점), 관련 부서(10점), 기타(5점)
   - 의사결정 권한: 주요 의사결정자(20점), 영향력 행사자(15점), 기타(5점)
2. 기업 정보 (20%)
   - 산업 적합성: 핵심 산업(30점), 부 타깃 산업(20점), 기타(5점)
   - 기업 규모: 이상적 규모(30점), 적정 규모(20점), 미달 규모(5점)
   - 기술 스택: 호환성 높음(20점), 중간(10점), 낮음(5점)
3. 행동 데이터 (30%)
   - 웹사이트 방문: 5회 이상(15점), 3~4회(10점), 1~2회(5점)

- 페이지 체류 시간 : 5분 이상(15점), 2~5분(10점), 2분 미만(5점)
- 고가치 페이지 방문 : 가격 페이지(15점), 기술 사양(10점), 기본 정보(5점)

4. 참여도 (20%)
- 콘텐츠 다운로드 : 고급 콘텐츠(15점), 중급(10점), 기본(5점)
- 이벤트 참여 : 웨비나 참석(15점), 등록만(10점), 이벤트 관심(5점)
- 이메일 활동 : 높은 참여(15점), 중간(10점), 낮음(5점)

5. 타이밍 (10%)
- 최근 활동 : 7일 이내(15점), 30일 이내(10점), 30일 이상(5점)
- 활동 빈도 : 주 2회 이상(15점), 주 1회(10점), 월 1-2회(5점)
- 구매 신호 : 명확한 구매 의향(20점), 간접적 관심(10점), 불명확(5점)

자동화 규칙 및 실시간 스코어링

스코어링을 하는 이유 중 하나는 자동화를 위한 규칙 생성이다. 리드 스코어링은 점수 부여를 넘어 실시간으로 리드의 행동에 따라 점수를 업데이트하는 자동화된 시스템으로 발전하고 있다. 마케팅 자동화 플랫폼을 활용하여 다음과 같은 자동화 규칙을 구현할 수 있다.

1. 직책 자동 추출 및 스코어링
- 규칙 : 이메일 도메인과 LinkedIn 프로필을 크롤링하여 직책 정보

자동 추출
- 적용 : AI 기반 텍스트 분석으로 직책 레벨 판단 및 점수 자동 부여
- 예시 : 'Chief Information Security Officer' 직함 인식 시 자동으로 C-레벨(20점) 부여

2. 기업 데이터 자동 연동
 - 규칙 : Dun & Bradstreet(D&B), 신용평가정보 등 기업 데이터베이스와 API 연동
 - 적용 : 이메일 도메인 기반으로 기업 정보 자동 조회 및 점수화
 - 예시 : @xxxxbank.com 도메인 감지 시 금융 산업(20점), 직원 수 검증 후 점수 부여

3. 행동 추적 자동화
 - 규칙 : 웹사이트, 이메일, 광고 등 다양한 채널에서의 행동 통합 추적
 - 적용 : 태그 관리 시스템으로 사용자 행동 실시간 모니터링 및 점수 업데이트
 - 예시 : '데모 요청' 페이지 방문 시 자동으로 고가치 페이지 점수(15점) 부여

4. 참여도 실시간 업데이트
 - 규칙 : 콘텐츠 소비, 이벤트 참여, 이메일 반응 등 자동 추적
 - 적용 : 마케팅 자동화 플랫폼에서 참여 활동 감지 시 점수 실시간 반영

- 예시: 웨비나 75% 이상 시청 완료 시 '높은 참여'로 자동 분류하여 15점 부여
5. 인텐트 데이터 통합
  - 규칙: 서드파티 인텐트 데이터 제공업체 API 연동
  - 적용: 타깃 키워드 검색, 관련 사이트 방문 등 외부 시그널 반영
  - 예시: 경쟁사 솔루션 비교 검색 감지 시 '구매 신호' 점수(20점) 자동 부여

이러한 자동화 규칙은 마케팅 자동화 플랫폼[HubSpot, Marketo, Pardot 등]과 CRM 시스템[Salesforce, Microsoft Dynamics 등]의 통합을 통해 구현될 수 있다. 자동화된 스코어링 시스템은 마케팅팀이 수동으로 리드를 평가할 필요 없이 리드의 행동에 따라 실시간으로 점수를 업데이트하고 설정된 임계값에 도달하면 자동으로 영업팀에 알림을 보낼 수 있다.

실제로 CRM 관련해 알아보고 싶은 자료가 있어서 세일즈포스에서 영상을 하나 시청하고 자료를 하나 다운로드 받았는데 다음날 바로 영업 사원이 연락이 와서 깜짝 놀란 적이 있다. 도입 의사가 있어 자료를 시청하고 다운로드 받은 것은 아니라고 상황을 설명하고 사과한 후에 통화를 마무리했다.

팔로알토에서도 AI 보고서를 다운로드 받았는데, 몇 시간 후에 추가적인 팔로업을 하겠다는 이메일을 받았다. 이처럼 미국의 B2B 테크 기업들은 스코어링 및 이후 팔로업 조치를 자동화

해 업무가 프로세스에 따라 체계적으로 진행되게 한다. 마케팅이 오늘 한 번 하는 특별한 일이 되어서는 안 되고, 기업이 지속 가능한 성장을 하기 위해 장기적인 관점에서 지속적으로 진행되는 프로세스로 자리 잡아야 한다는 점을 다시 강조하고 싶다.

지금까지 살펴본 리드젠 캠페인 기획의 핵심 요소들은 성공적인 리드 생성의 기반을 마련한다. 명확한 타깃 정의, 체계적인 캠페인 설계, 정교한 리드 스코어링 모델은 단순히 많은 리드가 아닌 질 높은 리드를 생성하고 영업팀에 전달하기 위한 필수 요소이다.

Step_ 3
리드젠 캠페인 실행하기

리드 생성에서 전환까지의 프로세스

리드젠은 단순한 이벤트가 아닌 하나의 프로세스다. 잠재고객이 처음 브랜드를 인식하는 순간부터 구매 결정을 내리기까지 전체 여정을 체계적으로 관리해야 한다. 이 과정은 단순히 리드를 많이 확보하는 것이 아니라 질 높은 리드를 영업팀에 전달하여 최종적으로 매출로 연결시키는 것이 핵심이다.

B2B 리드 생성의 핵심 과정은 크게 인지, 관심, 검토, 결정의 네

단계로 나눌 수 있다. 각 단계별로 효과적인 전략을 살펴본다.

인지 Awareness 단계

인지 단계에서는 고객이 처음 브랜드를 접하는 시기로 솔루션의 차별점을 알리는 것이 중요하다. LinkedIn과 Google 검색 광고, 디스플레이 네트워크와 같은 디지털 광고를 활용하고, SEO에 최적화된 블로그나 인포그래픽, 짧은 영상 등의 콘텐츠 마케팅이 효과적이다. 업계 해시태그를 활용한 소셜 미디어 콘텐츠 공유와 함께 업계 미디어 보도자료 및 전문가 인터뷰를 통한 PR 활동도 중요하다.

- AI 보안 솔루션 회사의 경우, "2025년 사이버 보안 위협 전망" 같은 업계 트렌드 보고서를 발행하거나 LinkedIn을 통해 보안 인사이트 시리즈를 공유하는 것이 효과적이다. 또한 정기적인 보안 트렌드 분석 콘텐츠를 제공하는 블로그를 운영하고, 주요 보안 컨퍼런스에서 연사 활동을 하는 것도 좋은 방법이다.

- AX 세미나의 경우에는 AI 트랜스포메이션 성공 사례를 짧은 테마별 영상 시리즈로 제작하고, 세미나 연사와의 사전 인터뷰를 공개하는 것이 효과적이다. 요즘은 숏폼 영상이 대세이기 때문에 세미나의 긴 내용보다는 핵심 내용만 숏폼

시리즈로 작업해서 올리는 것이 효과적이다. 산업별 AI 도입 현황을 분석한 벤치마크 보고서를 발행하거나 업계 매체에 AI 혁신 관련 전문가 칼럼을 기고하는 방법도 고려할 수 있다.

관심 Interest 단계

인지 단계를 통해 브랜드를 알게 된 잠재고객이 더 깊은 관심을 가질 수 있도록 다음 단계의 콘텐츠를 제공해야 한다. 채널 관점에서는 사이트 방문자를 대상으로 한 리타깃팅과 관심 주제별 콘텐츠 뉴스레터를 활용한 이메일 마케팅이 효과적이다. 또한 전문 주제별 심층 세션을 다루는 웨비나 온라인 이벤트를 개최하고, 가치 있는 콘텐츠를 다운로드할 수 있는 리드 매그넷(잠재 고객이 연락처 정보를 제공하도록 유도하기 위해 제공되는 유용한 콘텐츠나 혜택)을 제공하는 것도 좋은 방법이다.

- AI 보안 솔루션 회사라면 "AI 기반 위협 탐지 시스템의 작동 원리"와 같은 백서를 제공하거나 "차세대 보안 위협 대응 전략" 주제의 웨비나를 개최할 수 있다. 기술 아키텍처와 구현 방법론을 소개하는 상세 솔루션 가이드를 제공하고, 보안 솔루션 도입 시 예상되는 비용 절감 효과를 계산할 수 있는 ROI 계산기를 제공하는 것도 좋은 방법이다.

- AX 세미나의 경우, 기업의 AI 준비도를 평가해주는 자가진단 도구를 제공하고, 실제 비즈니스 임팩트를 중심으로 산업별 AI 적용 사례를 분석한 연구 자료를 공유할 수 있다. 또한 단계별 AI 도입 계획 수립을 위한 로드맵 템플릿을 제공하고, 본 세미나의 핵심 내용을 미리 볼 수 있는 프리뷰 웨비나를 진행하는 것도 고려할 만하다.

검토 Consideration 단계

검토 단계에서는 잠재고객이 실제 구매를 위한 정보를 모으는 시기다. 행동 기반의 자동화된 콘텐츠 시리즈를 활용한 이메일 너처링과 세그먼트별로 최적화된 메시지를 담은 맞춤형 랜딩페이지가 효과적이다. 또한 라이브 또는 온디맨드 형태의 제품 데모와 특정 솔루션이나 이벤트를 위한 전용 마이크로사이트도 고려할 만하다.

- 이 단계에서는 라이브 또는 온디맨드 형태의 솔루션 데모 세션을 제공하고, 기술 담당자를 위한 심층 FAQ 자료를 준비하는 것이 중요하다. 주요 경쟁 제품과의 차별점을 분석한 비교 자료와 유사 업종이나 규모의 기업 도입 사례를 소개하는 케이스 스터디도 효과적이다.

- AX 세미나의 경우, 참석자가 관심 세션을 선택할 수 있도록

세션별 상세 프로그램 정보를 제공하고, 핵심 주제에 대한 전문가 논의를 미리 볼 수 있는 패널 토론 하이라이트를 공유할 수 있다. 세미나에서 만날 수 있는 전문가와 기업에 대한 정보와 함께 세미나에서 최대 효과를 얻기 위한 준비 체크리스트를 제공하는 것도 좋은 방법이다.

결정^{Decision} 단계

결정 단계에서는 잠재고객이 구매 결정을 내릴 수 있도록 돕는 활동이 중요하다. 영업 담당자의 개인화된 직접 연락과 솔루션 검토 및 질의응답을 위한 화상 미팅이 중요하다. 고객 상황에 맞춘 맞춤형 제안서와 함께 유사 사례 고객과의 연결을 통한 레퍼런스 확인도 효과적인 전략이다.

- 고객 상황에 최적화된 맞춤형 제안서를 준비하고, 낮은 리스크로 솔루션을 검증할 수 있는 파일럿 프로젝트를 제안할 수 있다. 도입부터 운영까지의 단계별 계획을 제시하는 구현 로드맵과 함께 유사한 도입 경험이 있는 기존 고객과의 대화를 주선하는 것도 효과적이다.

- AX 세미나의 경우에는 최종 아젠다와 부가 혜택을 안내하며 세미나 참석을 확정하고, 참석자의 관심사에 맞는 세션을

추천하는 개인화된 참석 계획을 제공할 수 있다. 주요 의사결정자를 대상으로 한 VIP 세션을 마련하고, 세미나 중 전문가와의 1:1 상담 기회를 예약할 수 있도록 하는 것도 좋은 전략이다.

콘텐츠 캠페인 시퀀스 설계

리드 생성부터 전환까지의 여정은 잘 설계된 콘텐츠 시퀀스를 통해 자연스럽게 유도해야 한다.

- AI 보안 솔루션 회사의 경우, "최신 사이버 보안 위협 동향" 블로그로 시작하여 소셜미디어 홍보와 관련 키워드 광고를 통해 인식을 높이는 것이 좋다. 블로그 방문자에게는 "2025 보안 위협 전망 보고서" 다운로드를 제안하고, 보고서 다운로드 후에는 "AI 기반 보안 솔루션의 5가지 이점"이라는 주제의 이메일을 발송할 수 있다. 이메일에 참여한 사용자에게는 "실시간 위협 탐지 웨비나"에 초대하고, 웨비나 참석자에게는 "금융 산업을 위한 AI 보안 가이드"를 제공하는 식으로 단계적으로 관계를 발전시켜 나간다. 가이드 다운로드 후에는 "맞춤형 보안 평가"를 제안하고, 보안 평가 신청자에게는 영업팀을 연결하여 솔루션 데모를 제공하는 방식으로 영업으로 연계할 수 있다.

- AX 세미나의 경우, 먼저 사전 캠페인 단계에서는 "기업의 AI 트랜스포메이션 성공 사례" 영상 시리즈로 시작하여 소셜 미디어를 통해 공유한다. 이때 중견기업 이상을 타깃으로 한 정교한 타깃팅이 중요하다. 영상 시청자에게는 "AI 성숙도 자가진단" 도구를 제공하고, 진단에 참여한 사용자에게는 "산업별 AI 적용 전략" 보고서를 제공한다. 보고서 다운로더에게는 "AX 세미나 사전 등록" 안내를 보내며, 등록자에게는 "세미나 참석 가이드"와 "맞춤 세션 추천"을 제공한다. 등록 페이지에서는 참석 혜택과 주요 연사 정보를 강조하고, 조기 등록자를 위한 특별 혜택을 마련하여 등록률을 높인다. 또한 미등록자에게는 리타깃팅 광고와 리마인더 이메일을 통해 지속적인 참여를 유도한다.

- 세미나 진행 단계에서는 참석률을 높이기 위한 SMS 리마인더를 발송하고, 디지털 체크인 시스템을 통해 참석자 데이터를 정확히 확보한다. 세션별로 실시간 Q&A와 투표 시스템을 운영하여 참여도를 높이고, 참석자에게는 추가 자료와 연사 슬라이드 다운로드 링크를 제공한다. 이와 동시에 각 세션을 녹화하고 편집 준비를 하며, 핵심 세션에서는 짧은 하이라이트 클립을 제작하여 향후 소셜 미디어 확산에 활용한다. 또한 참석자의 피드백과 질문을 수집하여 후속 콘텐츠 기획에 반영한다.

- 세미나 이후 VOD 다시보기 캠페인 단계에서는 세미나 전체 세션을 주제별로 편집하여 VOD 시리즈를 제작하고, 산업별/역할별 맞춤형 하이라이트 패키지를 구성한다. 각 VOD에는 추가 리소스와 액션 아이템을 첨부하여 가치를 높인다. 배포 전략으로는 참석자에게 우선적으로 VOD 전체 액세스를 제공하고, 미참석 등록자에게는 맞춤형 VOD 패키지를 제공한다. 신규 잠재고객을 위해서는 요약 클립과 인사이트 리포트를 제공하며 전체 VOD 등록을 유도한다. 또한 참석자 추천 프로그램을 운영하여 동료 초대 시 프리미엄 콘텐츠를 제공함으로써 확산을 촉진한다. VOD 시청 행동을 추적하고, VOD 내 인터랙티브 요소를 삽입하여 지속적인 데이터 수집을 진행하며, 시청자 프로필링과 관심도 스코어링 시스템을 구축한다.

- 심화 리드젠 단계에서는 세미나 참석자, VOD 시청자, 자료 다운로더 등을 세그먼트별로 분류하고, 관심 주제, 참여도, 회사 규모에 따라 우선순위를 설정한다. 산업별/역할별 맞춤형 접근 전략을 수립하여 각 세그먼트에 최적화된 메시지를 전달한다. 고관여 리드에게는 "AI 로드맵 템플릿"과 "1:1 전문가 상담"을 제안하고, 중관여 리드에게는 "AI 구현 성공을 위한 체크리스트"와 "산업별 심층 사례 연구"를 제공한다. 저관여

리드에게는 "AI 트랜드 뉴스레터"와 "소규모 웨비나 시리즈" 초대를 통해 지속적인 관계를 유지한다. 세일즈팀과 마케팅팀의 협업으로 고관여 리드를 대상으로 "AI 레디니스 워크숍"을 진행하고, 핵심 의사결정자에게는 "AI 트랜스포메이션 구현 계획"을 맞춤 제안한다. 또한 성공적인 파일럿 프로젝트를 제안하고 단계적 접근법을 제시하여 전환을 가속화한다.

- 마지막으로 딜 클로징 단계에서는 잠재고객별 맞춤형 ROI 분석과 비즈니스 케이스를 제공하고, 경쟁사 대비 차별화 포인트를 강조하는 자료를 제작한다. 기존 고객의 성공 사례와 레퍼런스를 연결하여 신뢰를 구축하고, 연말 특별 인센티브 프로그램을 운영하여 계약 체결을 촉진한다. 단계적 구현 옵션과 확장 로드맵을 제시하고, 신속한 계약 체결을 위한 법무/구매 부서 대상 지원 자료를 제공한다.

- 전체 캠페인의 성과는 세미나 등록 및 참석률, VOD 등록 및 시청 완료율, 심화 콘텐츠 참여율, 영업 기회 창출 수 및 전환율, 최종 계약 규모 및 ROI 등의 KPI를 통해 측정한다. 전체 여정에서 수집된 데이터는 2025년 캠페인 전략 수립에 활용하고, 성공적인 리드젠 패턴을 분석하여 향후 세미나 계획에 반영한다. 산업별/역할별로 효과적인 메시지와 콘텐츠

유형을 파악하여 지속적인 마케팅 최적화를 진행한다.

AX 세미나는 앞에서 말한 것처럼 단순한 1건의 리드젠 캠페인이 아니다. 단일 세미나를 넘어 VOD 캠페인과 심화 리드젠까지 연결되는 통합적인 접근법을 제시하기 때문에 마케터라면 깊이 있게 공부해 볼 내용이다. 각 단계에서 수집된 데이터를 활용해 점점 더 타깃팅된 메시지와 제안을 제공함으로써 연말까지 효과적인 딜 클로징을 달성해 가는 과정이다.

AX세미나 리드젠 캠페인 시퀀스 설계

1. 사전 캠페인 단계: 3천명 집객 (7-8월)	
초기 인지 확산	• "기업의 AI 트랜스포메이션 성공 사례" 영상 시리즈 제작 및 소셜 미디어 배포 • 산업별 타깃팅된 LinkedIn 및 페이스북 광고 캠페인 운영 • 중견기업 이상 의사결정자 대상 맞춤형 이메일 마케팅
참여 유도	• 영상 시청자에게 "AI 성숙도 자가진단" 도구 제공 • 진단 참여자에게 "산업별 AI 적용 전략" 보고서 제공 • 보고서 다운로더에게 "AX 세미나 사전 등록" 안내
등록 최적화	• 등록 페이지에 참석자 혜택 및 주요 연사 하이라이트 강조 • 조기 등록자 특전 제공 (연사와의 VIP 네트워킹 기회 등) • 등록 후 "세미나 참석 가이드"와 "맞춤 세션 추천" 제공 • 미등록자 대상 리타깃팅 광고 및 리마인더 이메일 시리즈

2. 세미나 진행 단계 (9월)	
참여 극대화	• 세미나 당일 참석률 높이기 위한 SMS 리마인더 발송 • 디지털 체크인 시스템으로 참석자 데이터 확보 • 세션별 실시간 Q&A 및 투표 시스템 운영 • 참석자 대상 추가 자료 및 연사 슬라이드 다운로드 링크 제공
콘텐츠 최적화	• 각 세션 녹화 및 편집 준비 (VOD 캠페인용) • 핵심 세션에서 짧은 하이라이트 클립 제작 (소셜미디어 확산용) • 참석자 피드백 및 질문 수집 (후속 콘텐츠 기획용)

3. VOD 다시보기 캠페인 단계 (9-10월)	
VOD 콘텐츠 최적화	• 세미나 전체 세션을 주제별로 편집하여 VOD 시리즈 제작 • 산업별/역할별 맞춤형 하이라이트 패키지 구성 • 각 VOD에 추가 리소스 및 액션 아이템 첨부
배포 전략	• 참석자에게 우선적으로 VOD 전체 액세스 제공 • 미참석 등록자에게 맞춤형 VOD 패키지 제공 • 신규 잠재고객 대상 요약 클립 및 인사이트 리포트 제공하며 전체 VOD 등록 유도 • 참석자 추천 프로그램 운영 (동료 초대 시 프리미엄 콘텐츠 제공)

참여 데이터 수집	VOD 시청 행동 추적 (관심 주제, 시청 완료율, 재시청 데이터)
	VOD 내 인터랙티브 요소 삽입 (설문, 퀴즈, 추가 자료 신청)
	시청자 프로파일링 및 관심도 스코어링 시스템 구축

4. 심화 리드젠 단계 (10-12월)

리드 세그먼테이션	세미나 참석자, VOD 시청자, 자료 다운로더 등 세그먼트별 분류 관심 주제, 참여도, 회사 규모에 따른 우선순위 설정 산업별/역할별 맞춤형 접근 전략 수립
맞춤형 후속 캠페인	고관여 리드: "AI 로드맵 템플릿"과 "1:1 전문가 상담" 제안 중관여 리드: "AI 구현 성공을 위한 체크리스트"와 "산업별 심층 사례 연구" 제공 저관여 리드: "AI 트랜드 뉴스레터"와 "소규모 웨비나 시리즈" 초대
전환 가속화	세일즈팀과 마케팅팀 협업으로 고관여 리드 대상 "AI 레디니스 워크숍" 진행 핵심 의사결정자 대상 "AI 트랜스포메이션 구현 계획" 맞춤 제안 성공적인 파일럿 프로젝트 제안 및 단계적 접근법 제시

5. 딜 클로징 단계 (11-12월)

의사결정 지원	잠재고객별 맞춤형 ROI 분석 및 비즈니스 케이스 제공 경쟁사 대비 차별화 포인트 강조 자료 제작 기존 고객 성공 사례 및 레퍼런스 연결
계약 촉진	연말 특별 인센티브 프로그램 운영 단계적 구현 옵션과 확장 로드맵 제시 신속한 계약 체결을 위한 법무/구매 부서 대상 지원 자료 제공

성과 측정 및 최적화

전체 캠페인 KPI	세미나 등록 및 참석률 VOD 등록 및 시청 완료율 심화 콘텐츠 참여율 영업 기회 창출 수 및 전환율 최종 계약 규모 및 ROI
데이터 활용	전체 여정에서 수집된 데이터로 2025년 캠페인 전략 수립 성공적인 리드젠 패턴 분석 및 향후 세미나 계획에 반영 산업별/역할별 효과적인 메시지 및 콘텐츠 유형 파악

MQL, SQL, SAL 관리 체계

효과적인 리드젠 캠페인을 위해서는 생성된 리드를 체계적으로 분류하고 관리하는 시스템이 필수적이다. MQL$^{Marketing\ Qualified\ Lead}$, SQL$^{Sales\ Qualified\ Lead}$, SAL$^{Sales\ Accepted\ Lead}$의 명확한 정의와 관리 프로세스를 수립해야 한다.

리드 자격 심사 프레임워크

리드 자격을 평가하는 대표적인 프레임워크로는 BANT와 CHAMP가 있다. IBM에서 개발한 BANT 프레임워크는 예산^{Budget}, 권한^{Authority}, 필요성^{Need}, 타이밍^{Timeline}을 기준으로 리드의 자격을 평가한다. AI 보안 솔루션 사례에서는 보안 솔루션 도입 예산 보유 여부, CISO나 IT 보안 책임자와 같은 의사결정권자 여부, 현재 보안 문제나 규제 준수 요구사항, 3~6개월 내 솔루션 도입 계획 등을 기준으로 평가할 수 있다.

CHAMP 프레임워크는 고객 중심적 접근법으로, 고객이 직면한 구체적인 과제^{Challenge}, 의사결정 구조와 영향력^{Authority}, 투자 가능 금액 및 ROI 기대치^{Money}, 조직 내 이 문제의 중요도^{Prioritization}를 기준으로 평가한다. AX 세미나 사례에서는 기업의 디지털 전환 장애물이나 AI 도입 어려움, CIO나 CTO 같은 의사결정자 여부, AI 이니셔티브 관련 예산 규모 및 할당 계획, 회사 내 AI 도입의 전략적 중요도 및 우선순위 등을 기준으로 평가할 수 있다.

IBM이 개발한 리드자격 평가 프레임 BANT

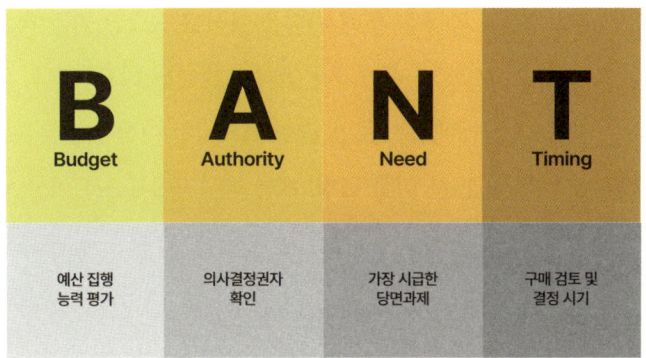

리드 자격 평가 위한 CHAMP 프레임워크

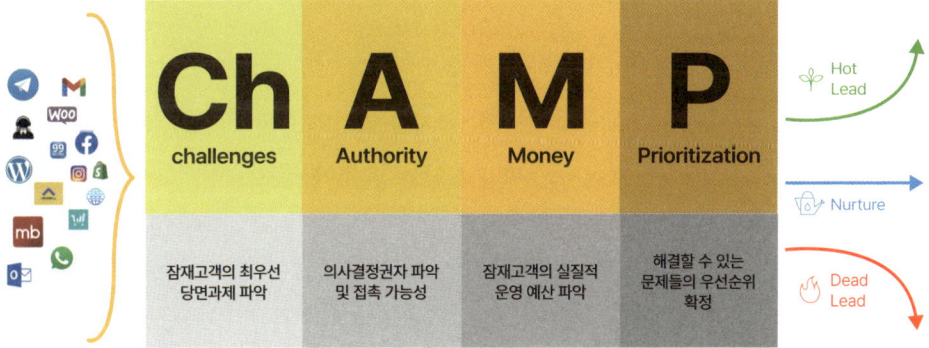

MQL, SQL, SAL의 정의와 관리

- MQL은 마케팅 활동을 통해 관심을 보이고 정의된 기준에 따라 잠재고객으로서의 가치가 있다고 판단된 리드다. AI 보안 솔루션 사례에서는 보안 관련 백서 2건 이상 다운로드, 웨비나 참석 및 15분 이상 시청, 제품 페이지에서 3분 이상 체류, 리드 스코어 70점 이상, IT 보안 관련 직책 보유 등을 MQL 기준으로 설정할 수 있다. MQL은 자동화된 스코어링 시스템을 통해 식별하고, MQL 발생 시 마케팅 자동화 시스템에서 알림을 보내는 것이 좋다. 마케팅팀은 48시간 이내에 초기 검증을 진행하고, 추가 육성이 필요한 경우 너처링 프로그램에 배정하거나 영업팀 전달 준비가 된 경우 SQL 전환을 검토한다.

- SQL은 영업팀이 검토하여 잠재 고객으로서의 가치를 인정하고, 적극적인 영업 활동을 시작할 가치가 있다고 판단한 리드다. AX 세미나 사례에서는 세미나 참석 후 추가 정보 요청, BANT/CHAMP 기준 중 최소 세 가지 충족, 회사 규모 500인 이상 또는 연매출 500억 이상, 디지털 전환 프로젝트 진행 중 또는 계획 단계, 의사결정자 또는 강력한 영향력 보유자 등을 SQL 기준으로 설정할 수 있다. SQL은 영업팀이 24시간 이내에 검토하고 전화나 이메일을 통해 초기 접촉을 시도한다. 이후 추가 정보 수집 및 관계 구축을 진행하고, 영업 기회 생성

여부를 결정한 뒤 영업 단계별 활동 계획을 수립한다.

- SAL은 영업팀이 공식적으로 수락하고 적극적인 영업 활동을 진행하기로 결정한 리드다. SAL로 인정받기 위해서는 영업팀이 리드 품질을 인정하고 수락해야 하며, 초기 접촉에서 긍정적인 반응을 확인하고, 구체적인 니즈와 타임라인을 파악하며, 예산 논의 단계에 진입하고, 의사결정 과정과 관련자 매핑이 완료되어야 한다. SAL은 영업팀이 공식적으로 리드를 수락하고 CRM 시스템에 기록한 후, 접근 전략과 일정, 자원 할당 등을 포함한 상세 영업 계획을 수립한다. 이후 영업 활동을 시작하고 진행 상황을 추적하며, 마케팅팀에 리드 품질과 추가 지원 필요사항에 대한 피드백을 제공한다. 최종적으로는 영업 기회로 전환하거나 추가 육성이 필요한지 결정한다.

인사이드 세일즈 팀의 역할

인사이드 세일즈 팀은 마케팅과 영업 사이의 중요한 가교 역할을 한다. 한국에서는 잘 알려져 있지 않은 기능이라 많이 생소할텐데, 해외에서는 리드젠 캠페인의 가장 핵심 부서로 역할을 한다. 중간에서 걸러주는 인사이드 세일즈가 없으면 마케팅과 영업 사이에 불신이 높아질 수 있고 중요한 리드를 놓칠 수도 있기 때문에 인사이드 세일즈의 역할은 정말 중요하다. 특히 리드 검증과 초기 관계 구축에 핵심적인 역할을 수행하며, 주요 책임은 크게 다섯 가지로 나눌 수 있다.

첫째, MQL 대상 초기 접촉, BANT/CHAMP 요소 확인 및 추가 정보 수집, 리드 프로필 강화 및 CRM 업데이트 등을 포함한 리드 검증 및 강화다.

둘째, 잠재고객의 구체적 니즈와 과제 파악, 솔루션 가치 제안 설명 및 초기 질문 대응, 데모나 미팅, 제안 등 다음 단계 합의를 포함한 초기 관계 구축이다.

셋째, 리드 우선순위 설정 및 적합한 영업 담당자 매칭, 영업 불가능 리드 식별 및 마케팅 재육성 전환, 영업 기회 잠재력 초기 평가 등을 포함한 리드 분류 및 라우팅이다.

넷째, 제품 데모 및 초기 제안 제시, 영업 미팅 일정 조율, 자료 요청 대응 및 공유와 같은 영업 지원 활동이다.

마지막으로, 접촉률, 전환율, 거부율 등 핵심 지표 관리, 리드 소스별 품질 평가, 마케팅-영업 피드백 루프 촉진 등을 포함한 성과 측정 및 보고다.

AI 보안 솔루션 사례에서는 보안 백서 다운로더 대상으로 48시간 내 후속 연락을 취하고, "보안 현황 진단" 미니 설문을 통해 니즈를 평가한다. 웨비나 참석자 중 질문 제출자를 우선 접촉하고, 업종별 특화 보안 솔루션 가치 제안을 커뮤니케이션하며, 제품 데모 및

POC(개념 증명) 과정을 안내한다.

AX 세미나 사례에서는 세미나 등록자 대상으로 사전 니즈 확인 콜을 진행하고, VIP 세션 참가자를 우선 접촉하여 관계를 구축한다. 세미나 후에는 참석자 대상으로 맞춤형 후속 제안을 하고, 산업별 특화 AI 솔루션을 소개하는 웨비나에 초대하며, AI 준비도 평가 결과를 기반으로 한 컨설팅을 제안한다.

광고 운영과 랜딩페이지 최적화

리드젠 캠페인의 성공을 위해서는 효과적인 광고 운영과 고전환율 랜딩페이지 설계가 필수적이다. 이 두 요소는 초기 리드 유입의 양과 질을 결정하는 중요한 역할을 한다. 보통 광고만 고려사항인 것으로 생각하는데, 실제 캠페인을 집행하다보면 랜딩페이지 이탈률이 높은 경우가 많아 랜딩페이지도 정말 중요하다. 랜딩이 어렵기 때문에 한 번 랜딩하면 이탈하지 않도록 잘 설계하는 것이 실무적인 차원에서는 아주 중요한 요소이다.

B2B 디지털 광고 전략

B2B 마케팅에서는 채널별로 다른 타깃팅 전략이 필요하다. LinkedIn의 경우, 직책(CISO, 보안 책임자, IT 디렉터 등), 산업(금융, 의료, 공공기관 등), 기업 규모(500인 이상 중견/대기업)를 기준으로 타깃팅하는 것이 효과적이다. 또한 CRM 데이터 기반의 Custom

Audience와 현재 고객과 유사한 프로필을 가진 잠재고객을 발굴하는 유사 고객 타깃팅도 활용할 수 있다.

Google 광고에서는 "AI 기반 위협 탐지", "차세대 보안 솔루션", "금융 보안 규제 준수" 등의 키워드를 활용하고, 솔루션 비교나 평가, 구매 단계에 있는 사용자를 타깃팅하는 인텐트 타깃팅이 효과적이다. 웹사이트 방문자나 콘텐츠 소비자를 대상으로 한 리마케팅, 보안 뉴스나 기술 블로그 등 관련 콘텐츠 페이지를 타깃팅하는 콘텐츠 타깃팅, 주요 비즈니스 중심지 및 타깃 기업 밀집 지역을 타깃팅하는 지역 타깃팅도 고려할 만하다.

업종별 전문 채널을 활용하면 더 높은 품질의 리드를 확보할 수 있다. 보안 전문 매체나 CIO/CISO 대상 발행물 광고, 산업별 특화 포털 사이트 타깃팅, 타깃 직군이 구독하는 전문 뉴스레터 스폰서십, 업계 웨비나 시리즈 후원 및 광고 등이 효과적이다. 최근에는 특화된 뉴스레터들이 많이 등장하면서 뉴스레터들과 협업이 효율이 잘 나오는 경향이 있어 적극 추천한다.

효과적인 B2B 광고는 타깃 고객의 니즈와 고민을 정확히 반영한 메시지가 핵심이다. 헤드라인은 "랜섬웨어 위협은 빨라지는데, 보안 대응은 따라가고 있나요?"와 같은 문제 중심 접근, "AI로 위협 탐지 속도 200% 향상, 대응 시간 60% 단축"과 같은 수치 활용, "귀사의 보안팀이 놓치고 있는 위협은 무엇입니까?"와 같은 질문형, "금융권을 위한 AI 보안 솔루션: 규제 준수와 위협 대응의 균형"과 같은 타깃 특화 접근이 효과적이다.

메시지는 명확한 문제 제시 → 해결책 제안 → 행동 유도의 구조를 따르고, 기술적 기능보다는 비즈니스 가치와 성과를 강조하는 것이 좋다. "국내 10대 금융사 중 7곳이 선택한 보안 솔루션"과 같은 사회적 증거나 "유일한 금융 특화 AI 보안 엔진 탑재"와 같은 차별화 포인트를 강조하는 것도 효과적이다.

비주얼 측면에서는 데이터 시각화나 대시보드 화면 등을 통해 전문성을 표현하고, 모든 광고에서 일관된 브랜드 아이덴티티를 유지하는 것이 중요하다. 또한 모바일 환경에서도 가독성 있는 디자인을 갖추고, 눈에 띄는 색상과 위치로 행동 유도 버튼을 강조하는 것이 좋다.

B2B 광고는 단순 클릭이나 노출보다 리드 생성과 전환에 초점을 맞춰 성과를 측정해야 한다. 리드 1건당 광고 비용을 나타내는 CPL, 생성된 리드의 평균 품질 점수, 광고 리드 중 MQL로 전환된 비율, 광고 투자 대비 파이프라인 가치를 나타내는 채널별 ROI, 다중 채널 환경에서 각 광고의 실제 기여도 등이 핵심 지표다.

지속적인 최적화를 위해서는 다양한 가치 제안과 헤드라인을 비교하는 메시지 테스트, 백서나 웨비나, 평가 도구 등 다양한 제안을 비교하는 오퍼 테스트, 다양한 직책이나 산업, 기업 규모 세그먼트의 성과를 비교하는 타깃팅 테스트, 광고 노출 시간대별 성과를 비교하는 시간대 테스트, 이미지 광고나 텍스트 광고, 비디오 등 형식을 비교하는 광고 형식 테스트 등의 A/B 테스트 전략을 활용하는 것이 좋다.

최적화는 주간 성과 분석, 데이터 기반 조정, 신규 테스트 설계, 실행 및 모니터링, 최적화 반복의 사이클로 진행된다. 채널별, 캠페인별, 광고 소재별 성과를 주기적으로 리뷰하고, CPL이나 전환율 등 핵심 지표를 기반으로 예산을 재배분한다. 이전 학습을 바탕으로 새로운 가설을 테스트하고 조정된 전략을 실행하며 실시간으로 모니터링한다. 이러한 과정을 지속적으로 반복하여 성과를 개선해 나간다.

랜딩페이지 최적화

효과적인 리드젠을 위해서는 광고를 클릭한 방문자를 실제 리드로 전환할 수 있는 최적화된 랜딩페이지가 필수적이다. 랜딩페이지의 핵심 요소는 크게 네 가지로 나눌 수 있다.

첫째, 명확한 가치 제안이다. 방문자의 주요 문제점과 해결책을 간결하게 표현하는 헤드라인, 핵심 가치와 차별점을 보완 설명하는 서브헤드라인, 3~5개의 주요 이점을 명확하게 나열한 핵심 혜택, 가치 제안을 강화하는 이미지나 다이어그램이 포함된다.

둘째, 신뢰 요소다. 주요 고객사 로고를 통한 신뢰 구축, 구체적인 성과와 결과 수치 제시, 업계 인증이나 분석가 평가, 수상 내역, 타깃 산업 고객의 간결한 추천사 등이 해당된다.

셋째, 전환 요소다. 명확하고 눈에 띄는 행동 유도(CTA) 버튼, 필수 정보만 요청하는 간결한 리드 캡처 폼, 제공하는 가치와 요청하는 정보의 균형, 불필요한 단계와 복잡성 제거를 통한 마찰 최소화가 중요하다.

넷째, 콘텐츠 구성이다. 명확한 섹션, 소제목, 불릿 포인트로 가독성을 높이고, 주장을 뒷받침하는 데이터와 증거를 제시하며, 고객 문제 인식 → 솔루션 소개 → 결과 설명의 구조로 내용을 구성한다. 또한 모든 디바이스에서 완벽하게 작동하는 반응형 디자인도 중요하다.

리드 캡처 폼은 랜딩페이지의 가장 중요한 전환 요소로 초기 단계에서는 이름, 이메일, 회사명 정도의 필수 정보만 요청하고 후속 단계에서 추가 정보를 수집하는 것이 좋다. 이전 응답에 따라 관련 필드만 표시하는 조건부 로직을 활용하고, 입력 편의성을 위한 자동 완성 기능을 활성화하는 것도 도움이 된다.

폼 디자인은 중요한 요소를 강조하는 명확한 시각적 계층 구조, 관련 필드의 논리적 그룹화, 실시간 유효성 검사와 명확한 오류 메시지, 데이터 보호와 개인정보 정책 명시를 통한 신뢰 구축이 중요하다. 이탈을 방지하기 위해 지나치게 간소화하면 꼭 필요한 데이터가 없어 분석이 어려워질 수 있고, 데이터의 욕심을 내 과하게 정보를 요구하면 폼 기입 과정에서 다 이탈할 수 있기 때문에 적절한 선을 지키는 것이 중요하다.

전환율 향상을 위해서는 폼 근처에 제공하는 가치를 명확히 표시하고, "이미 500+ 기업이 다운로드" 같은 사회적 증거를 추가하는 것이 좋다. "이번 주 한정"과 같은 시간 제한이나 희소성 요소를 활용하고, 다단계 폼의 경우 진행 상황을 명확히 표시하는 것도 효과적이다.

지속적인 전환율 최적화를 위해서는 체계적인 A/B 테스트가 필요하다. 가치 제안과 헤드라인 변형, 버튼 색상이나 텍스트, 위치 변형, 필드 수나 배치, 라벨 변형, 콘텐츠 순서나 섹션 배치 변형, 이미지나 비디오, 그래픽 변형 등을 테스트할 수 있다. 테스트는 현황 분석, 가설 수립, 변형 설계, 품질 관리, 테스트 실행, 데이터 분석, 학습 적용의 프로세스로 진행된다. 현재 성과와 주요 드롭오프 포인트를 식별하고, 문제와 해결 방안에 대한 명확한 가설을 수립한 후, 가설에 따른 A/B 테스트 변형을 설계한다. 변형 버전의 기술적, 브랜드적 완결성을 확인하고, 충분한 통계적 유의성을 위한 적절한 기간을 설정하여 테스트를 실행한다. 전환율 외에도 참여도, 품질 등 다각도로 데이터를 분석하고 테스트 결과를 바탕으로 개선 사항을 적용한다.

AI 보안 솔루션 사례에서는 기술적 우수성 중심 메시지(AI 엔진으로 99.9% 위협 탐지)와 비즈니스 성과 중심 메시지(보안 사고 대응 시간 60% 단축)를 테스트해 보고, 비즈니스 성과 중심 메시지가 전환율 및 MQL 품질 점수가 좋다면 그쪽을 선택해야 한다.

AX 세미나 사례에서는 연사 중심 랜딩페이지(업계 최고 전문가 20인의 인사이트)와 콘텐츠 중심 랜딩페이지(5개 산업별 AI 구현 사례와 전략)를 테스트해 보고, 연사 중심 페이지가 등록률이 더 높다면 이를 채택해야 한다.

이처럼 리드젠 캠페인 실행은 리드 생성에서 전환까지의 전체 프로세스를 체계적으로 관리하고, MQL, SQL, SAL의 명확한 정의와 관리 체계를 수립하며, 광고와 랜딩페이지를 지속적으로 최적화하는 통합적 접근이 필요하다. 다음 섹션에서는 이러한 리드젠 캠페인의 성과를 체계적으로 분석하고 최적화하는 방법을 살펴본다.

Step_ 4
리드 젠 캠페인 성과 분석

리드젠 캠페인을 실행한 후에는 체계적인 성과 분석이 필수적이다. 단순히 리드 수와 비용만 확인하는 것이 아니라 리드의 품질, 전환율, 투자 수익률 등 다양한 측면에서 성과를 평가해야 한다. 이를 통해 지속적인 최적화와 전략 개선이 가능하다.

리드 퀄리티 평가 기준

모든 리드가 동일한 가치를 가지는 것은 아니다. 특히 B2B 환경에서는 리드의 양보다 질이 중요하며, 이를 체계적으로 평가할 수 있는 기준이 필요하다.

리드 품질의 다차원 평가 프레임워크

리드 품질은 단일 지표가 아닌 여러 차원에서 평가해야 한다. B2B 리드 품질을 평가하기 위한 다차원 프레임워크는 크게 네 가지 요소로 구성된다.

첫째, 프로필 적합성$^{ICP, 매칭도}$이다. 이는 이상적인 고객 프로필(ICP)과 얼마나 일치하는지를 평가하는 요소다. AI 보안 솔루션 회사의 경우, 금융, 의료, 공공기관과 같은 높은 적합성 산업에 30점, 500인 이상의 이상적 규모에 25점, 클라우드 환경 운영과 같은 기술 적합성에 25점, 수도권 소재와 같은 지역 적합성에 20점을 부여하여 총 100점 만점으로 각 리드의 프로필 적합성을 평가할 수 있다.

둘째, 참여도$^{Engagement\ Level}$다. 이는 리드가 콘텐츠 및 마케팅 활동과 얼마나 적극적으로 상호작용하는지를 평가하는 요소다. AX 세미나 사례에서는 세미나 등록 및 참석과 같은 높은 참여에 30점, 사전 웨비나 시청이나 관련 백서 다운로드 2건 이상과 같은 중간 참여에 각각 20점, 이메일 오픈 5회 이상이나 웹사이트 방문 3회 이상과 같은 낮은 참여에 각각 15점을 부여하여 총 참여도 점수를 산출한다.

셋째, 구매 의향$^{Buying\ Intent}$다. 이는 리드가 실제 구매 과정에서 어느 단계에 있는지를 평가하는 요소다. AI 보안 솔루션 회사의 경우, 데모 요청과 같은 강한 의향에 35점, 구체적 구현 일정 언급에 30점, 예산 논의 의향 표현에 20점, 구매 결정 권한 보유에 15점을 부여하여 총 구매 의향 점수를 계산한다.

넷째, 리드 소스 신뢰성$^{Source\ Reliability}$이다. 이는 리드가 발생한 채널이나 방법의 신뢰성과 과거 성과를 평가하는 요소다. 예를 들어 웨비나 리드나 산업 컨퍼런스와 같은 높은 신뢰성 소스에 30점, 링크드인 캠페인과 같은 중간 신뢰성 소스에 20점, 콘텐츠 다운로드에 15점, 일반 디스플레이 광고와 같은 낮은 신뢰성 소스에 5점을 부여하여 총 소스 신뢰성 점수를 산출한다.

이러한 네 가지 차원을 통합하여 종합적인 리드 품질 점수를 산출할 수 있다. 통합 품질 점수는 (프로필 적합성 × 30%) + (참여도 × 25%) + (구매 의향 × 35%) + (소스 신뢰성 × 10%)의 공식으로 계산한다. 90-100점은 최우선 영업 대응 리드(Hot Lead), 75~89점은 적극적 영업 대응 리드(Warm Lead), 60~74점은 추가 육성 필요 리드$^{Nurture\ Lead}$, 60점 미만은 장기 육성 대상$^{Cool\ Lead}$으로 분류할 수 있다. 이러한 통합 점수는 영업팀에게 더 객관적인 리드 우선순위 지침을 제공하고, 마케팅팀에게는 캠페인 최적화를 위한 중요한 인사이트를 제공한다.

CAC / CLV 분석과 최적화

리드젠 캠페인의 경제적 가치를 평가하기 위해서는 고객 획득 비용 ^{CAC}과 고객 생애 가치^{CLV}의 관계를 분석하고 최적화하는 것이 중요하다.

CAC 계산 및 분석

$CAC^{Customer\ Acquisition\ Cost}$는 신규 고객 1명을 획득하는 데 소요되는 총비용을 의미한다. 기본적인 CAC 계산 방법은 (마케팅 비용 + 영업 비용) ÷ 신규 고객 수의 공식을 사용한다.

AI 보안 솔루션 회사의 경우, 분기별 마케팅 비용 5,000만원, 영업 비용 3,000만원, 신규 고객 수 10명을 기준으로 CAC를 계산하면 800만원/고객이 된다. 이를 채널별로 세분화하여 분석해보면, LinkedIn 캠페인은 750만원/고객, 업계 컨퍼런스는 950만원/고객, 웨비나 시리즈는 600만원/고객, 콘텐츠 마케팅은 550만원/고객, 콜드 아웃리치는 1,200만원/고객으로 나타난다.

이를 통해 콘텐츠 마케팅과 웨비나 시리즈가 가장 비용 효율적인 채널임을 알 수 있다. 세그먼트별로 CAC를 분석해보면, 금융 산업은 700만원/고객, 의료 산업은 850만원/고객, 제조 산업은

1,100만원/고객으로 나타나고, 기업 규모별로는 1,000인 이상 기업은 950만원/고객, 300~999인 기업은 650만원/고객으로 나타난다. 이를 통해 금융 산업과 중견기업(300~999인)이 가장 비용 효율적인 세그먼트임을 알 수 있다.

AX 세미나의 경우, 세미나 비용과 후속 영업 활동 비용을 포함한 총 마케팅 및 영업 비용을 세미나를 통해 획득한 신규 고객 수로 나누어 CAC를 계산한다. 세미나는 대규모 리드 생성 이벤트이므로, 세미나 참석자 중 최종적으로 고객으로 전환된 비율(예: 3%)과 함께 CAC를 분석한다. 이를 산업별, 기업 규모별로 세분화하여 가장 효율적인 타깃 세그먼트를 파악한다.

CAC를 구성하는 요소를 세부적으로 분석해보면 리드 생성 비용은 전체의 30%, 리드 육성 비용은 15%, 영업 활동 비용은 40%, 기술 인프라 비용은 10%, 기타 관리 비용은 5%를 차지한다. 프로세스 단계별로 보면, MQL 획득 비용은 20만원/MQL, MQL→SQL 전환 비용은 100만원/SQL, SQL→기회 전환 비용은 250만원/기회, 기회→계약 전환 비용은 430만원/계약이다. 이러한 분석을 통해 CAC를 효과적으로 최적화할 수 있는 지점을 파악할 수 있다.

CLV 계산 및 예측

CAC는 바로 보이기 때문에 모든 캠페인에서 지표로 삼는데 반해 좀 더 복합적인 계산을 해야 하는 CLV$^{\text{Customer Lifetime Value}}$는 간과하는 경우가 많다. 사실 계산이 어려운 것은 사실이나, 동일한 기준을 가지고 사내에서 진행하면 나름대로 상대적인 평가가 되기 때문에 유의미한 분석이 될 수 있다. 장기적이면서도 좀 더 정확한 관점을 제공해 준다는 측면에서 CLV 측정은 아주 중요하다.

고객이 전체 관계 기간 동안 기업에 가져다 줄 것으로 예상되는 순이익의 현재 가치를 의미한다. 기본적인 CLV 계산 방법은 평균 연간 고객 가치 × 평균 고객 유지 기간(년) × 이익률의 공식을 사용한다.

AI 보안 솔루션 회사의 경우, 평균 연간 계약 가치 2,000만원, 평균 고객 유지 기간 3년, 평균 이익률 70%를 기준으로 CLV를 계산하면 4,200만원이 된다. 더 정확한 CLV 예측을 위해 (평균 월 매출 × 마진율) ÷ 월별 이탈률의 고급 모델을 사용할 수도 있다.

이 경우, 평균 월 매출 167만원(2,000만원 ÷ 12개월), 마진율 70%, 월별 이탈률 2.8%(연간 이탈률 33% 기준)을 적용하면 CLV는 4,175만원으로 계산된다.

고객 세그먼트별로 CLV를 분석해보면 산업별로는 금융 산업 5,600만원, 의료 산업 4,900만원, 제조 산업 3,800만원, 공공 기관 6,200만원으로 나타나고, 기업 규모별로는 대기업(1,000인 이상) 6,800만원, 중견기업(300~999인) 4,200만원, 중소기업(50~299인) 2,800만원으로 나타난다. 이를 통해 공공 기관과 대기업이 가장 높은 CLV를 가진 세그먼트임을 알 수 있다.

AX 세미나의 경우, 세미나 참석 후 고객이 된 기업들의 평균 계약 가치, 계약 기간, 이익률을 기반으로 CLV를 계산한다. 특히 세미나 참석 후 컨설팅 서비스 계약률(+25% CLV), 추가 AI 솔루션 도입률(+40% CLV), 장기 계약(3년 이상) 체결률(+30% CLV), 타 부서로의 솔루션 확장률(+35% CLV) 등의 요소가 CLV에 미치는 영향을 분석하여 어떤 요소를 강화하면 CLV를 극대화할 수 있는지 파악한다.

CAC:CLV 비율 분석

CAC와 CLV의 관계는 비즈니스의 지속가능성과 성장 잠재력을 나타내는 핵심 지표다. B2B SaaS 및 솔루션 비즈니스에서는 CLV가 CAC의 3배 이상(1:3 이상)이면 건강한 비즈니스 모델, 5배 이상(1:5 이상)이면 우수한 비즈니스 모델, 1배 이하(1:1 이하)면 지속 불가능한 비즈니스 모델로 평가한다.

AI 보안 솔루션 회사의 경우, CAC 800만원, CLV 4,200만원을 기준으로 CAC:CLV 비율은 1:5.25로 우수한 비즈니스 모델에 해당한다. 또한 CAC 회수 기간[CAC ÷ (연간 고객 가치 × 이익률)]을 계산해보면 0.57년(약 6.8개월)으로 12개월 이하의 우수한 비즈니스 모델에 해당한다.

마케팅 채널별로 CAC:CLV 비율을 분석해보면 LinkedIn

캠페인은 1:5.6(CAC 750만원, CLV 4,200만원), 업계 컨퍼런스는 1:4.4(CAC 950만원, CLV 4,200만원), 웨비나 시리즈는 1:7.0(CAC 600만원, CLV 4,200만원), 콘텐츠 마케팅은 1:7.6(CAC 550만원, CLV 4,200만원)로 나타난다. 이를 통해 콘텐츠 마케팅과 웨비나 시리즈가 가장 효율적인 채널임을 다시 한번 확인할 수 있다.

AX 세미나의 경우에도 세미나를 통해 획득한 고객의 CAC와 CLV를 계산하여 세미나의 ROI를 평가한다. 세미나는 초기 투자 비용이 높지만, 고품질 리드를 대량으로 확보할 수 있고 브랜드 인지도 향상 효과도 있어 장기적으로는 효율적인 리드젠 방식이다. 특히 세미나를 통해 획득한 고객의 CLV가 일반적인 마케팅 채널을 통해 획득한 고객보다 20~30% 높게 나타나는 경향이 있어, CAC가 다소 높더라도 최종적인 CAC:CLV 비율은 양호하게 유지될 수 있다.

리드젠 성과의 종합적 평가

리드젠 캠페인의 성과를 종합적으로 평가하기 위해서는 리드 품질과 경제적 가치 외에도 다양한 측면을 고려해야 한다. AI 보안 솔루션 회사와 AX 세미나 모두 다음과 같은 지표를 통해 리드젠 캠페인의 성과를 종합적으로 평가한다.

첫째, 영업 파이프라인 기여도다. 리드젠 캠페인이 얼마나 많은 영업 기회를 창출하고, 이것이 전체 영업 파이프라인에서 차지하는 비중이 얼마인지를 분석한다.

둘째, 리드 전환 속도다. 리드가 MQL에서 SQL, 영업 기회, 계약으로 전환되는 데 걸리는 시간을 측정하여 영업 사이클의 효율성을 평가한다.

셋째, 마케팅 기여 매출이다. 리드젠 캠페인이 직접적으로 기여한 매출액과 그 비중을 계산하여 마케팅의 ROI를 평가한다.

넷째, 고객 획득 효율성이다. 타깃 고객 세그먼트별로 리드 전환율과 CAC를 분석하여 가장 효율적인 고객 획득 전략을 파악한다.

다섯째, 리드젠 채널 효율성이다. 다양한 마케팅 채널의 리드 생성 비용, 리드 품질, 전환율을 비교하여 최적의 채널 믹스를 도출한다.

AI 보안 솔루션 회사의 경우, 이러한 종합적 평가를 통해 웨비나와 콘텐츠 마케팅이 가장 효율적인 리드젠 채널임을 확인하고, 금융 산업과 중견기업을 주요 타깃으로 하는 전략을 수립하면 된다. 또한 리드 너처링 프로세스를 최적화하여 MQL에서 SQL로의 전환 시간을 단축하는 성과를 달성했다고 할 수 있다.

AX 세미나의 경우, 세미나 참석자의 전환율과 CLV를 분석하여 세미나의 ROI를 정확히 측정했다. 이를 통해 세미나가 단기적으로는 비용이 많이 들지만, 장기적으로는 매우 효과적인 리드젠 방식임을 입증하는 캠페인이 될 수 있다. 특히 세미나 참석자 중 CTO, CIO 등 고위 의사결정자의 비중이 높았다면, 최종 계약 성사율이 일반 디지털 마케팅 채널보다 높은지 확인할 수 있다.

리드젠 캠페인 최적화 전략

리드젠 캠페인의 성과 분석 결과를 바탕으로 다음과 같은 최적화 전략을 수립하고 실행할 수 있다.

첫째, 타깃 세그먼트 최적화다. CAC:CLV 비율이 가장 좋은 세그먼트에 마케팅 예산을 집중하고, 비효율적인 세그먼트는 투자를 줄이거나 접근 방식을 변경한다.

둘째, 채널 믹스 최적화다. 가장 효율적인 채널의 비중을 늘리고, 비효율적인 채널은 개선하거나 중단한다. 특히 채널별 성과를 지속적으로 모니터링하여 시장 환경 변화에 따라 유연하게 대응한다.

셋째, 콘텐츠 전략 최적화다. 고품질 리드를 유인하는 콘텐츠 유형과 주제를 파악하여 콘텐츠 제작에 반영한다. 특히 전환율이 높은 콘텐츠의 특성을 분석하여 유사한 콘텐츠를 더 많이 제작한다.

넷째, 리드 스코어링 모델 최적화다. 실제 전환 데이터를 바탕으로 리드 스코어링 모델을 지속적으로 조정하여 예측 정확도를 높인다. 특히 MQL에서 고객으로 전환된 사례와 그렇지 않은 사례를 비교 분석하여 주요 전환 요인을 파악한다.

다섯째, 리드 너처링 프로세스 최적화다. 리드 단계별 전환율을 분석하여 병목 구간을 파악하고 개선한다. 특히 고객 여정의 각 단계에서 필요한 정보와 인터랙션을 최적화하여 전환율을 높인다.

리드젠 캠페인의 성공은 단순히 많은 리드를 생성하는 것이 아니라, 고품질 리드를 효율적으로 획득하고 이를 실제 매출로 전환하는 전체 프로세스의 최적화에 달려 있다. 체계적인 성과 분석을 통해 리드의 품질, CAC, CLV 등을 면밀히 평가하고, 이를 바탕으로 끊임없이 전략을 개선해 나가는 것이 중요하다.

AI 보안 솔루션 회사와 AX 세미나 사례에서 볼 수 있듯이, 타깃 세그먼트와 채널에 따라 리드젠 성과는 크게 달라질 수 있다. 따라서 자사의 제품/서비스, 타깃 시장, 고객 특성에 맞는 최적의 리드젠 전략을 수립하고, 데이터에 기반한 지속적인 최적화를 통해 마케팅 ROI를 극대화해야 한다.

결국 성공적인 B2B 마케팅은 리드젠 캠페인의 계획, 실행, 성과 분석, 최적화의 끊임없는 순환 과정을 통해 이루어진다. 이러한 체계적인 접근을 통해 마케팅은 단순한 비용 센터가 아닌 측정 가능한 가치를 창출하는 성장 엔진으로 자리매김할 수 있다.

리드젠 캠페인을 위한 실행 체크리스트

리드젠 캠페인의 성공적인 실행을 위해 체계적인 준비와 관리가 필수적이다. 아래에 리드젠 캠페인 실행을 위한 체크리스트와 주요 관리 도구들을 제시한다.

단계	체크리스트 항목	완료 여부
전략 수립	ICP(Ideal Customer Profile) 정의	☐
	구매자 페르소나 개발	☐
	핵심 가치 제안(Value Proposition) 정립	☐
	타깃 세그먼트 우선순위 설정	☐
	핵심 메시지 및 차별화 포인트 정리	☐
	캠페인 목표 및 KPI 설정	☐
콘텐츠 준비	콘텐츠 맵 작성 (고객 여정별 필요 콘텐츠)	☐
	리드 매그넷 콘텐츠 제작 (백서, 가이드 등)	☐
	랜딩페이지 및 폼 설계	☐
	이메일 시퀀스 개발	☐
	소셜 미디어 콘텐츠 준비	☐
	웨비나/이벤트 자료 준비	☐
기술 인프라	마케팅 자동화 시스템 설정	☐
	CRM 연동 및 데이터 흐름 확인	☐
	리드 스코어링 모델 구축	☐
	UTM 파라미터 체계 수립	☐
	분석 도구 및 대시보드 구축	☐
	이메일 자동화 워크플로우 설정	☐

단계	체크리스트 항목	완료 여부
부서간 협업	마케팅-영업 SLA(서비스 수준 협약) 체결	☐
	리드 관리 프로세스 및 역할 정의	☐
	MQL, SQL, SAL 정의 합의	☐
	리드 핸드오프 절차 수립	☐
	피드백 루프 구축	☐
	정기 협업 미팅 일정 수립	☐
캠페인 실행	채널별 캠페인 론칭	☐
	광고 캠페인 활성화	☐
	이메일 캠페인 시작	☐
	웨비나/이벤트 진행	☐
	콘텐츠 배포 일정 관리	☐
	A/B 테스트 실행	☐
모니터링 및 최적화	실시간 성과 모니터링	☐
	주간 성과 분석 및 보고	☐
	채널별 최적화 진행	☐
	리드 품질 평가 및 피드백	☐
	예산 재배분	☐
	콘텐츠 효과성 분석	☐
성과 측정 및 보고	MQL, SQL, 기회, 매출 전환 추적	☐
	채널별 CAC 분석	☐
	세그먼트별 전환율 분석	☐
	ROI 계산	☐
	경영진 보고서 작성	☐
	차기 캠페인 개선점 도출	☐

▲ 리드젠 캠페인 실행 체크리스트

▼ 리드젠 캠페인 간트 차트 (6개월 기준)

업무	담당자	1월	2월	3월	4월	5월	6월
전략 수립 단계							
ICP 및 페르소나 개발	마케팅 관리자						
가치 제안 및 메시지 개발	콘텐츠 팀						
캠페인 목표 및 KPI 설정	마케팅 관리자						
콘텐츠 준비 단계							
콘텐츠 전략 및 맵 개발	콘텐츠 팀						
리드 매그넷 콘텐츠 제작	콘텐츠 팀						
랜딩페이지 및 이메일 개발	디지털 마케팅팀						
기술 인프라 구축							
마케팅 자동화 설정	마케팅 기술 담당자						
리드 스코어링 모델 구축	마케팅 기술 담당자						
분석 대시보드 구축	마케팅 기술 담당자						
부서간 협업 체계							
마케팅-영업 SLA 개발	마케팅 + 영업 관리자						
리드 관리 프로세스 수립	마케팅 + 영업 관리자						
협업 워크숍 진행	마케팅 + 영업 팀						

업무	담당자	1월	2월	3월	4월	5월	6월
캠페인 론칭 및 실행							
1차 광고 캠페인 론칭	디지털 마케팅팀						
이메일 너처링 캠페인 시작	디지털 마케팅팀						
웨비나 시리즈 (총 3회)	이벤트 + 콘텐츠 팀						
콘텐츠 지속 제작 및 배포	콘텐츠 팀						
모니터링 및 최적화							
주간 성과 분석 및 최적화	디지털 마케팅팀						
채널 믹스 조정	마케팅 관리자						
A/B 테스트 실행	디지털 마케팅팀						
성과 측정 및 보고							
월간 성과 보고	마케팅 관리자						
분기 심층 분석	마케팅 관리자						
최종 캠페인 평가 및 보고	마케팅 관리자						

▼ 주요 마일스톤 일정

마일스톤	담당자	목표 일정	활동	상태
전략 기획 완료	마케팅 관리자	1월 20일	-	☐
ICP 및 페르소나 확정	마케팅 관리자	1월 25일	전략 기획	☐
리드 스코어링 모델 구축	마케팅 기술 담당자	2월 15일	ICP 확정	☐
핵심 리드 매그넷 콘텐츠 완료	콘텐츠 팀	2월 28일	메시지 전략	☐
마케팅-영업 SLA 서명	마케팅/영업 책임자	2월 28일	-	☐
랜딩페이지 및 폼 완료	디지털 마케팅팀	3월 10일	콘텐츠 완료	☐
이메일 워크플로우 설정 완료	마케팅 기술 담당자	3월 15일	시스템 설정	☐
캠페인 공식 론칭	전체 마케팅팀	3월 20일	모든 준비 완료	☐
첫 번째 웨비나 진행	이벤트 팀	3월 30일	콘텐츠 준비	☐
1차 캠페인 최적화 완료	디지털 마케팅팀	4월 15일	2주 데이터 수집	☐
두 번째 웨비나 진행	이벤트 팀	5월 15일	1차 웨비나 피드백	☐
분기 성과 평가 및 보고	마케팅 관리자	4월 30일	론칭 후 6주	☐
세 번째 웨비나 진행	이벤트 팀	6월 15일	2차 웨비나 피드백	☐
최종 캠페인 성과 분석	마케팅 관리자	6월 30일	캠페인 완료	☐

▼ 리드젠 성과 지표 추적표

핵심 성과 지표 (KPI)	목표	현재 성과	달성률	트렌드	비고
리드 생성 지표					
총 생성된 리드 수	1,000				모든 소스 합산
채널별 리드 발생량					채널별 세부 분석 필요
- LinkedIn	300				
- Google	200				
- 웨비나	250				
- 콘텐츠/유기	150				
- 기타 채널	100				
리드 생성 비용 (CPL)	5만원				전체 평균
리드 품질 지표					
MQL 전환율	25%				총 리드 중 MQL 비율
MQL 수	250				
SQL 전환율	30%				MQL 중 SQL 비율
SQL 수	75				
평균 리드 품질 점수	70점				100점 만점
영업 전환 지표					
영업 기회 전환율	40%				SQL 중 기회 비율
영업 기회 수	30				
계약 성사율	25%				기회 중 계약 비율
계약 성사 건수	8				
평균 계약 금액	8,000만원				

핵심 성과 지표 (KPI)	목표	현재 성과	달성률	트렌드	비고
경제적 지표					
총 마케팅 투자	1억원				
창출 파이프라인 금액	24억원				기회 × 평균 계약액
창출 매출	6.4억원				계약 × 평균 계약액
CAC	1,250만원				투자 ÷ 계약 건수
ROI	640%				매출 ÷ 투자 × 100%
참여 지표					
이메일 오픈율	25%				
이메일 클릭률	3%				
랜딩페이지 전환율	15%				
웨비나 등록-참석 비율	60%				
콘텐츠 다운로드 수	1,500				
타임라인 지표					
리드-MQL 평균 소요일	7일				
MQL-SQL 평균 소요일	14일				
SQL-기회 평균 소요일	21일				
기회-계약 평균 소요일	45일				
전체 영업 사이클	90일				리드-계약 총 기간

이 체크리스트와 계획 도구들은 B2B 리드젠 캠페인의 체계적인 실행과 관리를 위한 기본 프레임워크를 제공한다. 각 기업의 특성과 목표에 맞게 조정하여 사용하는 것이 좋으며, 캠페인 진행 상황에 따라 지속적으로 업데이트해야 한다. 특히 성과 지표 추적표는 주기적으로 업데이트하여 캠페인의 진행 상황을 모니터링하고, 필요한 조정을 적시에 실행할 수 있도록 해야 한다. 리드젠 캠페인의 핵심은 효율이다. 효율성을 극대화하기 위해 지속적으로 미세하게 조정할 때 최적의 성과를 얻을 수 있다.

B2B 마케팅에서 CRM 캠페인의 핵심은 '고객은 숫자가 아니라 관계'라는 인식에서 출발한다. 많은 기업들이 CRM을 단순한 고객 데이터베이스 시스템으로 오해하고 있지만, 진정한 CRM은 리드젠을 통해 확보한 잠재고객을 실제 고객으로 전환한 후, 그들과의 관계를 심화시켜 궁극적으로 고객 생애가치를 극대화하는 전략적 활동이다. CRM만 구축하면 자동으로 마케팅이 될 것이라는 착각은 많은 기업들이 원하는 성과를 얻지 못하는 주된 이유이다. CRM 시스템은 기술적 인프라일 뿐 중요한 것은 축적된 데이터를 바탕으로 고객의 잠재적 니즈를 파악하고 적절한 시점에 가치 있는 제안을 하는 것이다. 특히 업셀링과 크로스셀링의 기회를 발굴하는 것은 단순한 영업 활동이 아니라, 고객의 비즈니스 성장에 기여하는 파트너십 구축 과정이다.

이 장에서는 CRM의 본질 재정립부터 고객 생애가치 중심의 캠페인 설계, ABM과의 통합 전략, 그리고 데이터 기반의 업셀링/크로스셀링 기회 발굴 방법까지 B2B 마케터들이 CRM을 고객 관계 강화의 핵심 도구로 활용하여 지속가능한 비즈니스 성장을 이끌어낼 수 있는 실무적 접근법을 제시한다.

9장
CRM 캠페인

이번 장에서 이야기 하고 싶은 것은 "고객은 숫자가 아니라 관계이다. CRM은 고객의 숫자를 보는 시스템이 아니라 고객 관계를 강화하는 툴이다"라는 것이다. 서론에서 언급했듯이 CRM만 구축하면 자동으로 마케팅이 진행될 것이라고 생각하는데, 절대 그렇지 않다. CRM을 통해 우리는 고객에게 효율적으로 업셀링, 크로스셀링하는 기회를 만들어내야 한다. 리드젠 캠페인을 통해 확보한 잠재고객들을 실제 고객으로 전환한다. 그 이후에 CRM 캠페인은 고객들과의 관계를 심화시키며, 궁극적으로 고객 생애가치^{CLV}를 극대화하는 전략적 활동이다.

앞장에서 언급했듯이 많은 기업들이 CRM을 단순한 고객 데이터베이스 시스템으로 인식하는 실수를 범하고 있다. 진정한 CRM은 고객과의 장기적 관계 구축과 가치 창출의 핵심 도구가 되어야 한다. 특히, ABM의 근간이 되어야 한다.

이번 장에서는 이해를 돕기 위해 시설관리회사가 CRM 캠페인을 통해 업셀링 및 크로스셀링을 하는 캠페인을 설계해 보면서 연습해 보고자 한다.

Step_1
CRM 캠페인 기획하기

CRM의 본질 재정립 :
관계 강화 도구로서의 CRM

많은 기업들이 CRM 시스템을 도입한 후에도 원하는 마케팅 성과를 얻지 못하는 이유는 CRM을 단순한 데이터베이스로 인식하는 오해에서 비롯된다. CRM$^{Customer\ Relationship\ Management}$의 핵심은 이름 그대로 '고객 관계 관리'에 있다. 데이터베이스는 그저 도구일 뿐, 진정한 CRM은 고객과의 관계를 심화시키고 강화하는 전략적 활동을 말한다.

CRM 시스템과 CRM 캠페인은 명확히 구분해야 한다. CRM 시스템은 기술적 인프라지만, CRM 캠페인은 그 인프라를 기반으로 한 전략적 마케팅 활동이다. 예를 들어 시설관리회사가 고객사 빌딩에 대한 데이터를 CRM에 축적하는 것은 시스템의 활용이지만, 그 데이터를 분석하여 해당 고객에게 카페 솔루션이나 전기차 화재 대응 시스템을 제안하는 것은 CRM 캠페인의 영역이다.

한국 기업들이 많이 사용하는 Padot, HubSpot, Monday, Salesforce와 같은 CRM 솔루션들은 각각 다양한 기능을 제공하지만, 중요한 것은 이 도구들을 어떻게 고객 관계 강화의 플랫폼으로 전환하느냐이다. 이는 단순히 시스템을 구축하고 데이터를 입력하는 것을 넘어 축적된 인사이트를 바탕으로 고객의 잠재적 니즈를 파악하고, 적절한 시점에 가치 있는 제안을 하는 것을 의미한다.

고객 생애가치^{CLV} 중심의 캠페인 설계

CRM 캠페인의 궁극적 목표는 고객 생애가치$^{CLV:\ Life\ Time\ Value}$의 극대화이다. 한 번의 거래로 관계가 끝나는 것이 아니라, 장기적인 파트너십을 통해 지속적인 가치를 창출하는 것이다. 시설관리회사의 경우, 단순히 빌딩 관리 서비스를 제공하는 것에서 그치지 않고, 고객사의 사업 성장과 가치 향상에 기여할 수 있는 추가적인 솔루션을 제공함으로써 고객 생애가치를 높일 수 있다.

CRM 캠페인을 통해 고객을 '신규 고객 → 충성 고객 → 옹호자'로 전환하는 여정을 설계해야 한다. 초기에는 기본적인 시설관리 서비스에 만족하던 고객이 점차 관계가 심화되면서 추가 서비스에 관심을 갖고, 궁극적으로는 시설관리회사의 새로운 솔루션을 적극적으로 도입하고 다른 기업에도 추천하는 옹호사가 되는 과정을 체계적으로 설계해야 한다.

이 과정에서 고객 관계 심화를 위한 단계별 접근이 중요하다. 첫째, 고객의 기본 니즈를 충족시키는 기본 서비스 단계, 둘째, 고객의 잠재적 니즈를 포착하고 추가 가치를 제안하는 확장 서비스 단계, 셋째, 고객의 비즈니스 성장에 직접 기여하는 전략적 파트너 단계로 접근할 수 있다.

ABM$^{\text{Account-Based Marketing}}$과 CRM 캠페인의 통합도 중요한 전략이다. 시설관리회사의 경우, 각 빌딩과 그 운영 기업을 하나의 계정으로 보고, 해당 계정의 특성과 니즈에 맞춘 맞춤형 접근을 통해 관계를 심화시킬 수 있다. 유동인구가 많은 상업용 빌딩에는 카페 솔루션을, 전기차 보급률이 높은 지역의 빌딩에는 화재 대응 솔루션을 우선적으로 제안하는 등의 세분화된 접근이 가능하다.

업셀링/크로스셀링 기회 발굴 전략

CRM의 가장 큰 가치는 데이터를 통해 고객의 행동 패턴을 분석하고, 이를 바탕으로 업셀링과 크로스셀링의 기회를 포착하는 데 있다. 이는 단순한 영업 활동이 아니라, 고객의 니즈를 선제적으로 파악하고 해결책을 제시하는 가치 창출 활동이다.

시설관리회사의 사례를 살펴보면, CRM 데이터를 통해 다음과 같은 기회 시그널을 포착할 수 있다.

1. 빌딩 내 공실률 증가: CRM에 기록된 빌딩 현황 데이터를 분석하여 공실률이 높은 빌딩을 식별하고, 해당 공간에 카페 솔루션을 제안하여 건물주의 수익성을 높이는 방안을 제시할 수 있다.
2. 전기차 충전소 설치 문의 증가: 고객사로부터의 전기차 충전소 관련 문의가 CRM에 기록되면, 이는 해당 빌딩에 전기차

이용자가 증가하고 있다는 신호로, 전기차 화재 대응 솔루션의 필요성이 높아지는 징후로 볼 수 있다.
3. 빌딩 이용자 만족도 설문 결과: CRM에 축적된 빌딩 이용자 만족도 조사에서 편의시설에 대한 요구가 높게 나타난다면, 이는 카페 솔루션을 제안할 좋은 기회이다.
4. 정기 점검 보고서 분석: 시설 점검 보고서에서 화재 안전 시설의 노후화가 확인된다면, 이를 계기로 전체적인 화재 안전 시스템의 업그레이드와 함께 전기차 화재 대응 솔루션을 제안할 수 있다.

시설관리회사의 업셀/크로스셀 기회 맵을 구체적으로 작성해 보면 다음과 같다.

고객 상태	기회 시그널	제안 솔루션	접근 전략
기본 계약 체결 1년 이상	정기 만족도 조사에서 높은 신뢰도	카페 솔루션	빌딩 수익성 향상 제안
공실률 15% 이상	임대 마케팅 지원 요청	카페 솔루션	빌딩 매력노 증내 방안
전기차 충전소 설치	충전소 관련 기술 문의 증가	전기차 화재 대응 솔루션	안전 강화 패키지
화재 안전 점검 일정	안전 시설 업그레이드 논의	전기차 화재 대응 솔루션	최신 안전 기준 컨설팅
카페테리아 운영 불만	외부 업체 관리 어려움 호소	카페 솔루션	원스톱 관리 편의성

▲ 시설관리회사 업셀/크로스셀 기회 맵

이러한 기회 맵을 CRM 시스템에 구현하면, 특정 조건이 충족될 때 자동으로 알림이 발생하거나 캠페인이 트리거되도록 설정할 수 있다. 예를 들어 고객사 빌딩에 전기차 충전소가 설치되면 90일 이내에 전기차 화재 대응 솔루션 소개 이메일이 자동으로 발송되도록 하는 것이다.

또한, 고객 니즈 예측 모델을 개발하여 선제적으로 제안하는 것도 효과적이다. 유사한 특성을 가진 다른 빌딩에서 카페 솔루션이 성공적으로 도입된 사례를 바탕으로 아직 도입하지 않은 유사 빌딩에 맞춤형 제안을 할 수 있다. 이는 단순한 추측이 아니라, CRM에 축적된 데이터와 성공 패턴을 기반으로 한 데이터 기반 의사결정이다.

결국, CRM 캠페인의 핵심은 시스템에 쌓인 고객 데이터를 단순히 관리하는 것이 아니라 그 데이터에서 의미 있는 인사이트를 도출하고, 이를 고객과의 관계 강화와 비즈니스 확장의 기회로 전환하는 데 있다. 시설관리회사의 사례에서 볼 수 있듯이 CRM은 카페 솔루션이나 전기차 화재 대응 솔루션과 같은 새로운 비즈니스 기회를 발굴하고 실현하는 전략적 도구가 될 수 있다.

Step_ 2
CRM 캠페인 실행하기

관계 강화 커뮤니케이션 설계

CRM 캠페인의 성공은 고객과의 관계를 강화하는 효과적인 커뮤니케이션에 달려 있다. 이는 단순한 판매 메시지의 전달이 아니라 고객의 여정에 따른 가치 있는 소통을 의미한다. 시설관리회사는 고객사 빌딩의 관리 주기와 특성에 맞춰 커뮤니케이션 전략을 설계해야 한다.

고객 여정별 터치포인트 최적화는 다음과 같이 진행할 수 있다.
1. 인식 단계: 정기 안전 점검 리포트와 함께 최신 빌딩 관리 트렌드 정보를 제공하며, 카페 솔루션이나 전기차 화재 대응 시스템에 대한 인식을 심어준다.
2. 고려 단계: 유사한 빌딩에서의 성공 사례 연구와 ROI 분석 자료를 공유하여 솔루션 도입의 이점을 구체화한다.
3. 결정 단계: 맞춤형 제안서와 함께 실제 도입 시의 구체적인 운영 계획과 예상 성과를 제시한다.
4. 이행 단계: 원활한 솔루션 구현을 위한 단계별 가이드와 지원 체계를 제공한다.
5. 확장 단계: 도입 후 성과 리포트를 정기적으로 제공하고,

추가적인 가치 창출 방안을 제안한다.

하이터치와 하이테크의 균형은 CRM 캠페인에서 특히 중요하다. 자동화된 이메일과 알림은 효율성을 높이지만, 중요한 결정 포인트에서는 담당 매니저의 직접적인 소통이 필요하다. 예를 들어 카페 솔루션 소개 초기에는 자동화된 콘텐츠 시리즈로 정보를 제공하되, 구체적인 관심을 보인 고객에게는 담당자가 직접 연락하여 맞춤형 상담을 진행하는 방식이다.

신뢰 구축을 위한 가치 중심 콘텐츠 전략은 다음과 같은 콘텐츠를 포함할 수 있다.
- 빌딩 공실률 감소 성공 사례 연구
- 전기차 화재 위험과 대응 방안에 관한 전문가 인터뷰
- 빌딩 내 카페 운영이 임대료 및 이용자 만족도에 미치는 영향 분석
- 지속가능한 빌딩 운영을 위한 혁신 솔루션 가이드

이러한 콘텐츠는 단순한 제품 홍보가 아니라, 고객사가 직면한 문제와 기회에 대한 인사이트를 제공함으로써 시설관리회사를 해당 분야의 전문가로 포지셔닝하는 역할을 한다.

업셀링 캠페인 실행 가이드

시설관리회사의 업셀링 캠페인은 기존에 제공하던 기본 시설관리 서

비스를 넘어 카페 솔루션이나 전기차 화재 대응 시스템과 같은 고부가가치 서비스로 확장하는 것을 목표로 한다. 이를 위한 실행 단계는 다음과 같다.

1. 고객 세그먼테이션: CRM 데이터를 활용하여 업셀링 가능성이 높은 고객을 식별한다. 공실률이 높거나 편의시설 확충 계획이 있는 빌딩은 카페 솔루션의 우선 대상이 될 수 있다.
2. 가치 제안 개발: 단순한 추가 서비스가 아니라, 고객의 비즈니스 목표 달성에 어떻게 기여할 수 있는지를 명확히 제시한다. 카페 솔루션의 경우, 빌딩 가치 상승, 임차인 만족도 향상, 추가 수익 창출 등의 가치를 구체적인 수치와 함께 제시한다.
3. 맞춤형 제안 준비: 각 빌딩의 특성과 상황에 맞는 맞춤형 제안서를 준비한다. 동일한 카페 솔루션이라도 비즈니스 중심 빌딩과 주거 중심 빌딩에는 다른 방식으로 접근해야 한다.
4. 타이밍 포착: CRM 데이터와 고객 접점에서 얻은 정보를 바탕으로 최적의 제안 시점을 포착한다. 예를 들어 연간 시설 개선 예산을 논의하는 시기나 임차인 만족도 조사 결과가 나온 직후가 좋은 타이밍이 될 수 있다.

시설관리회사의 업셀링 캠페인 실행 예시를 살펴보자.

[사례: 빌딩 내 유휴 공간을 활용한 카페 솔루션 업셀링]
1. 준비 단계: CRM 데이터 분석을 통해 로비 공간이 넓고 유동인구가 많으나 편의시설이 부족한 A 빌딩을 타깃으로 선정한다.
2. 인식 단계: 정기 미팅에서 "빌딩 가치 향상을 위한 공용 공간 활용 전략" 리포트를 공유하며 자연스럽게 카페의 중요성을 언급한다.
3. 관심 유도: "성공적인 빌딩 내 카페 운영 사례"를 담은 뉴스레터를 발송하고, 빌딩 소유주의 반응을 CRM에 기록한다.
4. 구체화 단계: 관심을 보인 빌딩 소유주에게 해당 빌딩의 로비 공간을 활용한 가상 카페 디자인과 예상 ROI 분석 자료를 제공한다.
5. 제안 단계: 빌딩 소유주와의 미팅에서 카페 솔루션의 구체적인 제안을 한다. 이 때, 초기 투자비, 운영 방식, 예상 수익, 빌딩 가치 상승 효과 등을 상세히 설명한다.
6. 협상 및 계약: 조건 협상 후 계약을 체결하고, CRM에 모든 계약 정보와 향후 관리 계획을 기록한다.
7. 이행 및 모니터링: 카페 설치 및 운영 과정을 체계적으로 관리하고, 성과를 정기적으로 측정하여 CRM에 기록한다.

이러한 업셀링 프로세스에서 핵심은 고객의 니즈와 상황에 맞는 맞춤형 제안 그리고 그것을 가장 효과적으로 전달할 수 있는 타이밍의 포착이다. CRM은 이 두 가지 요소를 최적화하는 데 필수적인 도구이다.

영업-마케팅 협업 체계 구축도 중요하다. 마케팅팀은 업셀링을 위한 콘텐츠와 캠페인을, 영업팀은 직접적인 고객 접촉과 계약 체결을 담당하되 CRM을 통해 모든 정보가 원활하게 공유되어야 한다. 예를 들어 마케팅팀이 발송한 카페 솔루션 뉴스레터에 대한 고객의 반응을 CRM에서 확인한 영업팀이 적절한 후속 조치를 취하는 식이다.

크로스셀링 캠페인 실행 가이드

크로스셀링은 기존 서비스와 연관성이 있으나 다른 카테고리의 제품이나 서비스를 제안하는 전략이다. 시설관리회사의 경우, 기본 시설관리 서비스를 이용하는 고객에게 전기차 화재 대응 솔루션과 같은 특화 서비스를 제안하는 것이 크로스셀링에 해당한다.

[사례: 전기차 화재 대응 솔루션 크로스셀링]
1. 기회 포착: CRM 데이터 분석 결과, B 빌딩의 주차장에 전기차 충전소가 최근 설치되었음을 확인한다. 이는 전기차 화재 대응 솔루션을 제안할 좋은 기회이다.
2. 교육 콘텐츠 제공: "전기차 시대의 빌딩 안전 관리" 웨비나를

개최하고, B 빌딩 관리자를 초대한다. 웨비나 참석 및 관심도를 CRM에 기록한다.
3. 위험 인식 조성 : 전기차 화재 위험성과 기존 소방 시스템의 한계에 관한 정보를 담은 안전 리포트를 공유한다.
4. 솔루션 소개 : 전기차 화재 대응 솔루션의 기술적 특징과 효과를 설명하는 자료를 제공한다.
5. 맞춤형 안전 진단 : B 빌딩의 주차장 환경을 분석하여 맞춤형 안전 진단 리포트를 제공하고, 현재의 위험 요소와 개선 방안을 제시한다.
6. ROI 제시 : 화재 사고 예방에 따른 보험료 절감, 잠재적 손실 방지 효과, 빌딩 안전 등급 향상 등의 경제적 이점을 수치화하여 제시한다.
7. 설치 및 교육 : 시스템 설치 후, 빌딩 관리자와 보안 인력을 대상으로 한 사용 교육을 진행하고, 정기적인 점검 일정을 CRM에 등록한다.

크로스셀링 캠페인에서는 동반 구매 패턴 분석이 중요하다. CRM 데이터를 통해 특정 서비스 A를 도입한 고객이 서비스 B도 함께 도입하는 경향이 있다면, 이러한 패턴을 활용하여 추천 시스템을 구축할 수 있다. 솔루션을 도입한 빌딩이 이후 로비 리모델링 서비스에 관심을 보이는 패턴이 발견된다면, 카페 솔루션 도입 3개월 후에 자동으로 로비 리모델링 제안 캠페인이 트리거되도록 설정할 수 있다.

성공적인 크로스셀링을 위해서는 제안하는 서비스가 기존 서비스와 어떻게 시너지를 창출할 수 있는지를 명확히 보여주는 것이 중요하다. 시설관리회사의 경우, 기본 시설관리와 전기차 화재 대응 시스템이 어떻게 통합적인 안전 관리 체계를 구축하는지, 또는 카페 솔루션이 기존 시설관리의 효율성을 어떻게 높일 수 있는지를 구체적으로 제시해야 한다.

자동화 워크플로우 구축 실전

CRM 캠페인의 효율성과 일관성을 높이기 위해서는 자동화 워크플로우를 구축하는 것이 필수적이다. 이는 단순 반복적인 작업을 자동화하여 마케팅팀이 더 전략적인 활동에 집중할 수 있게 하며, 고객의 행동에 적시에 대응할 수 있게 한다.

고객 행동 기반 트리거 설정의 예시는 다음과 같다.
1. 이메일 반응 트리거: 카페 솔루션 소개 이메일을 열어보고 링크를 클릭한 고객에게 3일 후 자동으로 더 상세한 정보를 담은 후속 이메일을 발송한다.
2. 웹사이트 행동 트리거: 전기차 화재 대응 솔루션 페이지를 2분 이상 머무른 고객에게 관련 웨비나 초대 메시지를 자동으로 전송한다.

3. 서비스 이용 패턴 트리거: 정기 점검 요청 빈도가 증가한 고객에게 예방적 유지보수 패키지를 자동으로 제안한다.
4. 계약 갱신 트리거: 계약 만료 90일 전에 자동으로 갱신 안내와 함께 서비스 업그레이드 옵션을 제시한다.
5. 불만 접수 트리거: 서비스 불만이 접수되면 즉시 담당 매니저에게 알림이 가고, 24시간 내에 후속 조치가 없으면 관리자에게 에스컬레이션된다.

캠페인 자동화와 개인화의 균형을 유지하는 것도 중요하다. 자동화된 메시지라도 고객의 이름, 빌딩 특성, 과거 상호작용 이력 등을 반영하여 개인화해야 한다. HubSpot, Salesforce와 같은 CRM 시스템의 동적 콘텐츠 기능을 활용하면, 동일한 캠페인이라도 각 고객에게 맞춤화된 메시지를 전달할 수 있다.

CRM 시스템별 자동화 기능 활용 팁은 다음과 같다.
- HubSpot: 워크플로우 기능을 활용하여 고객 행동에 따른 자동 이메일 시퀀스를 설정하고, 스마트 콘텐츠 기능으로 고객 세그먼트별 맞춤형 웹 경험을 제공한다.
- Salesforce: Process Builder와 Flow를 활용하여 복잡한 비즈니스 프로세스를 자동화하고, Einstein Analytics로 예측 기반의 다음 최적 행동[Next Best Action] 추천을 구현한다.

- Salesforce Padot: 시나리오 기반 자동화 기능을 활용하여 고객 여정의 각 단계별 커뮤니케이션을 설계하고, 태그 시스템을 통해 고객 관심사를 세밀하게 추적한다.
- Monday: 자동화 레시피 기능을 활용하여 고객 상태 변화에 따른 알림과 작업 할당을 자동화하고, 대시보드 기능으로 캠페인 성과를 실시간 모니터링한다.

자동화 워크플로우의 효과를 극대화하기 위해서는 정기적인 검토와 최적화가 필요하다. A/B 테스트를 통해 어떤 메시지, 어떤 타이밍, 어떤 채널이 가장 효과적인지를 지속적으로 검증하고 개선해야 한다. 예를 들어 전기차 화재 대응 솔루션 제안 이메일의 두 가지 버전을 테스트하여 더 높은 열람률과 클릭률을 보이는 버전으로 캠페인을 최적화할 수 있다.

Step_ 3
CRM 캠페인 성과 분석

관계 중심 성과 지표 설정

CRM 캠페인의 성과를 측정할 때는 단순한 판매 수치를 넘어 고객과의 관계 강화라는 본질적 목표에 맞는 지표를 설정해야 한다. 이는 단기적인 거래 중심 지표와 장기적인 관계 중심 지표의 균형을 의미한다.

단순 거래 수치를 넘어선 관계 강도 측정 방법으로는 다음과 같은 지표들이 있다.

1. 서비스 이용 범위 : 고객이 얼마나 다양한 서비스를 이용하고 있는지를 측정한다. 시설관리회사의 경우, 기본 시설관리 외에 카페 솔루션, 전기차 화재 대응 시스템 등 추가 서비스의 도입 비율을 추적한다.
2. 접촉 빈도와 깊이 : 고객과의 접촉 빈도뿐만 아니라 그 접촉의 질적 측면을 측정한다. 단순 이메일 열람이 아닌, 심층적인 컨설팅 미팅, 교육 세션 참여 등의 깊이 있는 상호작용을 추적한다.
3. 추천 및 레퍼런스 활동 : 고객이 다른 잠재 고객에게 시설관리회사를 추천하거나, 사례 연구에 참여하는 등의 옹호 활동을 측정한다.
4. 계약 갱신 및 확장 패턴 : 계약 갱신율, 계약 범위 확장 비율, 조기 갱신 비율 등을 통해 관계의 안정성과 성장성을 평가한다.

고객 건강 지표 Customer Health Score 는 이러한 다양한 지표들을 통합하여 각 고객과의 관계 건강도를 종합적으로 평가하는 방법이다. 시설관리회사의 경우, 다음과 같은 요소들을 포함할 수 있다.

- 서비스 이용 범위 (20%)
- 서비스 만족도 조사 결과 (20%)
- 계약 갱신 이력 (15%)
- 담당자와의 미팅 빈도 (10%)
- 콘텐츠 참여도 (이메일 열람, 웨비나 참석 등) (10%)
- 이슈 해결 속도 및 만족도 (15%)
- 추천 및 레퍼런스 활동 (10%)

이러한 요소들을 가중 평균하여 0~100점 척도의 건강 점수를 산출하고, 70점 미만은 '위험', 70~85점은 '안정', 85점 이상은 '성장' 단계로 분류할 수 있다. 이를 통해 어떤 고객과의 관계가 강화되고 어떤 고객과의 관계가 약화되고 있는지를 선제적으로 파악할 수 있다.

NPS$^{\text{Net Promoter Score}}$(순고객추천지수: 미국기업들이 가장 중요하게 생각하는 지수 중 하나)을 넘어선 B2B 충성도 측정을 위해서는 다음과 같은 접근이 필요하다.

1. 전략적 가치 인식 지수: 고객이 시설관리회사의 서비스를 단순한 비용 센터가 아닌 전략적 가치 창출 파트너로 인식하는 정도를 측정한다.

2. 의사결정 참여도: 고객의 중요한 시설 관련 의사결정에 시설관리회사가 얼마나 초기부터 참여하는지를 측정한다.
3. 비즈니스 임팩트 평가: 시설관리회사의 서비스가 고객의 비즈니스 성과(임대율, 빌딩 가치, 운영 효율성 등)에 미치는 영향에 대한 고객의 평가를 측정한다.

이러한 관계 중심 지표들은 CRM 시스템에 체계적으로 기록되고 추적되어야 하며, 정기적인 리뷰를 통해 관계 강화 전략을 조정하는 데 활용되어야 한다.

업셀링 / 크로스셀링 성과 분석

업셀링과 크로스셀링 캠페인의 성과를 분석하기 위해서는 다양한 각도에서의 평가가 필요하다. 시설관리회사의 사례를 통해 구체적인 성과 분석 방법을 살펴보자.

사례: 카페 솔루션 업셀링 캠페인 ROI 계산

1. 직접 수익 분석
   - 카페 솔루션 계약 건수 및 총 계약 금액
   - 초기 설치 수익과 월간 관리 수익으로 구분
   - 예상 수익 대비 실제 수익 달성률
2. 비용 분석

- 캠페인 직접 비용(콘텐츠 제작, 이메일 마케팅, 세미나 등)
- 영업 인력 투입 비용
- 솔루션 구현 및 운영 비용

3. ROI 계산
   - (총 수익 - 총 비용) / 총 비용 × 100%
   - 초기 투자 회수 기간 계산
   - 고객별 수익성 분석

4. 간접 효과 분석
   - 기본 시설관리 계약 갱신율 상승 효과
   - 고객 만족도 및 NPS 상승 효과
   - 신규 고객 유치에 대한 레퍼런스 효과

실제 예시로 A 빌딩에 카페 솔루션을 도입한 결과 월 500만원의 추기 관리 수익이 발생하고, 이로 인해 기본 시설관리 계약도 5년으로 연장되었다면, 이는 단순한 매출 증대를 넘어 장기적 고객 가치 증대 효과로 평가할 수 있다.

고객 확장 기여도와 영향 분석은 CRM 캠페인이 기존 고객의 서비스 이용 범위와 깊이를 어떻게 확장했는지를 평가한다. 이를 위한 지표로는 다음과 같은 것들이 있다.

1. 서비스 침투율: 전체 고객 중 두 개 이상의 서비스를

이용하는 고객의 비율이다. 이 비율이 높을수록 크로스셀링이 효과적으로 이루어지고 있음을 의미한다.
2. 고객당 평균 서비스 수: 한 고객이 평균적으로 이용하는 서비스의 수이다. 이 지표의 증가는 업셀링과 크로스셀링 노력이 성공적임을 나타낸다.
3. 서비스 채택 속도: 신규 서비스 출시 후 기존 고객들이 이를 채택하는 속도이다. 채택 속도가 빠를수록 고객과의 관계가 강하고 신뢰도가 높음을 의미한다.
4. 확장 경로 분석: 고객들이 일반적으로 어떤 서비스에서 시작하여 어떤 순서로 추가 서비스를 채택하는지를 분석한다. 이를 통해 가장 효과적인 크로스셀링 경로를 파악할 수 있다.

고객별 투자 수익률 계산과 포트폴리오 관리는 모든 고객이 동일한 가치를 가지지 않는다는 인식에서 출발한다. 시설관리회사는 CRM 데이터를 활용하여 다음과 같이 고객 포트폴리오를 관리할 수 있다.

1. 고객 가치 세분화: 현재 가치(기존 계약 규모)와 잠재 가치(추가 서비스 도입 가능성)에 따라 고객을 세분화한다.
2. 투자 우선순위 설정: 가치가 높은 고객에게 더 많은 자원과 관심을 할당한다. 예를 들어, 대형 상업 빌딩 고객에게는 전담 매니저를 배정하고 더 빈번한 현장 방문을 실시한다.

3. 맞춤형 성장 전략 수립 : 고객별 특성과 니즈에 맞는 맞춤형 업셀링/크로스셀링 전략을 수립한다. 기술 지향적 빌딩에는 첨단 IoT 기반 시설관리 솔루션을, 에너지 효율에 관심이 많은 빌딩에는 친환경 에너지 관리 솔루션을 우선적으로 제안한다.
4. 고객 포트폴리오 밸런싱 : 특정 유형의 고객이나 서비스에 지나치게 의존하지 않도록 포트폴리오를 다각화한다. 이는 시장 변화에 따른 리스크를 분산시키고 안정적인 성장을 가능하게 한다.

이러한 분석 과정을 통해 시설관리회사는 단순히 "몇 건의 카페 솔루션을 판매했는가?"라는 거래 중심 관점을 벗어나 "고객과의 관계를 어떻게 강화하고 확장했는가?"라는 관계 중심 관점에서 CRM 캠페인의 성과를 평가할 수 있다.

**고객 이탈 예방과
관계 회복 캠페인 효과 측정**

CRM 캠페인의 중요한 목표 중 하나는 고객 이탈을 예방하고 약화된 관계를 회복하는 것이다. 이를 위해서는 먼저 고객 이탈의 조기 경고 신호를 감지할 수 있는 시스템을 구축해야 한다.

조기 경고 신호 감지 시스템은 다음과 같은 요소들을 모니터링한다.

1. 상호작용 감소: 정기 미팅 불참, 이메일 열람률 감소, 전화 응대율 저하 등 고객과의 상호작용이 줄어드는 징후를 포착한다.
2. 불만 증가: 사소한 불만 접수 증가, 서비스 요청 시 긴급성 강조, 담당자 변경 요청 등 불만족의 신호를 감지한다.
3. 계약 관련 신호: 계약 갱신 논의 지연, 서비스 축소 논의, 경쟁사 비교 요청 등 계약 관계에 변화가 생길 수 있는 신호를 주시한다.
4. 비즈니스 변화: 고객사의 구조조정, 인수합병, 사업 방향 변경 등 이탈로 이어질 수 있는 비즈니스 환경 변화를 모니터링한다.

이러한 신호들을 종합하여 이탈 위험도 점수를 산출하고, 위험도가 높은 고객에 대해 선제적인 관계 회복 캠페인을 실행한다.

이탈 위험 고객 대상 캠페인의 효과 측정은 다음과 같은 지표를 통해 이루어진다.

1. 관계 회복률: 이탈 위험이 감지된 고객 중 관계가 개선된 고객의 비율이다. 관계 개선은 상호작용 증가, 불만 감소, 계약 갱신 확약 등으로 측정한다.
2. 이탈 방지 성공률: 이탈 위험군으로 분류된 고객 중 실제로 이탈을 방지한 비율이다. 이는 원래 예정된 계약 종료일 이후에도 계약 관계가 유지되는지로 판단한다.
3. 관계 회복 속도: 이탈 위험 감지부터 관계 정상화까지 소요된

시간이다. 이 기간이 짧을수록 효과적인 회복 캠페인이라고 볼 수 있다.
4. 회복 투자 대비 수익 : 관계 회복을 위해 투입된 자원(특별 할인, VIP 서비스, 전담 인력 등) 대비 해당 고객의 유지로 인한 장기적 수익을 분석한다.

시설관리회사의 한 고객이 계약 갱신에 소극적인 태도를 보이자 다음과 같은 관계 회복 캠페인을 실행했다고 가정해 보자.

1. 고객사 경영진과의 특별 미팅을 통해 서비스 만족도와 개선점을 청취
2. 지난 1년간의 서비스 성과를 상세히 분석한 맞춤형 리포트 제공
3. 향후 3년간의 시설 개선 로드맵 무료 컨설팅 제공
4. VIP 고객 특별 세미나에 초청하여 최신 시설 관리 트렌드 정보 공유

이 캠페인 후 고객이 3년 연장 계약을 체결했다면 성공적인 관계 회복으로 평가할 수 있다. 그리고 이 성공 사례를 CRM에 상세히 기록하여 향후 유사한 상황에서 참고할 수 있도록 해야 한다.

고객 관계 개선 사이클 관리는 일회성이 아닌 지속적인 프로세스이

다. 이 사이클은 다음과 같은 단계로 구성된다.

1. 모니터링: CRM 데이터를 통해 고객 관계 건강도를 지속적으로 모니터링한다.
2. 조기 감지: 관계 악화의 조기 신호를 포착한다.
3. 진단: 관계 악화의 원인과 배경을 심층적으로 분석한다.
4. 개입: 맞춤형 관계 회복 캠페인을 실행한다.
5. 평가: 캠페인의 효과를 측정하고 분석한다.
6. 학습: 성공과 실패 사례에서 얻은 인사이트를 CRM에 기록하고 향후 전략에 반영한다.
7. 강화: 회복된 관계를 더욱 강화하기 위한 후속 활동을 계획하고 실행한다.

이 사이클을 효과적으로 관리함으로써 시설관리회사는 고객 이탈을 최소화하고 장기적인 관계를 구축할 수 있다.

CRM 캠페인의 전략적 가치 증명

CRM 캠페인의 성과를 경영진과 이해관계자들에게 효과적으로 전달하기 위해서는 단순한 활동 지표나 기술적 성과를 넘어 비즈니스 임팩트를 명확히 보여주는 보고 체계가 필요하다.

경영진을 위한 CRM 캠페인 성과 보고서는 다음과 같은 구성 요소를 포함해야 한다.

1. 핵심 성과 요약: 가장 중요한 비즈니스 성과를 한눈에 볼 수 있는 대시보드로 추가 매출, 고객 유지율, 고객 생애가치 증가율 등을 포함한다.
2. 재무적 임팩트: CRM 캠페인으로 인한 직접적인 재무 성과(추가 매출, 비용 절감)와 간접적인 재무 효과(고객 유지로 인한 안정적 수익, 경쟁사 대비 가격 프리미엄 유지 등)를 분석한다.
3. 전략적 가치: 단기적 재무 성과를 넘어선 장기적 전략적 가치(시장 포지셔닝 강화, 경쟁 차별화, 진입장벽 구축 등)를 설명한다.
4. 고객 인사이트: CRM 캠페인을 통해 얻은 고객 행동과 니즈에 대한 인사이트를 공유하고, 이를 어떻게 비즈니스 전략에 활용할 수 있는지 제안한다.
5. 향후 계획: 분석된 성과와 인사이트를 바탕으로 한 차기 CRM 캠페인 계획과 예상 성과를 제시한다.

장기적 고객 가치 창출 증명은 CRM 캠페인의 지속가능성과 전략적 중요성을 보여주는 핵심 요소이다. 이를 위한 접근 방법은 다음과 같다.

1. 고객 생애가치 모델링: 고객과의 관계가 시간에 따라 어떻게 발전하고, 이에 따라 어떤 가치가 창출되는지를 모델링한다.

시설관리회사의 경우, 초기 1년차에는 기본 서비스 수익만 발생하지만, 2년차부터는 카페 솔루션, 3년차에는 전기차 화재 대응 시스템 등 추가 서비스로 인한 수익이 발생하는 패턴을 분석한다.
2. 가치 흐름 시각화: 고객 관계의 진화에 따른 가치 창출 흐름을 시각적으로 표현한다. 이는 직접적인 서비스 수익뿐만 아니라 운영 효율성 향상, 리스크 감소, 신규 비즈니스 기회 창출 등 다양한 가치 흐름을 포함한다.
3. 비교 시나리오 분석: CRM 캠페인을 통한 관계 강화 전략을 실행했을 때와 그렇지 않았을 때의 예상 결과를 비교 분석한다. 이는 CRM 캠페인의 순수한 기여 가치를 추정하는 데 도움이 된다.

차기 CRM 캠페인 개선을 위한 인사이트 도출은 성과 분석의 궁극적인 목적이다. 성과 데이터에서 다음과 같은 인사이트를 도출할 수 있다.
1. 성공 패턴 식별: 특히 성공적이었던 CRM 캠페인의 공통 요소를 찾아내고, 이를 향후 캠페인에 적용한다. 예를 들어 특정 산업군의 빌딩이나 특정 규모의 빌딩에서 카페 솔루션 도입률이 높았다면, 이 세그먼트에 더 집중적으로 접근할 수 있다.
2. 장애 요인 분석: 기대한 성과를 달성하지 못한 캠페인의

장애 요인을 분석한다. 전기차 화재 대응 솔루션 캠페인이 초기 관심은 높았으나 실제 도입으로 이어지지 않았다면, 그 원인(가격, 설치 복잡성, ROI 불확실성 등)을 파악하고 개선한다.
3. 타이밍 최적화: 고객의 의사결정 주기와 제안 타이밍 간의 관계를 분석한다. 빌딩 소유주가 연간 예산을 수립하는 시기 전에 제안을 하는 것이 더 효과적임을 발견했다면, 이에 맞춰 캠페인 일정을 조정한다.
4. 메시지 최적화: 가장 높은 반응을 이끌어낸 메시지와 가치 제안을 분석한다. 안전성 강조보다 경제적 이익을 강조하는 메시지가 더 효과적이었다면, 향후 캠페인의 메시지 전략을 이에 맞게 조정한다.

이러한 인사이트를 바탕으로 시설관리회사는 더욱 효과적인 CRM 캠페인을 설계하고 실행할 수 있으며, 궁극적으로는 고객과의 관계를 지속적으로 강화하고 비즈니스 성장을 이끌어낼 수 있다.

CRM 캠페인은 단순한 마케팅 활동이 아니라 고객과의 관계를 중심으로 한 비즈니스 가치 창출 활동이다. 그리고 이를 성공적으로 수행하기 위해서는 CRM 시스템을 단순한 데이터베이스가 아닌 관계 강화의 전략적 도구로 활용해야 함을 항상 명심해야 한다.

다음 페이지의 CRM 캠페인 체크리스트를 통해 앞서 이야기한 것들을 다시 한번 점검해 보자.

단계	체크리스트 항목	완료 여부
1. CRM 캠페인 기획	고객 데이터의 정확성과 최신성 확인	☐
	명확한 캠페인 목표 설정 (업셀링/크로스셀링 타깃 수치)	☐
	타깃 고객 세그먼트 정의	☐
	각 세그먼트별 잠재적 니즈와 기회 포인트 식별	☐
	캠페인 제안 가치(Value Proposition) 명확화	☐
	고객 여정 맵 작성	☐
	단계별 커뮤니케이션 전략 수립	☐
	캠페인 타임라인 및 마일스톤 설정	☐
	필요 리소스(인력, 예산, 콘텐츠) 확보	☐
	성과 측정을 위한 KPI 설정	☐
2. CRM 캠페인 실행	CRM 데이터베이스 세분화 및 리스트 추출	☐
	캠페인 콘텐츠 및 메시지 제작	☐
	자동화 워크플로우 설정 및 테스트	☐
	커뮤니케이션 채널별 템플릿 준비	☐
	주요 의사결정자 및 영향력자 맵핑	☐
	영업팀과 마케팅팀 간 역할 및 책임 명확화	☐
	캠페인 실행 일정 확정	☐
	초기 반응에 따른 대응 시나리오 준비	☐
	A/B 테스트 설계 및 실행	☐
	실시간 모니터링 시스템 가동	☐
3. 관계 강화 활동	정기적인 가치 제공 콘텐츠 일정 계획	☐
	고객 피드백 수집 메커니즘 운영	☐
	주요 고객 접점에서의 경험 최적화	☐
	고객별 커뮤니케이션 선호도 기록 및 존중	☐
	이슈 발생 시 신속 대응 체계 운영	☐

단계	체크리스트 항목	완료 여부
3. 관계 강화 활동	고객 성공 사례 발굴 및 문서화	☐
	고객 추천 프로그램 운영	☐
	고객 이탈 조기 경고 시스템 가동	☐
	VIP 고객 특별 관리 프로그램 실행	☐
	정기적인 관계 건강도 체크인 일정 계획	☐
4. 업셀링/ 크로스셀링 전략	고객별 추가 판매 가능 제품/서비스 맵핑	☐
	제안 타이밍 최적화를 위한 트리거 포인트 설정	☐
	맞춤형 제안서 템플릿 준비	☐
	업셀/크로스셀 성공 사례 및 레퍼런스 준비	☐
	가치 증명을 위한 ROI 계산기 개발	☐
	가격 협상 및 할인 전략 가이드라인 설정	☐
	경쟁사 대비 차별화 포인트 명확화	☐
	이용 후기 및 추천사 수집 및 활용	☐
	패키지 딜 및 번들 옵션 설계	☐
	계약 체결 후 온보딩 프로세스 최적화	☐
5. 성과 분석 및 최적화	캠페인 KPI 대시보드 구축	☐
	정기적인 성과 리뷰 일정 설정	☐
	고객 세그먼트별 반응 및 전환율 분석	☐
	채널별 효과성 비교 분석	☐
	메시지 및 콘텐츠 효과성 평가	☐
	캠페인 ROI 계산	☐
	성공 및 실패 사례 분석 및 문서화	☐
	고객 피드백 반영한 개선 포인트 도출	☐
	다음 캠페인을 위한 인사이트 정리	☐
	경영진을 위한 성과 보고서 작성	☐

단계	체크리스트 항목	완료 여부
6. 시스템 및 데이터 관리	CRM 데이터 정확성 및 완전성 정기 점검	☐
	고객 프로필 정보 업데이트 주기 설정	☐
	중복 데이터 정리 및 통합	☐
	고객 상호작용 기록의 일관성 확인	☐
	CRM 시스템 사용자 교육 및 접근 권한 관리	☐
	데이터 백업 및 보안 체계 확인	☐
	개인정보 보호 법규 준수 확인	☐
	보고서 및 대시보드 최적화	☐
	시스템 간 데이터 통합 및 흐름 점검	☐
	자동화 룰 및 워크플로우 정기 검토	☐
7. 팀 역량 및 협업	CRM 시스템 활용 역량 평가 및 교육	☐
	마케팅-영업-고객지원 팀 간 정보 공유 체계 구축	☐
	고객 관련 인사이트 공유 정기 미팅 설정	☐
	부서 간 CRM 데이터 입력 및 활용 표준 수립	☐
	책임과 권한의 명확한 정의	☐
	고객 응대 스크립트 및 가이드라인 개발	☐
	팀 성과 인센티브 체계 수립	☐
	정기적인 스킬 업그레이드 교육 실시	☐
	고객 성공 스토리 공유 문화 조성	☐
8. 고객 이탈 방지	이탈 위험 징후 조기 감지 지표 설정	☐
	이탈 위험도에 따른 고객 세그먼트 분류	☐
	세그먼트별 맞춤형 이탈 방지 전략 수립	☐
	고객 불만 접수 및 해결 프로세스 최적화	☐
	계약 갱신 전 선제적 관계 강화 활동 계획	☐
	이탈 고객 회복 프로그램 설계	☐

단계	체크리스트 항목	완료 여부
8. 고객 이탈 방지	이탈 원인 분석 및 피드백 시스템 구축	☐
	경쟁사 전환 고객 추적 및 분석	☐
	고객 관계 건강 점수 정기 모니터링	☐
	핵심 고객 이탈 방지를 위한 특별 관리 프로그램 운영	☐
9. 지속적 개선 및 혁신	신규 CRM 기능 및 기술 트렌드 모니터링	☐
	경쟁사 CRM 전략 벤치마킹	☐
	고객 피드백 기반 서비스 개선 프로세스 운영	☐
	새로운 고객 접점 및 채널 실험	☐
	데이터 기반 의사결정 문화 강화	☐
	AI 및 예측 분석 도입 검토	☐
	고객 경험 혁신 아이디어 수집 및 테스트	☐
	산업별 CRM 베스트 프랙티스 학습 및 적용	☐
	내부 CRM 아이디어 공모전 실시	☐
	고객 참여형 서비스 개발 프로세스 구축	☐
10. 확장 비즈니스 기회 발굴	고객 데이터 기반 신규 서비스 기회 식별	☐
	고객 니즈 변화 트렌드 분석	☐
	파트너십 기회 탐색 및 평가	☐
	고객 네트워크 확장 전략 수립	☐
	성공적인 솔루션의 타 산업 확장 가능성 검토	☐
	주변 사업 영역으로의 확장 기회 분석	☐
	고객 제안 기반 신규 서비스 개발 프로세스 수립	☐
	잠재 시장 세그먼트 발굴 및 진입 전략 수립	☐
	기존 고객 기반을 활용한 신규 수익 모델 개발	☐
	장기적 성장 로드맵과 CRM 전략의 연계	☐

이 체크리스트는 CRM 캠페인의 기획부터 실행, 분석, 그리고 비즈니스 확장까지 전 단계를 망라한 종합적인 점검 도구이다. 시설관리회사가 카페 솔루션이나 전기차 화재 대응 시스템과 같은 부가 서비스를 성공적으로 업셀링/크로스셀링하기 위해서는 이러한 체계적인 접근이 필요하다. 이 체크리스트를 통해 캠페인의 각 단계에서 놓치기 쉬운 요소들을 빠짐없이 점검하고, 데이터 기반의 관계 중심 CRM 캠페인을 실행할 수 있다. 모든 항목이 완벽하게 충족되지 않더라도 이를 지속적인 개선의 목표로 삼아 점진적으로 CRM 캠페인의 성숙도를 높여나가는 것이 중요하다.

에필로그
AI 시대, 마케터가 지켜야 할 본질과 새로운 가능성

이 책은 B2B 마케팅 캠페인의 기획부터 실행까지 전 과정을 다루며 마케팅 매니저와 실무자 모두에게 실용적인 가이드를 제시하고자 했다. 브랜드의 생애주기에 따른 네 가지 캠페인 모델—브랜드 캠페인, 디맨드 제너레이션 캠페인, 리드 제너레이션 캠페인, CRM 캠페인—을 통해 체계적인 마케팅 접근법을 설명했다. 그런데 이 책을 마무리하는 시점에서 마케팅 환경을 급격히 변화시키고 있는 AI 기술에 대해 이야기하지 않을 수 없다.

AI 에이전트 시대의 마케팅 혁신

AI 에이전트의 등장은 마케팅 캠페인의 패러다임을 근본적으로 바꾸고 있다. 과거에는 마케터가 직접 수행해야 했던 많은 업무들이 이제 AI의 도움으로 자동화되고 최적화되고 있다.

- **캠페인 기획 단계**: AI는 방대한 데이터를 분석하여 타깃 고객의 페르소나를 정교하게 도출하고 최적의 메시징 전략을 제안한다.

시장 트렌드 분석부터 경쟁사 캠페인 벤치마킹까지, 기존에
마케터가 며칠에 걸쳐 수행했던 리서치 업무를 몇 시간 만에
완료할 수 있다.

- **콘텐츠 제작**: AI는 브랜드 가이드라인에 맞는 다양한 형태의
콘텐츠를 생성하고, A/B 테스트를 위한 여러 버전의 카피를
동시에 제작한다. 이메일 제목부터 소셜 미디어 포스트, 랜딩
페이지 카피까지 일관된 브랜드 보이스를 유지하면서도 채널별
특성에 맞게 최적화된 콘텐츠를 제공한다.
- **채널 관리 및 최적화**: AI 에이전트는 실시간으로 캠페인 성과를
모니터링하고, 예산 배분을 자동 조정하며, 최적의 타이밍에
적절한 채널을 통해 메시지를 전달한다. 고객의 행동 패턴을
학습하여 개인화된 고객 여정을 설계하고 실행한다.
- **성과 분석 및 인사이트 도출**: 복잡한 데이터를 실시간으로
분석하여 캠페인의 효과를 측정하고, 다음 캠페인을 위한 실행
가능한 인사이트를 제공한다. ROI 계산부터 고객 생애 가치
예측까지 마케터의 의사결정을 뒷받침하는 정교한 분석 결과를
제공한다.

그럼에도 변하지 않는 마케터의 핵심 역할

하지만 AI가 아무리 발전해도 마케터의 본질적 역할은 오히려 더욱
중요해지고 있다.

※ 자동화 관련 개념이 혼재되어 있는 시대이다. 여기서 잠깐 규칙 기반의 자동화와 학습 기반의 자동화 차이를 간단하게 설명하고자 한다. 규칙 기반의 자동화(RPA)는 미리 정의된 규칙에 따라 반복적인 업무를 처리한다. 예를 들어 "매일 오전 9시에 어제의 캠페인 리포트를 생성해서 이메일로 발송한다"는 정해진 절차를 따르는 것이다. 반면 학습 기반의 자동화(AI 에이전트)는 데이터를 분석하고 학습하여 상황에 맞는 판단을 내린다. "캠페인 성과가 목표 대비 20% 저조하면 소셜 미디어 예산을 30% 늘리고 디스플레이 광고 예산을 줄인다"와 같은 복합적 의사결정을 수행한다. 마케팅의 진정한 효율성은 이 두 가지 자동화가 함께 활용될 때 실현된다. 반복적이고 정형화된 업무는 RPA라는 로봇 자동화로, 복잡한 판단과 개인화가 필요한 업무는 AI 에이전트로 자동화하는 것이다.

AI는 도구일 뿐 마케팅의 진정한 가치는 여전히 사람에게서 나온다.

1. **전략적 사고와 큰 그림 설계**

    AI는 데이터를 분석하고 패턴을 찾는 데는 뛰어나지만, 브랜드의 장기적 비전을 수립하고 시장에서의 포지셔닝을 결정하는 것은 여전히 마케터의 영역이다. 고객의 니즈 변화를 예측하고, 새로운 시장 기회를 발굴하며, 브랜드의 차별화 전략을 수립하는 것은 인간의 창의성과 직관이 필요한 영역이다

2. **고객에 대한 깊은 이해와 공감**

    AI는 고객의 행동 데이터를 분석할 수 있지만, 그들의 감정과 동기, 명시적으로 드러나지 않는 잠재적 니즈를 이해하는 것은 여전히 인간의 몫이다. 고객과의 직접적인 소통을 통해 얻어지는 정성적 인사이트는 AI가 대체할 수 없는 마케터만의 가치이다.

3. **브랜드 스토리텔링과 감정적 연결**

데이터에 기반한 개인화는 AI의 강점이지만, 브랜드의 가치와 철학을 담은 진정성 있는 스토리를 만들어내는 것은 인간만이 할 수 있는 일이다. 고객의 마음을 움직이는 감정적 메시지를 전달하고 브랜드와 고객 간의 진정한 관계를 구축하는 것은 마케터의 핵심 역량이다.

4. 윤리적 판단과 사회적 책임

AI가 제안하는 전략이나 메시지가 윤리적으로 적절한지, 사회적으로 바람직한지를 판단하는 것은 인간의 몫이다. 특히 개인정보 활용, 타깃팅의 적절성, 메시지의 사회적 영향 등을 고려한 책임감 있는 마케팅을 실행하는 것은 마케터의 중요한 역할이다.

AI 시대 마케터의 새로운 업무 방식

미래의 마케팅 조직에서 AI는 경쟁자가 아닌 강력한 팀원이 될 것이다. 마케터는 AI와 어떻게 효과적으로 협업할 것인가를 배워야 한다.

- **AI에게 맡길 일과 사람이 해야 할 일의 구분**: 반복적인 데이터 분석, 콘텐츠 초안 작성, 성과 모니터링 등은 AI에게 맡기고, 마케터는 전략 수립, 크리에이티브 디렉션, 고객 관계 구축에 집중한다. (앞에서 자동화 AI 두 가지의 서로 다른 역할을 설명했지만, 분석과 초안작성, 모니터링, 크리에이티브 작성 등 각각

다른 AI를 사용해야 한다. AI도 특기가 정해져 있다.)

- **AI 도구를 활용한 생산성 극대화**: 마케터는 다양한 AI 도구를 능숙하게 활용하여 업무 효율성을 높이고, 더 많은 시간을 전략적 사고와 창의적 업무에 투입할 수 있게 된다.

- **AI가 제공하는 인사이트의 해석과 적용**: AI가 분석한 데이터와 도출한 인사이트를 마케팅 전략에 어떻게 적용할 것인가를 결정하는 것은 마케터의 핵심 역량이다.

실제 적용 사례: AI 활용 캠페인 프로세스

이 책에서 다룬 네 가지 캠페인 모델에 AI를 어떻게 적용할 수 있는지 구체적으로 살펴보자.

- 브랜드 캠페인에서의 AI 활용
  - AI가 브랜드 인지도 조사와 경쟁사 분석을 자동화하여 포지셔닝 맵을 생성
  - 다양한 브랜드 메시지의 감정 분석을 통해 타깃 고객의 반응 예측
  - 브랜드 이미지에 맞는 비주얼 콘텐츠 자동 생성 및 최적화

- 디맨드 제너레이션 캠페인에서의 AI 활용

- 시장 트렌드 데이터를 실시간 분석하여 새로운 수요 창출 기회 발굴
- 고객 여정의 각 단계별 최적 터치포인트 자동 식별
- 다채널 캠페인의 통합 성과 측정 및 예산 재배분 자동화

- 리드 제너레이션 캠페인에서의 AI 활용
  - 잠재 고객의 구매 의도 스코어링 자동화
  - 개인화된 콘텐츠 추천 및 최적 전송 시간 결정
  - 리드 육성 과정의 자동화 및 세일즈 핸드오버 타이밍 최적화

- CRM 캠페인에서의 AI 활용
  - 고객의 이탈 위험도 예측 및 예방 캠페인 자동 실행
  - 업셀링/크로스셀링 기회 식별 및 개인화된 제안 생성
  - 고객 생애 가치 예측을 통한 투자 우선순위 결정

지속가능한 마케팅 혁신을 위한 다음 단계

AI 시대의 마케터에게는 새로운 형태의 리터러시가 요구된다. 먼저 AI가 제공하는 분석 결과를 올바르게 이해하고 마케팅 전략에 적용할 수 있는 데이터 해석 능력이 필요하다. 또한 다양한 마케팅 AI 도구를 상황에 맞게 선택하고 효과적으로 활용하는 능력도 갖춰야 한다. 무엇보다 중요한 것은 AI의 한계를 이해하고, 인간의 판단이 필요

한 영역을 구분하여 최적의 협업 방식을 구축하는 인간-AI 협업 스킬이다.

마케팅 조직이 AI를 성공적으로 도입하기 위해서는 체계적인 접근이 필요하다. 한 번에 모든 프로세스를 AI로 대체하려 하지 말고, 가장 효과가 클 것으로 예상되는 영역부터 단계적으로 도입하는 점진적 접근법을 취해야 한다. AI의 효과적 활용을 위해서는 양질의 데이터가 필수이므로 데이터 수집, 저장, 관리 체계를 먼저 정비하는 것이 중요하다. 동시에 마케터들이 AI 도구를 효과적으로 활용할 수 있도록 지속적인 교육과 훈련을 제공해야 한다. 마지막으로 AI 도입 과정에서 발생하는 시행착오를 학습의 기회로 받아들이는 실험과 학습의 조직 문화를 조성하는 것이 성공의 열쇠다.

RevOps와 AI의 만남: 차세대 매출 창출 체계

앞서 언급한 RevOps$^{\text{Revenue Operations}}$ 체계는 AI 기술과 결합되면서 더욱 강력한 시너지를 발휘하고 있다. AI는 마케팅, 영업, 고객 성공 부서 간의 데이터 통합과 프로세스 자동화를 가능하게 하여, 진정한 의미의 통합 매출 창출 시스템을 구축할 수 있게 한다.

AI 기반 RevOps의 핵심 요소

AI 기반 RevOps 체계는 네 가지 핵심 요소로 구성된다. 먼저 통합 고객 데이터 플랫폼을 통해 AI가 다양한 터치포인트에서 수집된 고객 데이터를 실시간으로 통합하고 분석한다. 이를 바탕으로 예측적 매출 관리가 가능해지는데, 과거 데이터와 현재 파이프라인 상태를 종합하여 미래 매출을 정확하게 예측할 수 있다. 또한 자동화된 리드 스코어링 시스템을 통해 마케팅에서 영업으로의 리드 전달 과정을 AI가 자동화하여 최적화한다. 마지막으로 고객 여정 최적화를 통해 전체 고객 여정을 AI가 지속적으로 모니터링하고 각 단계에서 최적의 액션을 추천함으로서 통합적인 고객 경험을 제공한다.

본질을 놓치지 말자: 고객의 진정한 성공

AI 기술이 아무리 발전해도 마케팅의 본질은 변하지 않는다. 모든 마케팅 활동의 중심에는 여전히 고객이 있고, 그들의 문제를 해결하고 성공을 돕는 것이 우리의 궁극적 목표이다.

AI는 우리가 고객을 더 깊이 이해하고, 더 정확하게 예측하며, 더 효과적으로 소통할 수 있게 도와주는 강력한 도구이다. 하지만 고객과의 진정한 관계를 구축하고, 그들의 성공을 위해 진심으로 노력하는 것은 여전히 사람의 일이다. 마케터들은 AI를 두려워할 필요가 없다. 대신 AI를 적극적으로 활용하여 더 창의적이고 전략적인 업무에 집중하고, 고객에게 더 큰 가치를 제공할 수 있는 기회로 받아들여야 한다. 그것이 바로 AI 시대에 마케터가 가져야 할 올바른 마인드셋이다.

이 책에서 다룬 네 가지 캠페인 모델은 AI 시대에도 여전히 유효하며, 오히려 AI의 도움으로 더욱 정교하고 효과적으로 실행될 수 있다. 중요한 것은 기술에 압도되지 않고 마케터로서의 본질적 가치를 지키면서 AI를 현명하게 활용하는 것이다.

AI 시대 마케터의 진화

AI 시대의 마케터는 단순히 기술을 활용하는 사람이 아니라 기술과 인간을 연결하는 브릿지 역할을 해야 한다. 고객의 진정한 니즈를 이해하고, 그것을 AI가 처리할 수 있는 방식으로 번역하며, AI가 제공하는 결과를 다시 고객의 언어로 변환하여 가치 있는 경험을 제공하는 것이 바로 새로운 시대의 마케터가 가져야 할 핵심 역량이다.

이 책이 한국의 B2B 마케터들에게 단순한 캠페인 실행 가이드를 넘어 AI 시대에 마케터로서 어떻게 진화해야 하는지에 대한 나침반 역할을 할 수 있기를 바란다. 기술은 계속 발전하겠지만, 고객을 진심으로 이해하고 그들의 성공을 돕고자 하는 마케터의 본질적 가치는 결코 변하지 않을 것이다. 그리고 바로 그 본질 위에서 AI와 협업할 때 우리는 지금까지 경험하지 못한 새로운 차원의 마케팅 성과를 만들어낼 수 있을 것이다.

하룻밤에 읽는 B2B 캠페인
AI시대, 마케터에서 CRO로 도약하는 실전가이드

초판 1쇄 발행 2025년 8월 5일

지은이 정민아
펴낸이 조자경

책임편집 최윤
디자인 이원재, 전혜정
마케팅 김진희
제작 한명훈

펴낸곳 블루오마주
출판등록 2024년 5월 22일 제2024-000059호
주소 서울시 영등포구 양평로 30길 14 세종앤까뮤스퀘어 1002호
전자우편 hanna126@hanmail.net

ISBN 979-11-988467-3-0 03320

이 책은 저작권법에 따라 보호를 받는 저작물이므로 무단전재와 무단복제를 금합니다.
이 책 내용의 전부 또는 일부를 이용하려면 반드시 블루오마주의 서면 동의를 받아야 합니다.